艺术体育

高校学术研究论著丛刊

游泳与水上运动

李康晖　苗　苗　刘寒冰　著

中国书籍出版社
China Book Press

图书在版编目(CIP)数据

游泳与水上运动 / 李康晖, 苗苗, 刘寒冰著. -- 北京 : 中国书籍出版社, 2022.10

ISBN 978-7-5068-9255-1

Ⅰ. ①游… Ⅱ. ①李… ②苗… ③刘… Ⅲ. ①游泳 - 研究②水上运动 - 研究 Ⅳ. ①G861

中国版本图书馆CIP数据核字（2022）第201272号

游泳与水上运动

李康晖 苗 苗 刘寒冰 著

丛书策划	谭 鹏 武 斌
责任编辑	成晓春
责任印制	孙马飞 马 芝
封面设计	东方美迪
出版发行	中国书籍出版社
地 址	北京市丰台区三路居路97号(邮编：100073）
电 话	（010）52257143（总编室） （010）52257140（发行部）
电子邮箱	eo@chinabp.com.cn
经 销	全国新华书店
印 厂	三河市德贤弘印务有限公司
开 本	710毫米×1000毫米 1/16
字 数	309千字
印 张	18.5
版 次	2023年3月第1版
印 次	2023年7月第2次印刷
书 号	ISBN 978-7-5068-9255-1
定 价	98.00元

目　录

第一章　游泳与水上运动概述

现代游泳运动起源于英国。早在17世纪中后期，游泳运动便在英国不少地区得到了一定程度的开展。通过游泳这项运动，人与水更加紧密地联系在一起，人们的身体素质、心理素质等都得到了加强。这项运动不仅适合广大青少年，而且也适合其他年龄的人群参与，属于一项健身效果显著的有氧运动。水上运动项目有很多，如水球、花样游泳、跳水、帆船、帆板等都是水上运动，这些项目对人的素质要求都比较高，只有经过长期的训练才能掌握基本技能，进而促进运动水平的提高。

第一节　游泳运动基本知识

一、游泳概述

游泳是一项具有丰富内容和价值的运动项目，无论是在竞技体育中还是在大众日常健身中都具有非常重要的地位。人与生俱来对水上运动有亲近感，儿童从小就喜欢玩水，成年人在选择业余休闲活动时也喜欢到海边度假，这是因为在江河湖海边的时候会令人感觉置身于大自然的怀抱，能够得到身心的放松。并且，游泳运动适合于各个年龄段的人进行身体锻炼。一个人从呱呱坠地直到耄耋之年，只要他身体健康，理论上都可以进行游泳运动。可以说，游泳是一项名副其实的终身运动项目。游泳运动是在水中进行的，在浮力的作用下，不会给脚、踝、膝、腰等下肢关节增加过多的负担，不容易发生运动损伤。经常参加游泳锻炼的人，其颈、肩、脊柱、腰、髋、腕、膝、踝各关节及全身肌肉都能得到锻炼。人体在游泳时，从出发到结束上岸，过程中包含了全身的各种运动和配合，它充分地锻炼了人体的心肺系统、神经系统、呼吸系统、代谢系统、肌肉组织、关节等的机能。例如，游泳时需要身体多处肌群的肌肉收缩产生推动力让身体向前游动，需要氧气及能量，在神经中枢系统的调动下根据感觉器官反馈环境信息和主体感受，统一协调指挥身体的各个系统与组织进行精密的配合，才能完成一次游泳动作。因此，游泳运动可以增强各器官系统的结构和功能，改善与提高大脑皮层及神经系统的协调能力，增强人体的体质。

进行游泳运动时，血液把营养物质和氧气源源不断地输送到各个肌肉群，因此会大大增强心脏的每搏输出量，并且还能增厚血管壁、增加血管的弹性以及增大容血量，从而令心脏的重量增加，心肌搏动的力量得到增强。另外，水压以及冷水刺激的作用，可以使肌肉收缩、血管收缩，这些对提高心血管功能均有一定的帮助。

游泳还可以全面地改善呼吸机能。这是因为，当人体在水中进行运动时，水自然会对胸廓产生很大的压力，也就是说人体的呼吸肌不仅仅要努力工作提供运动时所需的氧气，而且还要克服额外的水压才能保证正常的呼吸。所以经常进行游泳锻炼可以改善和发展呼吸系统的机能。

游泳是一种可以充分地进行全身锻炼的运动。全身性运动可以让身体保持平衡地发展，同时还可以提高力量、耐力、协调、灵敏等多方面素质的能力，以及增强人的意志品质等。游泳还是日光浴、水浴、空气浴的最佳结合，可以说游泳不仅是一项重要的竞技项目，也是一项非常适合日常锻炼的健身项目。简而言之，游泳运动自从诞生起，就与人类的生存、生产以及生活密切相关。

二、游泳的分类

随着人类社会的不断发展，游泳的功能也在不断地得到开发，不仅被运用于军事、救生、竞赛、娱乐、健身、旅游、康复等方面，而且其文化娱乐价值越发显得重要，同时还成为体育产业的重要内容。最初，游泳是人类在大自然中谋求生存的一种生存技能和生产技能，其实用价值就是游泳的意义所在。随着时间的推移，游泳逐渐发展出多种运动姿势，比如因模仿动物动作而得名的蛙泳、狗刨、蝶泳等。截至目前，国际游泳联合会（简称国际泳联）和我国游泳运动管理中心把竞技游泳、水球、跳水、花样游泳和大众游泳都包括在游泳运动中，并分为竞技游泳、大众游泳和实用游泳三大类。

（一）竞技游泳

竞技游泳是指按游泳竞赛规则进行竞赛的游泳项目，其目的就是在竞技比赛中以最快的速度取得名次从而赢得比赛。当今主流的竞技游泳比赛项目包括自由泳、蛙泳、仰泳和蝶泳四种泳姿，以及由此演化出一系列的个人或组合的混合泳、接力泳等比赛项目。

按照比赛场地的不同，竞技游泳又分为泳池赛和公开水域赛两大类。国际泳联规定竞技游泳比赛的池长分为50米（长池）和25米（短池）两种。随着游泳运动的普及和不断发展，逐渐有新的游泳比赛项目出现在人们的视野，如分龄赛、残疾人游泳赛、冬泳比赛等。公开水域赛是指在江、河、湖、海等自然水域中进行游泳比赛，由于具有丰富的比赛环境且不限泳姿，按天然条件决定比赛距离和要求，使比赛充满挑战和趣味性，并广受人们喜爱，如今已发展成为一个世界性的游泳比赛项目。比如，在2008年被列入奥运项目的公开水域10千米马拉松游泳比赛。

（二）大众游泳

大众游泳是指不以竞技为目标的大众健身娱乐游泳活动，它主要是以增强体质、丰富业余文化生活为目的。大众游泳以健身、娱乐、休闲为主，形式发展丰富多样，如康复游泳、健身游泳、减肥游泳、水中游戏、水上健身操、横渡江河海峡、冬泳等。每年都有大量的大众游泳项目在世界各地举行，它极大地丰富了人们的业余生活内容，增加了社交活动的机会，更重要的是，在很大程度上提高了大众的身体素质。因此，大众游泳成为现代游泳运动的重要组成部分。

就我国的发展情况来看，大众游泳深受各个年龄段健身爱好者的欢迎，尤其是在全民健身计划开展以来，大众进行科学游泳健身锻炼的比例越来越高，大众游泳在人民群众间的普及度也较为广泛，人们在游泳活动中不仅达到了增强体质、休闲娱乐、交友社交的目的，而且对人们的心理健康和情志调节起到重要的作用。此外，世界各地也经常会举行一些公开水域的游泳健身活动，如渡海、渡江、渡湖和环岛游等，其中最为著名的是横渡英吉利海峡的游泳比赛。我国著名的游泳极限运动员张健于2001年7月30成功横渡英吉利海峡，成为成功挑战该项运动的第一个中国人。

（三）实用游泳

实用游泳伴随着人类生活的各种实际需求而产生，特别是在古代，它是人类生存的基本技能之一。即便在当今社会，实用游泳仍然发挥着不可或缺的作用。依据不同目的可将实用游泳分为水上救护、武装泅渡等。其中，武装泅渡是一种重要的军事素质训练项目，为了促进实用游泳的发展，我国每年定期举行全国救生锦标赛。

由于全民健身运动的广泛开展，大众对游泳运动需求和投入越来越多，因此国家兴建了大量的游泳池供广大的人民群众使用。随之而来的对救生员的需求也在不断增长，这又在一定程度上促进了实用游泳的发展。2007年11月起，救生员工作已经列入中国职业大典，成为一种新的职业。

实用游泳对技术有着特定的要求，同时也非常在意实用价值，因此与竞技游泳、大众游泳相比有显著的不同。同时，实用游泳丰富和发展了游泳运动的功能性，使人类在更大的程度上拓展了在水中的生存能力。

三、游泳的价值

人类的游泳运动充分地展示了人类勇敢克服自然困境、不断突破自身生存技能的气魄与行动。游泳对于人类而言具有多种重要的价值。大力开展游泳运动对增强国民体质、提高国家整体运动水平、凝聚民族向心力，甚至对生产和国防建设都具有深远意义。

（一）增强生命安全

提高和增加人类的生命安全是游泳的首要价值。在特定的环境中，掌握游泳技能可以有效保障个人的生命安全，在必要的时候也能保护和挽救他人的生命。据有关数据显示，在每年全球的意外死亡事故排名中，溺水位居首位，成为危及人类生命安全的第一大风险，尤其是儿童溺水事件屡屡发生。因此，对少年儿童的游泳教育成为各个国家普及教育的重要内容，尤其在一些发达国家，游泳是中小学必须掌握的生存技能。

（二）促进身心健康

1.塑形健美

众所周知，游泳是一项可以动员全身肌肉和组织参加的体育运动，因此对促进人体的协调、平衡、健康发展起到积极作用。生命在于运动，如果能够长期坚持游泳可以很好地提高人的形体美。诗人马雅可夫斯基说过：“世界上没有任何一种衣衫能够比健康的皮肤和发达的肌肉更美。”人们发现，长期坚持游泳运动的人都拥有令人羡慕的体型，无论是优美的身材比例还是流畅的肌肉线条，都给人以充满朝气与活力、散发着蓬勃气息的感受；而且，人体在游泳时，无论哪种泳姿都要求脊柱充分伸展，以便加长划水路线，因此长期进行游泳锻炼的青少年不仅健硕挺拔，而且在身高方面也具有明显的优势。总之，长期进行游泳锻炼有助于促进青少年获得流线型的身材，而且更加高大健美、充满魅力。

事实证明，经过系统游泳训练的人，往往具有肩宽、胸厚、背阔、腰细、体形匀称、肌肉圆润的特点。由于人体在水中运动要消耗更多的能量，所以，经常游泳还可以控制身体的体脂率，非常有利于保持人体的健美。

2.肌肉发达

游泳是一项全身肌肉对称参与的运动，使重要的肌群得到充分的发展、相互协调，同时使周身的肌肉得到很好的锻炼，特别是肩带、胸、背、腿部、手臂等，大小肌群匀称、结实。游泳也是一种周期性运动，每一套全身动作都是肌肉紧张与放松交替进行，因此，和其他运动项目相比，长期游泳可以使肌肉发展得更为柔软、富于弹性。而且，正确的游泳技术要求肌肉在收缩用力前先伸长，这种运动方式有利于不断地增强柔韧性和力量。

3.健美皮肤

光洁清透的肤质会给人一种健康的美感，这是任何一种化妆品都不能企及的自然之美。坚持游泳运动就可以令人拥有健美的皮肤。首先，游泳可以促进皮肤的新陈代谢。其次，在游泳过程中，水的压力和起伏激荡的水波也在不停地对肌肤进行温柔的按摩。同时，水的温差可以刺激毛细血管收缩，从而提高皮肤的血液循环，促进皮脂腺的分泌，长期下来，会使人的皮肤红润而充满光泽。

4.增强心肺功能

经常游泳还会使心肌更发达，心脏的体积会明显增大，且收缩更加有力量，呼吸深沉平稳，脉搏输出量也增多，使人体的心脏更为健康。在所有的运动中，游泳是对呼吸系统影响最大、最明显的一个项目。这也不难理解，因为人体在水中呼吸要比在陆上呼吸更为困难，需要克服更大的阻力，这些都是逐渐增强呼吸系统的重要因素。在游泳中，人体通过增加呼吸深度来获得大量的氧气，从而为激烈运动的身体供氧、供能。长此以往，人体的呼吸肌就得到明显增强。而呼吸与心血管系统的疾病密切相关，因此游泳是一项非常适合中老年的运动项目。长期游泳可以有效地改善与提高肺的通气功能，并随着呼吸深度的不断增强，让呼吸道的畅通得到保证，从而延缓呼吸机能的衰退。此外，游泳还能够提高关节、韧带、肌肉的灵活性与弹性，这些都是非常有利于老年人健康的因素。总之，游泳不仅能增进健康，还可以延缓衰老、抵抗慢性疾病的侵袭。

5.增强抵抗力

经常参加游泳锻炼的人，能改善身体的体温调节能力，从而增强体抗力。最典型的例子就是，那些坚持冬泳的人反而不容易感冒。另外，还有研究发现，坚持游泳锻炼的人不仅表现出呼吸系统和血液循环系统功能的明显改善，而且其神经系统功能也显著提高。另外，加上力量、速度、耐力等方面的平衡发展，因此游泳被证明可以明显地增强体质，尤其对于儿童和老年人，以及一些亚健康人群，游泳在提高身体抵抗力方面效果显著。国际泳联规定的泳池水温是25℃～28℃。基本上绝大多数大众泳池也将水温控制在这一温度，因此我们刚入水的时候会觉得有点“冷”。然而，“冷水”对身体有诸多好处。首先，经常游泳的人其体温调节能力要明显强于他人，因此在应对外界的温差变化时能更好地适应，不易感冒。其次，冷水的刺激还能有效促进人体内分泌功能，使脑垂体和肾上腺系统的功能得到加强，从而提高人体的免疫力。

6.治疗疾病

游泳对于风湿性、类风湿性、外伤性关节炎都有很好的治疗作用。首先，水中的压力和浮力可以起到很好的按摩效果，使僵硬的关节逐渐得到放松。其次，在水中运动时身体各个关节的工作负担都得到减轻，有助于炎症的消退和功能康复。再次，游泳还能促进静脉血液的回流，消除淤血和肿胀，能够起到治疗和预防静脉曲张的作用。最后，由于水面附近的空气相对于陆地而言更为纯净，过敏物质较少，因此游泳是哮喘病人最适宜的运动，通过一定时间的锻炼，还可以增加肺活量，改善呼吸功能，有助于哮喘病人的康复。另外，游泳对于调整中枢神经和自主神经的兴奋与抑制也有效果，比如失眠者或神经衰弱患者都可以通过游泳运动来缓解症状。游泳时身体基本呈流线型，在划水时肩部和手臂得到伸展锻炼，因此，游泳对缓解腰痛、肩膀僵硬，以及矫正和预防驼背及脊柱侧弯都有非常明显的效果。

7.磨炼意志

初次接触游泳的人，大多都要克服怕水心理。由于人习惯了陆地生活，刚开始学习游泳时身体在水中难以站稳、失去平衡，导致慌张、呛水等情况时有发生，因此，和学习其他陆上运动不同的是，学习游泳在一边学习技能的同时，还要一边克服恐惧心理。参加冬泳更是对人意志的巨大挑战。在天寒地冻的冬日里，冬泳爱好者坚持每天进行冬泳，体现了一种了不起的意志品质。他们勇敢、顽强，充分展示了人类挑战自然的拼搏精神和顽强意志。

（三）观赏价值突出

游泳还是一项异常精彩的竞技运动，具有不可替代的观赏价值。首先，游泳是一项水上运动，人类不借助任何器具，仅凭身体的协调配合快速前进抵达彼岸，因此运动过程非常引人入胜，具有极高的观赏价值。它与人们习以为常的陆地运动项目迥然不同，既充满快乐和挑战，还可以欣赏到独特的美感。其次，在游泳比赛中，运动员矫健优美的运动节律、昂扬的斗志，在情感上和情趣上给人以全新的体验。在观赏过程中，观者的情绪会随着比赛的进行而感到紧张、兴奋和激动。最后，随着运动员的胜利或者失败而倍感欣喜或遗憾，让观者也充分体验到情绪的表达和升华。比如比赛进行到关键时刻，所有人都屏住呼吸，当运动员通过一番苦战最终险中得胜时，会引来全场的激情飞扬，欢呼声和掌声不断。

1.自由泳

自由泳的运动形式决定了其运动风格，运动员通过双腿不停地上下打水，两臂快速交替划水，体现出刚劲、连贯、凶猛的风格。令人感受到运动员过人的爆发力、耐力与意志力。

2.仰泳

仰泳的动作类似于仰卧的自由泳，两腿的打水动作和两臂的划水动作都极为相似。然而其风格却相差较大，仰泳给人以平稳、流畅、飘逸、快捷的观感，宛如迎风而立的风车，轻快地转动。

3.蛙泳

蛙泳的动作形如青蛙蹬水，因此给人以舒展、轻盈、节奏感强、充满韵律的感觉。蛙泳有“高航式”“平航式”“半高航式”“波浪式”等不同技术类型。每种技术都有其独特的风格特点，给人带来不同的视觉享受。

4.蝶泳

蝶泳泳姿就好像一只展翅飞舞的蝴蝶，其技术风格是快速、协调、气势磅礴，有时也像一只展翅的雄鹰令人体会到勇猛中不失轻盈的美感。

（四）军事应用价值

自古以来游泳就在军事上有重要的价值。古希腊人、斯巴达人和雅典人都有关于游泳的军事训练的记载。在古代亚述帝国出土的文物上，也有关于士兵横渡江河的图形。在我国的春秋战国时期，就有南方的诸侯国建立了水师。可见，无论中外，游泳都是军事训练必不可少的内容，士兵掌握过硬的水性可以提高其综合战斗能力。

第二节　水上运动基本知识

一、水上运动概述

凡是在水上进行的体育项目都可以称为水上运动。人类从徒手戏水征服自然，到利用其他各种工具、发明新的装备器械等横渡大江大海，从未停止探索的脚步。人类用创造力和想象力不断地推进水上体育事业的发展，发明了一系列丰富的水上运动项目，如跳水、水球、花样游泳、龙舟、赛艇、皮划艇、帆船、帆板、潜水、摩托艇、滑水等，以及由此派生出的大量的新兴水上运动项目，使当今的水上运动发展势头强劲。其中，赛艇、皮划艇、帆船、帆板是奥运会、亚运会及全国运动会的比赛项目，其他的水上运动项目在世界锦标赛、国际大赛和全国锦标赛中也占据着重要地位，其影响力不容忽视。

现代的水上运动融合了很多的科技成分，一项水上运动往往是运动员的运动技能加上科技水平的综合竞争。近些年来，我国大力发展水上运动，为提高全民运动素质和运动水平做出了很多重要的努力。同时，因为水上运动集运动竞赛和科学技术于一体，具有独特的运动魅力，所以一直都受到青年人的青睐，这为我国发展体育强国战略提供了大量的人才储备。

我国有着漫长的海岸线，拥有大量的江、河、湖泊等，这些都是开展水上运动的优势条件。同时必须指出的是，大多数的水上运动都需要极高的经济投入，初期仅能靠国家的经济资助才能开展，距离普通大众的生活还有相当的距离。但是随着社会的发展，尤其是近几十年来我国经济的快速发展，普通人参与水上运动也逐渐成为可能。例如赛艇、女子皮划艇、帆板、潜水、航海模型等项目，在一些重大的国际比赛中多次取得了优异的成绩，不断地刷新着世界纪录。尽管如此，我国大多数的水上运动项目仍然处于初步发展阶段，水上运动市场也还没有建设起来，我国优越的水域资源很多还处于有待开发的状态。在现有的项目中，其器材设施也相对落后，与世界先进水平相比还有较大差距。

二、水上运动的分类

我们下面讲到的水上运动主要是指除去游泳之外的其他水上运动。一般可分为水上竞技运动和水上健身运动两类，水上健身运动以水上健身操为主。

（一）水上竞技运动

水上竞技运动主要包括跳水、帆船、赛艇、皮划艇和水球。

1.跳水

跳水是深受人们喜爱的一项水上运动，具有极高的观赏性。运动员从跳板或者跳台上以各种不同难度的姿势跃入水中，在空中完成一套极具挑战性的动作，并且入水要尽量流畅平稳，以不激起过大的水花为宜。跳水运动又分为实用跳水、表演跳水和竞技跳水。跳水运动在跳水池中进行。跳水运动的主要技能体现在空中的动作上，要求协调、优美、流畅以及平衡感和时间感等拿捏得恰到好处。竞技跳水分为跳板跳水和跳台跳水两种，是奥运会的重要比赛项目之一。

（1）跳台跳水

跳台跳水是指运动员从一个固定的高空跳台上纵身一跳，在下落的时间内完成一套具有不同难度系数的动作，并以一个完美的入水动作结束。在奥运会、世界锦标赛和世界杯赛中仅有10米跳台项目。跳台跳水对男子和女子的动作要求略有不同，男子需要完成6个无组别、无难度系数限制的动作；女子是需要完成5个无组别、无难度系数限制的动作。跳台跳水根据起跳方向和动作结构分向前、向后、向内、反身、转体和臂立6组。

（2）跳板跳水

跳板跳水的高度要低于跳台，但是需要挑战一块有弹性的板子，也就是说运动员在起跳时会受到板子的反弹力的作用。跳板跳水分为1米和3米跳板，现在奥运会中的跳板跳水限定高度是3米。比赛中对男子的要求是完成6个无难度系数限制的动作，其中5个需来自不同组别；对女子的要求是完成5个不同组别无难度系数限制的动作。跳板跳水根据起跳方向和动作结构分为向前、向后、向内、反身和转体5组。

（3）双人跳水

双人跳水即两名运动员同时从跳板或跳台起跳完成跳水动作。通过双人同时向前起跳或同时向后起跳的组合动作完成。双人跳水也分为双人跳台跳水和双人跳板跳水。

2.帆船

帆船是水上运动项目中备受关注的项目之一。帆船比赛是指在规定的海域内，运动员分别驾驶帆船利用自然风力竞相以最快的速度在规定的航程内抵达终点的一种运动形式。帆船竞赛集竞技、娱乐、观赏、探险于一身。最为人所津津乐道的是帆船运动独具魅力的观赏性。帆船运动可以增强体质、锻炼意志，特别是在天气变幻莫测的海上环境中，海浪、水文、风向以及风力的转变都要求运动员具有全面的技术和机敏的应变能力。现代的帆船运动起源于欧洲。1662年，英国举办了一场英荷之间的规模较大的帆船比赛，比赛路线是从格林威治到格来乌散德再到格林威治。在那之后，各国的帆船俱乐部和帆船协会相继诞生，包括美、瑞典、德、法、俄等国家，于是各种规模的帆船比赛在各国间展开。不过直至1907年，国际帆船联合会才正式成立，目前奥运会的帆船项目共有9个级别、11个项目。

3.赛艇

赛艇是奥运会最传统的比赛项目之一。由一名或多名桨手背向赛艇前进的方向坐于艇中，运用肌肉力量通过桨和桨架的杠杆作用快速划水，以舟艇的速度决定胜负。舟艇上可以有舵手，也可以无舵手。舵手就像是赛艇的眼睛，要有临场应变的能力，要能及时组织队友调整方向和节奏。赛艇运动多在自然水域中举行，自然风光宜人，环境优美，空气清新，人们在阳光的沐浴下尽情享受运动。赛艇运动是一项对体能要求较高的运动，优秀的赛艇运动员都具有超强的心肺功能。经常参加赛艇运动能有效地提高人体的心血管系统和呼吸系统的功能，调节神经系统。比赛开始时，所有的参赛赛艇在起航线后排齐，听到发令员发令后，各赛艇火力全开，拼尽全力以最快的速度驶向终点。但是，赛艇比赛成绩受到天气影响明显，比如气温、风况、降雨量、湿度、能见度等都会影响最终的速度，甚至前后两组比赛因天气的轻微变化也会出现比较悬殊的成绩。因此，赛艇比赛的成绩不具有绝对的可比性，也没有世界纪录。

4.皮划艇

皮划艇是奥运会正式比赛项目，分为皮艇和划艇两个项目。比赛时，运动员面向前进方向坐于艇内，手持两头带桨叶的桨在艇的两侧轮流划动，脚负责操纵艇舵控制航向。皮划艇运动需要协调运动员的技术、运动器材和水的作用三者的关系，只有当三者的协调达到最佳状态，才会出现最好成绩，任何一个环节表现不佳都会严重影响最终的运动表现。皮划艇比赛时，起航不受任何缺席者的影响。由取齐员负责协调各艇的起点位置，保证各个参赛艇的船头处于起航线上。发令员负责发令，在认为可以发令时喊“10秒内将出发”，之后选择在10秒内的任一最佳时机发出号令或鸣发令枪。一般情况下，运动员采取静止出发方式，由一名扶船员帮助出发。出发后运动员通过脚下掌舵和双臂划桨的配合，以最快的速度抵达终点。

5.水球

水球是奥运会比赛项目之一。水球属于一种集体水上球类运动项目，因此同时具有集体对抗、水上运动和球类运动的特点。其运动形式类似于足球，因此也被称为水上足球。比赛中每队有7名球员上场比赛，包括守门员1人，6名场外替补队员，比赛中可以随时换人。一场水球比赛共有32分钟，分为4节进行，每节8分钟，死球时停表。两节间休息2分钟，中场休息5分钟，同时交换场地。最终累计得分最高的一方获胜。

（二）水上健身操

水上健身操的全称是水中有氧健身操。水上健身操一般以水在健身者齐腰的位置为宜，配有适宜的音乐伴奏，进行不同的身体动作和舞蹈动作达到锻炼和放松的目的。一般都有教练的带领，根据人群的具体需要选择略有不同的锻炼方式，比如有氧、形体、康复等。大体上可分为伸展运动、放松操、力量训练、灵敏训练和柔韧训练等，一节水上健身操为45分钟。水上健身操的内容还是比较丰富的，非常适合需要健身但是又不喜欢游泳、跑步等运动形式的健身群体。水上健身操具有健身、娱乐、舞蹈、音乐以及艺术体验的属性。由于形式新颖、元素丰富，受到很多人的喜爱。比如，健身者就像做游戏一样，跟着教练在音乐的伴奏下在水中进行类似陆上的跑、跳、走的运动，但是由于水中的浮力和运动阻力与陆地上不同，健身者需要克服的自身重力的部分减小，但是，对应的水中的浮力、水压等又带来全新的运动体验，使运动过程更为轻松有趣。而且由于水的传热性较强，因此人体在水中运动对能量的消耗要大于陆地上的运动，这也是水上健身操非常适合减肥减脂的人群练习的主要原因之一。同时，在水中运动本身就有很好的减压作用，再配合音乐和一些有趣的动作，能够达到让人全身心放松的效果。因此，水上健身操也非常适合那些工作压力大、由于焦虑等原因导致情绪低落、失眠等问题的健身者进行锻炼。水上健身操的运动强度比游泳要低20%～30%，运动难度也低于游泳，因为通常是在1.2米～1.4米的水池中进行，所以即便不会游泳的健身者也不会有什么恐惧情绪。另外，由于水上健身操的运动强度适中且不容易带来运动伤害，并且水温在27℃～29℃之间，要比一般的游泳池的水温略高，因此，它还是一项非常适合老年人的健身运动。总之，水上健身操是一种安全、有效、有趣的有氧健身活动，可以缓解压力，还可以起到减脂、塑型、娱乐的作用，是一项十分受欢迎的水上健身运动。

三、水上运动的价值

（一）水上竞技运动的价值

首先，水上运动是现代竞技运动的重要组成部分，极大地丰富了体育赛事活动的内容。与其他运动项目形成很好的补充关系，比如，游泳、跳水、帆船、赛艇等水上运动都是非常重要的竞技体育项目，每年在世界各地都有盛大的相关赛事的举办，在全球拥有大量的职业运动员以及业余爱好者。

其次，水上竞技运动还起到促进各国文化交流的作用。大多数的水上运动项目具有很强的民族性和地域特色，运动自身带有很强的文化属性与历史属性，随着该运动被广泛普及，与其相关的历史、人文、地理知识也得到相应的传播，这非常有利于对各民族传统文化的弘扬与传承。

最后，水上运动项目还有效地促进了各国体育产业的发展。比如像帆船等项目，由于得到越来越多的人的关注和喜欢，带动了帆船产业的蓬勃发展，从帆船制造、科技设备、装备生产、各种赛事的举办、旅游等一个完整的产业链都得到发展。以英国为例，根据Statista的统计数字，2020年英格兰帆船运动的参与人群为10万人，参与过帆船项目的人口每年超过百万。

（二）水上健身的独特优势

1.散热性

水的热传导能力大约是空气的20多倍。人体由于在水中受到冷水的刺激，皮下血管会发生收缩以防止热量的大量流失，而随着运动的持续进行，人体又要释放大量的热量。因此，水上运动可以提高皮下血管的循环功能，增强新陈代谢。这些对于提高皮肤弹性、增加皮肤的光泽度都有明显效果。可见，水上运动对增进皮肤健康、增亮肤色以及美容都很有益处。

2.水压

人体在水中进行运动时，要承受一定的水压。比如，当人把肩膀沉入水面时，肺部要承受大于陆上的0.03～0.05个大气压的影响。因此，在水中运动时可以锻炼心肺功能，经过一段时间的练习，可以明显提高肺活量及有氧耐力。另外，长期进行水上运动还可以有效改善血液循环、提高人体免疫力。而且，水压以及人体在水中运动时产生的水波，对人体起到很好的按摩作用，水流的持续拍打，轻柔而富有张力，可以有效地改善皮肤松弛和老化，令肌肤更有活力。

3.水的阻力

人体在水中运动所要克服的阻力大约是在陆地上的800多倍。也就是说，在水中向前走动要比在陆上至少多用6倍的力量。这对锻炼力量、耐力都有帮助。而且由于水的浮力的存在，可以大大降低了运动损伤的风险。这对提高力量、耐力等素质都有一定的效果。

4.减肥

游泳、水球、水上健身操等水中运动都是全身的有氧运动，这种以糖原和脂肪为主要能源的运动，是减肥的最佳选择；而且，在水中运动，虽然热量消耗更大，但是不会有陆上运动时那种大汗淋漓的不适感。由于水的导热性快，即便人体在运动中产生大量的热，但是能够很快被水消解，因此不会出现因大量运动而中暑或者昏厥的现象，可以保证人体在运动全程都感到周身清爽，从而更容易延长运动时间，达到减肥减脂的目的。

5.塑造体型

在水中运动还可以起到塑形美体的效果，特别是对臀部和腰腹部的肌肉训练效果最为明显。由于水中压力、浮力与阻力的相互作用，长期进行水中运动的人其肌肉更流畅、紧致和富有弹性。同时，游泳还可以调节脊柱的生理曲度，使整个人体向流线型发展，这在无形中塑造了人体的线条，使人体腹部、臀部、胸部、肩背部的曲线更加优美。

第三节　游泳与水上运动的发展

一、游泳运动的发展

（一）古代游泳运动

（1）古希腊关于水中活动的资料记载非常丰富，在不少古希腊文物或文学作品中都有关于游泳的刻画或者记叙。比如，在古希腊的法律中，曾有规定儿童需要学习希腊文与游泳，可见当时对于游泳的重视程度。

（2）在古罗马，人们认为不会游泳就与无知一样愚蠢，认为游泳是一个人的基本技能。因此，游泳是罗马青年训练的内容之一。

（3）我国古代也有大量关于游泳的文献记载。在江南地区，由于自然水域充沛，生活在那里的人们很早就学会了在江、河、湖、海的游泳技能。我国的历代帝王都设有“采珠太监”或者专门的官吏，专门负责监督渔民为宫廷开采珍珠。而渔民开采珍珠必须通习水性和潜水技术。

在《诗经》中就有关于游泳的记载，“就其浮矣，方之舟之。就其浅矣，泳之游之”。意思是说在水深的地方用筏、船渡过去，在水浅的地方人可以直接游泳或潜水过去。这说明在当时社会，游泳已经成为民间流行的一种生存技能，能熟练掌握游泳的人不在少数。在《淮南子・说林训》中也有关于游泳的描述，“游者以足蹶，以手拨”。在魏晋时代，也有“拍浮”游泳之说。隋唐时期，在宫廷中设有可供人跳水、抛水球、游泳等项目的“水殿”。北宋时期在《日・喻》中记述道“南方多没人，日与水居也，七岁而能涉，十岁而能浮，十五岁而能没矣，夫没者岂苟然哉，必将有得于水之道者，日与水居则十五而得其道”。由此可见，当时生活在南方地区的人们已经十分熟悉水性了。

总之，在古代的很长一段时期内，游泳都是人们生活和生产的必要技能，也是重要的军事技能。但是随着生产力的发展和社会的进步，大多数国家和地区的人们都从刀耕火种的生产中解放出来，于是游泳逐渐发展出娱乐功能和体育功能。

（二）现代游泳运动发展

现代游泳运动的发展是以竞技游泳为主。随着竞技运动的快速发展，其观赏性越来越高，因此对游泳运动的普及与传播起到相当重要的作用。

1.世界竞技游泳运动的发展

现代竞技游泳运动大约在17世纪60年代起源于英国。英国由于天然的地理优势，大多数人们都有下水嬉戏游玩的传统，在不少地区的游泳活动其规模越来越大，且影响力也在逐渐递增。1828年，英国的利物浦修造了第一个室内游泳池。直到19世纪30年代，室内游泳在英国各大城市相继流行，随后游泳组织、游泳俱乐部逐渐出现。1869年，大城市游泳俱乐部联合会在伦敦成立，它后来发展为英国业余游泳协会，从此之后游泳作为正式的体育项目而存在。

随着英国的殖民扩张，游泳运动也被带到了世界各地。例如澳大利亚、新西兰等都是受到英国的影响而较早发展游泳竞技运动的国家。1846年，澳大利亚成为第一个在英国本土以外举行游泳比赛的国家。随后，德国（1882年）、荷兰（1888年）、奥地利（1889年）、新西兰（1890年）、新南威尔士（1891年）等各国相继成立不同规模的游泳组织，游泳运动开始广泛地在各国普及，各种形式的游泳竞赛活动也火热地开展起来。从此，游泳运动逐渐向着更加专业化、竞技化的方向发展。

1896年，第1届奥林匹克运动会在希腊雅典举行，游泳就被列为竞赛项目之一，并且设立了100米、500米和1000米自由泳3个项目。可见，游泳运动在当时已经比较成熟。1908年，国际泳联正式成立，开始审定各项游泳项目的世界纪录，同时更加严格、规范地制定了国际游泳比赛的详细规则。

在前4届奥运会中一直没有女子游泳项目，直到1912年的瑞典斯德哥尔摩奥运会，奥组委才增设了女子游泳比赛项目。随着游泳运动的蓬勃发展，国际泳联发现每4年举办一届的奥运会不足以满足人们对游泳的热情，而且对于运动员的培养也不利，于是又增设了每两年一次的世界游泳锦标赛和世界杯游泳比赛。这样，每年都会举行一次世界规模的游泳比赛。

第二次世界大战后，游泳竞技运动迎来了飞速发展。游泳比赛的项目以及参赛运动员都在逐年增多。1952年，蛙泳和蝶泳被明确分为两个比赛项目。自此，自由泳、蝶泳、仰泳、蛙泳4种姿势被列为各大游泳赛事的固定比赛泳姿。

各大重要游泳赛事的确立、各项规则的不断完善，以及现代科学技术的不断突破，共同推进了游泳竞技运动的高速发展。一些国家开始采用科学训练方式和手段，希望能从训练方法的角度寻求突破。1976年，在蒙特利尔奥运会上，原民主德国游泳女队由于采用一套更为先进的科学训练方法，几乎包揽了所有游泳项目的金牌而令世界泳坛震惊。德国在女子游泳项目上的突出成绩，极大地推动了游泳项目全面进行科学训练的进程。从此，现代科学理论和科学技术在游泳选材、训练、竞赛等方面广泛被应用，加快了游泳运动训练科学化发展的进程。

2.我国竞技游泳运动的发展

我国现代游泳运动的兴起是在19世纪末，当时在一些沿海城市如广州、厦门、上海、青岛和大连等地陆续出现了不同规模的游泳比赛。我国第一个游泳馆出现在广州的沙面，随后开始出现一些游泳竞赛活动。但是由于经济发展滞后，当时的游泳运动仅在一些沿海城市有些起色且游泳技术较差。比如，1948年举行的一场男子100米自由泳比赛中，全国最高纪录为1分3秒3，这个成绩放在今天，连参加儿童组比赛都得不到名次。

我国政府一直都非常注重体育运动的发展和人才培养。早在20世纪30年代，即使在烽火连天的岁月，我国领导人也十分重视游泳活动的开展。抗日战争时期，延河就是天然游泳池，延安体育会经常组织游泳训练活动。许多机关、学校和部队也经常组织各种形式的游泳比赛。

到1954年，我国的游泳竞技项目整体上开始都有了起色，不断有新的纪录产生，尤其是1957年至1965年的几年间，我国的游泳竞技运动取得突破性进展，先后多次打破世界纪录。男子100米自由泳和100米蝶泳也先后取得当时的世界前6和世界前10的好成绩。但是，这种发展势头很快被“文革”中断，致使我国的竞技运动全面落后，刚刚起步的游泳也从此一落千丈。1976年之后，我国竞技游泳才真正地开始全面、广泛、持续地开展起来。国家体委组织教练和运动员虚心学习他国的先进经验，全面开展科学化训练，从此中国的游泳运动开始以全新的面貌出现在世界泳坛上。1992年第25届巴塞罗那奥运会上，中国游泳健儿一举取得了4金5银的好成绩，一时震惊世界泳坛。2008年第29届北京奥运会上，中国游泳运动员张琳为中国赢得了第一枚男子游泳奖牌——银牌的好成绩，实现中国游泳项目男子奥运零金牌的突破。由于新冠疫情，第32届东京奥运会推迟于2021年举办，但这并没有影响中国运动员的士气，勇得3枚金牌。

二、水上运动的发展

（一）帆船

帆船运动是较早的水上运动项目，是一项起源于欧洲的古老运动。大约在17世纪初，欧洲的皇室贵族开始一些海上的帆船游乐活动。19世纪初，英国、美国等国家先后建立的帆船组织，如英国的皇家帆船中队、美国的纽约帆船俱乐部等在当时颇具影响力，也在某种程度上引领了帆船运动的早期发展。1870年，第一届横渡大西洋帆船赛在英美两国间举行。1900年，帆船被正式列为奥运会比赛项目。1906年，国际帆船比赛联合会（ISAF）成立，简称国际帆联。总部设在英国伦敦。

帆船运动充满探险精神，对于技术要求较高，在当时的欧洲一度非常流行，因此具有良好的群众基础。从历届奥运会帆船比赛的奖牌情况也可以看出各国的实力，至今英、美、德、法、西班牙、澳大利亚和北欧国家依然是冠军榜上的常客。帆船运动项目传到亚洲的时间较晚，因此亚洲各国的帆船项目普遍水平偏低。

相比较而言，日本的帆船运动发展历史较久，居于亚洲的领先地位。几乎包揽了历届亚运会、亚洲锦标赛的冠军。就产业发展的角度来看，日本的帆船产业发展较为成熟，有十几万的帆船爱好者，仅470级帆船就有万余条。日本的帆船运动种类也非常丰富，每年都会开展各种各样的帆船活动，参与人数众多。因此，日本的帆船运动具有扎实的基本面，竞技人才辈出，整体上可以说日本的帆船项目实力雄厚。

亚洲其他的临海国如印度、巴基斯坦、印尼、新加坡、泰国等国也具有良好的天然水域资源，对于帆船运动的发展较为有利。这些国家的帆船运动发展较好。

作为后起之秀的韩国，其帆船运动起步较晚。尽管只有不长的发展历史但是异常耀眼，大有后发制人的态势。尤其是近些年来，韩国的帆船项目强势直追猛赶，如今已不容小觑，俨然已经成为亚洲帆船运动强国。

中国的帆船运动发展时间较短。1958年，武汉曾在东湖组织了一次帆船表演赛，但是并没有产生太大的影响力。很多年来，帆船在中国都属于较为冷门的运动项目。虽然中国有漫长的海岸线，但是发展帆船运动还受到文化意识和经济基础因素的影响。相对于游泳等水上项目，帆船需要大量的资金投入，不是大多数普通人能消费得起的运动。因此，帆船运动在我国发展较为滞后。直到1978年，国家着重组织集训，帆船项目才在航海多项运动的基础上发展起来。两年后，我国举办了第1届帆船锦标赛，并把帆船项目列入全国运动会和青运会的比赛项目。

1982年，我国首次派中国帆船队参加第9届亚运会。仅4年后，中国帆船代表队在第10届亚运会上就获得一枚金牌，这代表着中国帆船运动进入新的发展阶段。从1984年的第23届奥运会起，中国每年都会派优秀的运动员参加帆船项目。虽然在该项目上中国起步较晚，在世界帆坛甚至在亚洲范围内也没有太多优势，但是我们的运动员坚持不懈，努力让每年的比赛成绩都逐步提高。2008年北京奥运会上，中国帆船女子运动员徐莉佳在激光雷迪尔级勇夺一枚铜牌，夺得女子帆板RS-x级别的金牌，实现了中国帆船帆板项目在奥运会上金牌零的突破，具有里程碑意义。

近年来，我国的帆船运动项目也逐渐地广泛开展起来。现在国内比较重要的帆船比赛有全国帆船锦标赛、全国帆船冠军赛、全国青少年帆船锦标赛以及全国OP级帆船锦标赛和中国帆船公开赛。帆船项目对场地、船只、装备、训练、裁判等要求较高，需要长期的积累经验、培养人才以及场地的建设和装备的生产和设计等。截至目前，我国在青岛、海口、厦门、秦皇岛等地已经建有多处帆船竞赛基地。现在全国有条件的地方均已出现帆船运动项目，也培养了一批成熟的裁判和教练员，为进一步的发展奠定了良好的基础。

帆船项目的特性决定了该项目在一些沿海地区和城市的发展占有绝对优势。同时，具有较好的经济基础和文化观念也是帆船运动发展的重要前提。目前，我国的山东、福建和浙江几个省份在帆船运动上投入较大、发展较快，成绩也明显地处于领先位置。此外，上海、广东、海南、湖北、江苏、辽宁、四川、北京等也逐渐发展出自身的特色。以江苏、辽宁、四川、北京为例，这几个省市主要以开展青少年的培训和兴趣培养为主，着重教授水上运动知识和技能，开展OP级少年帆船夏令营等。

（二）赛艇

赛艇运动起源于英国。1715年伦敦开始出现一些职业水手进行的赛艇比赛，深受广大群众的欢迎。后来，英国重要的仪式庆典活动如英王继位仪式中，都会安排一场赛艇比赛。1775年，有史料记载的有关赛艇竞赛规则由英国制定完成。1829年，世界著名的牛津大学和剑桥大学在泰晤士河举行赛艇赛，从此这一赛事开始流传下来，每年举行一次，成为两校之间重要的文化盛世，且驰名世界。

1892年，在意大利都灵成立了国际赛艇联合会，并且在当年举行了第1届欧洲赛艇锦标赛。作为一项悠久的水上运动，早在1896年第1届奥运会时，赛艇就被列为正式的比赛项目。尽管当时在气象预报方面的技术还相当落后，对于比赛规则、航道、距离、裁判等诸多方面都还没有形成规范，有许多细则有待完善，但是，这一切都不妨碍赛艇项目稳步、强势地发展起来。1976年，第21届奥运会增加了女子赛艇比赛项目。

第1届世界赛艇锦标赛于1962年在瑞士举行，之后由于各种原因而断断续续共举办了4次，直至1975年，每年一届的世界赛艇锦标赛终于可以正常地如期举行。

赛艇运动传入中国的时间较晚。1913年，英国人在上海建立“划船总会"，但当时只是少数英国人和其他西方人的一种娱乐项目。自此之后，中国人才开始了解和熟悉赛艇运动。但是，中国人真正开始赛艇运动是在新中国成立之后。1959年，赛艇被列入了第1届全国运动会的比赛项目。

1973年，中国加入国际赛艇联合会。在2008年北京奥运会上，中国女子四人双桨组合以6分16秒06的成绩超越了老牌强国英国队，夺得中国赛艇的奥运首金。这是中国在西方占强势主导项目上的一次艰难的攻坚战。在这一重要的历史时刻，证明了中国人永不服输、拼搏到底的无畏精神。

（三）水中健美操

水中健美操最早出现在20世纪中期的西方社会，是一种新兴的运动项目。这种运动最早是作为一种优美的有氧运动而在广大的女性群体中得到追捧。1967年，有一位名叫库伯的美国医生根据自己的研究，设计出一些简单的体能训练方式，如水中走步、慢跑、游泳等运动形式。这种运动形式对于亚健康人群和需要运动康复的患者，以及老年人群体十分适用，因此，很快便被传播开来。最早的时候，人们喜欢称之为"水中有氧运动""水中徒手体操""水中自律操"等，甚至还有人给它起了一个非常高雅的名字"水中芭蕾"。

在之后的几十年里，水上健身操由于其高度的普世性而得到极为广泛的传播和发展，并且逐渐演变出丰富的形式和内容。其按照不同年龄、目的、任务、性别等方法，可以分为以下几种类型。

（1）根据适用年龄分为：少儿水中健美操、青年水中健美操、中老年水中健美操。

（2）根据不同目的分为：水中有氧健美操、水中形体操、水中芭蕾形体操、水中瑜伽健美操、水中拉丁健美操、水中太极健美操、水中娱乐健美操、水中减肥健美操和水中康复健美操。

（3）根据练习形式分为：水中徒手健美操、水中踏板健美操、水中健美棒操、水中哑铃健美操、水中池边健美练习和水中局部健美操。

（4）根据人体结构分为：头颈部位水中健美操、肩部水中健美操、胸部水中健美操、腰腹水中健美操、臀部水中健美操和腿部水中健美操。

（5）根据性别分为：男子水中健美操和女子水中健美操。

（6）根据练习人数分为：单人水中健美操、双人水中健美操和集体水中健美操。

第二章　游泳与水上运动的学科理论基础

参加任何形式的运动项目都需要一定的理论作指导，只有如此才能取得理想的训练和比赛成绩。游泳与水上运动这一项目比较特殊，是在水上或水中进行的运动。这一类项目对人的体能与技能有着很高的要求，要求运动员必须了解与掌握基本的理论结构体系，如此才能科学合理地参与此项运动。本章将重点阐述游泳与水上运动的生理学、心理学和运动训练学基础理论。

第一节　运动生理学基础

一、游泳运动与氧运输系统

（一）需氧量

需氧量是指维持人体正常生理活动的氧量，身体健康的人在安静状态下每分钟需氧量是250毫升。而在游泳或其他水上运动中，人体的需氧量是不同的。一般来说，在游泳与水上运动中，训练内容、训练时间以及训练强度等都会影响运动员的需氧量，运动强度越大，需氧量就越大。

作为专业的游泳运动员，要想进一步提升自身的竞技水平，就需要在运动训练中不断提高运动量与运动负荷，而随着运动强度的增加，机体需氧量也会随之增加，此时如果氧气供应不足，就容易出现氧亏现象，这对于运动员参加游泳或水上各项训练是非常不利的。

（二）最大吸氧量

1.最大吸氧量的定义

在运动生理学中，最大吸氧量是一个非常重要的概念。最大吸氧量是运动员最大有氧代谢能力的直接反应，同时也是判断运动员氧运输系统功能强弱和有氧工作能力的重要标志。最大吸氧量指的是在需要大量肌肉群参加的力竭性运动中，当氧运输系统中的心泵功能和肌肉的用氧能力达到本人最大极限时，人体单位时间内摄取的氧量。

2.影响最大吸氧量的因素

大量的研究与实践表明，运动员的最大吸氧量在一定程度上受先天性遗传因素的影响。曾经有过一项针对10对同卵双胞胎的相关测试，即测试他们在完成20周的耐力训练之后机体的耐力水平的变化情况。

除此之外，运动员的年龄与性别也是影响人体最大吸氧量的重要因素。这些因素都是显性因素。另外，呼吸、肌肉代谢等一些隐性因素也在其中起着一定的作用，这些潜在的隐性因素主要对最大吸氧量具有限制性影响。

3.最大吸氧量的测定

一般来说，最大吸氧量的测定方法主要有直接测定和间接推算两种。直接测定主要在实验室进行，需要让受试者完成跑台跑步、蹬踏功率自行车或台阶试验来进行测定。因为直接测验法要求受试者在运动时达到力竭程度，具有一定的危险性，所以为了避免发生危险，可采用间接推算法。该方法虽然同样需要进行台阶试验和功率自行车运动测验，但安全系数较高。

二、游泳运动与血液循环系统

（一）气体交换

大量的研究实践表明，人体在运动的过程中，ATP能量的产生或再生都离不开氧气的参与。要将空气中的氧输送到肌肉细胞中的线粒体内，实现ATP合成，必须通过呼吸系统和血液循环系统的合作。肺→肺部毛细血管→肺静脉→左心房→左心室→主动脉→各组织处毛细血管→组织细胞是氧气完整输送过程的主要路径。有关学者经过一系列的研究后总结出，空气中的氧气要顺利进入肌细胞线粒体，必须经过体内18层胞膜。一旦外界的氧气进入肺泡，就开始了第一阶段的气体交换，即氧气与血液中的二氧化碳在肺泡血管膜上交换。这一交换位置的主要作用是隔开肺泡中的氧气与肺泡微血管中的血。

第二阶段的气体交换主要发生在微血管膜上。从第一阶段到第二阶段的气体交换中，有很多不可避免的影响因素，影响较大的因素主要有：红细胞数目、肌肉中微细血管数目、血色素含量和微血管的密度等。

运动员在参加游泳或其他水上运动项目的过程中，血液中氧气和二氧化碳的输送主要以两种方式实现，第一是与血液的化学组合，第二是在血液中溶解，采用第一种输送方式的情况居多，也就是血液中的氧与血红蛋白发生化学结合后被输送。

可以说，血液循环系统是输送氧气的主要功能系统。血液循环系统内的心血管系统是一个封闭性的运输系统，组成该系统的成分主要有心脏、静脉、动脉及毛细血管。血液在心血管系统中的循环流动需要由心脏提供动力，在血液的不断循环中，氧气和大量的营养物质被运输到各种细胞中，使细胞的生存有了基本保障，同时在血液循环中也将二氧化碳从细胞中带走了，从而在一定程度上促进了细胞的生长。

（二）心血管系统功能特点

对于专业的游泳运动员而言，其心血管系统功能在一定程度上决定着运动训练和比赛水平。在运动训练中，评价人体的心血管系统功能，可采用心率测量方法，同时对运动强度进行分析，这种方法简便易行，运用广泛。就每搏输出量和心率来看，专业运动员与普通人之间有着非常明显的差异。通常情况下，普通人在安静状态下，每搏输出量、心率分别为70～80毫升、65～80次/分，而专业运动员则为100～110毫升、50～60次/分。

另外，在安静状态与运动状态下，人体的血液分配也呈现出明显的差异，导致这一差异的因素主要有两个方面。一方面是人体肾、肝、皮肤等的动脉血管因收缩而变细；另一方面是供应骨骼肌的动脉血管和骨骼肌内毛细血管的扩张。

三、游泳运动与肌肉运动基础

一般来说，人体的肌肉可分为三大类，即骨骼肌、平滑肌和心肌，其中，骨骼肌数量最多，约占人体体重的40%。当游泳运动员在参加训练和比赛时，其肌肉进行着各种收缩运动。肌肉收缩形式主要分为向心收缩、超等长收缩和等长收缩三种。

（1）向心收缩。向心收缩是肌肉长度发生缩短的一种收缩形式，在力量练习中是最普通的一种。

（2）超等长收缩。超等长收缩是肌肉先进行离心收缩后，紧接着进行向心收缩的形式，这种训练方面有着很大的肌肉锻炼价值，因此受到运动员的高度重视。

（3）等长收缩。当肌肉收缩产生的张力与外力相等，或是维持身体某一种姿势时，肌纤维虽积极收缩，但肌肉的总长度没有改变，这种收缩称为等长肌肉收缩。肌肉处于等长收缩时，从整块肌肉外观看，肌肉长度不变，但实际上肌肉的收缩成分（肌纤维）是处在收缩中而使弹性成分拉长，从而整块肌肉长度保持不变。

四、游泳运动与新陈代谢基础

（一）糖代谢

众所周知，糖是人体所需的重要营养素，对人体的健康具有重要的价值与意义。在平时的生活中，人体摄取了植物或动物性食物中的糖质，在消化酶的作用之下，转变为可以被人体吸收的葡萄糖分子，经小肠黏膜的上皮细胞葡萄糖运载蛋白转运进入血液，成为血液中的葡萄糖，即血糖。血糖可以合成糖原，成为大分子的糖。在肝脏中合成并储存的糖称为肝糖原，在肌肉中合成并储存的称为肌糖原。另外，肝脏还可以将体内的一些非糖类物质，如乳酸、丙氨酸、甘油等合成葡萄糖或糖原，这一过程被称之为糖的异生作用。人体合成糖原和糖异生的过程共同组成了人体中糖的合成代谢。

体内的糖原和葡萄糖通过糖酵解过程、有氧氧化过程、戊糖磷酸途径、乙醛酸途径等进行分解代谢。糖分解代谢过程释放的能量为机体的运动提供能量需要。

运动员在参加运动训练的过程中，肌肉中ATP、CP下降，肌糖原无氧分解功能增强，肌细胞内Ca^{2+}含量增多。一些激素，如生长激素、甲状腺激素、雄性激素、儿茶酚胺等也发生变化。进而不断作用于肌细胞，使肌细胞不断地产生适应性变化。因此，在系统的训练之后，运动中消耗的ATP、CP和肌糖原，在练习后的恢复期可出现超量恢复，可使肌肉中ATP、CP和肌糖原含量增加、提高ATP的无氧再合成的速率，使EK、PFK、磷酸化酶等活性增大。

综上所述，人体内糖的分解和合成保持动态平衡。运动员在运动的过程中，糖作为能源物质分解代谢供能，运动后的恢复期或长时间运动过程中，机体又可以重新合成糖作为能源。人体在参加运动训练的过程中，当氧供应充足的情况下，机体的肌糖原或葡萄糖被彻底氧化分解成H_2O和$C0_2$，并释放大量能量的过程，称为糖有氧代谢。可以表示为：骨骼肌糖原或葡萄糖→有氧氧化→有氧氧化ATP+$C0_2$+H_2O。

（二）脂代谢

脂肪是在以有氧代谢为主的运动中的主要能源物质，一般来说，人体摄入的脂肪主要来自动物脂肪和植物油。脂代谢与人体健康之间有着非常密切的关系，大量的研究与实践表明，经常参加游泳运动训练对于改善机体的脂代谢状况具有十分积极的作用。对于专业运动员而言，他们一般都拥有良好的脂肪代谢能力。

脂肪具有疏水性质，需要借助机体自身以及随食物摄入的各种乳化剂，形成乳浊液后，脂肪才能在体液的水环境中被酶解。因此，脂肪的吸收和转运过程比糖复杂。脂肪在人体被消化后主要形成甘油、游离脂肪酸和单酰甘油，还有少量的二酰甘油和未经消化的三酰甘油。

一般情况下，脂肪的吸收方式主要有两种：一种是小肠上皮细胞直接吞饮脂肪微粒；另一种是脂肪微粒的各种成分分别进入小肠上皮细胞，在细胞内，进入的脂肪分解产物又重新合成脂肪，形成乳糜微粒。乳糜微粒和分子较大的脂肪酸最后转移进入淋巴管，甘油和分子较小的脂肪酸可溶于水，在吸收后扩散入毛细血管。因此，脂肪的吸收有淋巴途径和血液途径两种，但以前者为主。人体吸收的脂肪主要储存在脂肪组织内，如皮下、大网膜、肌肉细胞中等。人体的脂肪还可以通过以下方式转化储存，如合成磷脂，成为细胞膜的组成成分；合成糖脂，成为细胞膜和神经髓鞘的组成成分；合成脂蛋白，存在于人体血液之中。

脂肪分解代谢产生的能量可用于多种生命活动过程中，是长时间中低强度运动的主要供能物质。人体内贮存的脂肪作为细胞燃料参与供能只能通过有氧代谢途径，脂肪的分解代谢首先是脂肪分解成甘油和脂肪酸，其次是甘油和脂肪酸再进一步分解成二碳单位，最后生成二氧化碳和水。

（三）蛋白质代谢

蛋白质也是人体非常重要的能源物质，人体在参与运动的过程中少不了蛋白质的参与。蛋白质虽不像糖和脂肪一样，可直接提供运动所需的能量，但蛋白质分解代谢过程中能产生许多物质用于人体供能，因此注意蛋白质的摄取与补充是非常重要的。

蛋白质的合成要经历一个复杂的过程。首先，蛋白质按照DNA模板上核苷酸排列顺序转录成mRNA（携带遗传信息的能指导蛋白合成的一类单链核糖核酸）。其次，以接受了DNA遗传信息的mRNA作为蛋白质生物合成的直接模板，在tRNA（具有携带并转运氨基酸功能的一类小分子核糖核酸）、rRNA（核糖体RNA）的共同参与下，按mRNA上核苷酸的排列顺序翻译成蛋白质中氨基酸的排列顺序。参与蛋白质合成的氨基酸有20种，它们又可称为蛋白质氨基酸。

蛋白质分解的过程并不复杂。首先，蛋白质分子在消化液作用下分解成其基本单位——氨基酸，然后被小肠主动吸收，几乎全部通过毛细血管进入血液。其次，氨基酸再经脱氨基作用等代谢过程，最终生成氨、二氧化碳和水。氨基酸在分解代谢中释放的能量可提供运动中的能量需要，但和糖与脂肪相比，氨基酸分解所供应的能量占人体运动时消耗总能量的比例较低。

人体在运动的过程中，蛋白质代谢的变化主要体现在机体对氨基酸利用率的增加，和体内各种酶蛋白的合成速度加快。酶含量的增加有利于机体的恢复，及物质合成能力、免疫力和机体适应能力的提高。一般情况下，在一小时的运动训练中，机体能量总消耗中蛋白质供能的数量仅占4.4%。在长时间大强度运动中，即使当食物中供糖不足或糖被大量消耗后，蛋白质供能也只占总耗能量的15%～18%左右。因此，运动员要意识到在参加游泳运动训练和比赛的过程中，蛋白质供能代谢都不是能量的主要来源。但是，其分解代谢对于维持机体的正常运转则有着十分重要的意义。

第二节　运动心理学基础

一、运动心理学理论概述

运动心理学是一门研究在体育运动中，个体的心理活动的特点和规律的心理学学科。因此，运动员都必须要学习和掌握相关的心理学理论，具备良好的心理素质。心理学学科发展迅速，尤其是在竞技体育领域，这一门学科理论受到广泛的重视，得到了充分的利用。

运动心理学这一门学科在各类体育运动中得到了充分的利用，其任务主要体现在以下几个方面。

（1）研究运动员在训练和比赛中的心理过程特点与规律，以及运动员自身的个性差异与比赛成绩的关系。如游泳运动员在训练和比赛中的心理状态呈现，比赛成败后的心理表现等。

（2）研究运动员的心理过程、个性特点会对自身发展产生哪些影响。

（3）研究运动员运动技能的形成与发展，运动技能的形成规律。如通过什么样的训练手段能帮助运动员快速地提高运动技能。

（4）运动心理学还研究在比赛过程中运动员的心理状态。如在游泳训练和比赛中，运动员如何有效地刺激和发挥自身的最佳状态；发生突发状况时，运动员如何快速冷静地处理，需要运动员具备什么样的心理条件。

二、运动认知

（一）运动中的感觉与知觉

1.感觉、知觉的概念

感觉是指人脑对作用于感觉器官的客观事物个别属性的反应，而知觉则是指人脑对作用于感觉器官的客观事物的整体反应。感觉和知觉在一定程度上都能够较为准确地反映客观事物，是人体一切心理现象的基础。但两者之间存在一定的差别。

（1）对客观事物发生反应的具体水平不同。感觉反映客观事物的个别属性，知觉则是对客观事物的整体感知，但两者之间有着密不可分的关系，感觉不能脱离具体事物而独立存在，需要与整体事物建立起一定的联系。

（2）感觉是知觉的基础，知觉是感觉的进一步深化。知觉不是各种感觉的简单相加，知觉大于各种感觉之和，具有自身整体的意义。

2.感觉、知觉的种类

（1）外部感觉。接受丰富的外部刺激，反映外部事物的属性，包括视觉、嗅觉等。

（2）内部感觉。接受内部刺激，反映身体内脏器官的状态或身体位置的运动，通常包括平衡觉、动觉、内脏感觉。

3.感觉与运动

在游泳运动中，运动员的感觉非常重要。尤其是对于一名初学者而言，要通过自身的不断练习，逐步掌握运动知识，习得运动技能。学生在进行动作练习时，需要依靠感觉器官提供的各种感觉信息不断深化对动作的认识，其中，相较于视觉与听觉，动觉的作用尤为突出，对提升运动成绩、掌握运动技能尤为重要。通常情况下，人体在刚开始进行运动时，对动觉的感受较为模糊，随着运动训练的逐步推进，模糊的感觉会变得越来越清晰，这对于运动技能的掌握具有十分重要的意义。

4.知觉与运动

（1）运动知觉与运动。运动员在参加游泳运动的过程中，必须依靠运动知觉产生对外界事物、自身运动的反应。游泳运动员在游进的过程中，感知自己的上肢、下肢动作属于主体运动知觉。经常参加训练能快速感知外界的各种变化，控制自身的动作，提升自身的技能水平。

（2）空间知觉与运动。空间知觉也是一种非常重要的能力，可以说，正确的空间知觉反映了物体的空间特征，涉及物体的方位、距离等多种信息。在各种空间知觉中，方位知觉、距离知觉与身体运动之间存在较大的关联。运动场上的任何活动都需要有空间知觉的参与。对于游泳及水上运动而言，空间知觉也是非常重要的。

（3）时间知觉与运动。时间知觉与运动员身体运动的协调性、韵律节奏有着非常密切的关系，作为一名出色的运动员，必须要注意培养自己的时间知觉能力。不同的运动项目对运动员的知觉要求不同，游泳运动员主要是通过肌肉运动觉估计时间的长短，把控自己在水下或水中的运动节奏。

（二）运动中的表象与想象

1.表象、想象的概念

表象指人体在头脑中反映之前感知过的事物形象。例如，在头脑中浮现出著名影星的形象。

想象是指人体在头脑中创造新形象的过程，此过程受头脑中已经存在的表象的影响，需要个体充分发挥创造力，将各种信息按照全新的方式加以组合。运动员需要在运动训练、运动比赛的过程中发挥想象。

总体上而言，表象与想象之间有着极为密切的关系，其中表象是想象的基础、素材；想象是对表象素材的加工与改造。可以说没有表象，想象就无从谈起。对于游泳运动员而言，其在训练的过程中，要注意训练自己的表象与想象能力，这对于自己竞技能力的提高具有十分重要的意义。

2.表象、想象与运动

（1）运动员要想形成运动动作、掌握运动技能离不开运动表象与再造想象。教练员通过利用运动表象、讲解动作概念将运动知识传授给学生，学生通过教练员的讲解与示范、观看比赛录像等，初步形成较为清晰的运动表象，再对相关技术动作进行模仿，随后通过再造想象，不断巩固与加强技术动作，使之达到熟练化、自动化的程度。由此看来，运动员头脑中的表象储备越多，再造想象能力越强，运动动作就越容易掌握。

（2）表象训练、想象训练可以帮助运动员巩固与改善技术动作。有相关实验结果表明，在游泳训练中，先进行陆上各种动作的练习，然后再水下进行实践，能取得不错的训练效果。大量的实践表明，表象训练、想象训练确实在运动训练中有着显著的功效。如今有很多的游泳运动员都在利用表象训练、想象训练来提升自身的运动成绩。

（3）创造想象有利于实现战术创造。任何创造发明都离不开创造者头脑中进行的想象，游泳运动中各种尖端、高难技术动作的创新及运用都离不开创造想象活动。在比赛中，运动员也需要具备一定的预见性，如此才能有利于运动成绩的获得。

（4）在比赛前，想象训练能够有效降低运动员的焦虑水平，缓解运动员的情绪波动，帮助运动员达到最佳状态。

（三）运动中的思维

1.思维的概念

思维是人脑对客观事物本质属性的概括与认识。与感觉、知觉直接反映客观事物不同，思维是对客观事物的间接反映，需要利用某种媒介物，通过大脑对客观事物进行充分的加工。在体育运动领域中，人们常常利用思维做出各种决策判断。例如，人们在赛前充分分析不同球队、不同运动员之间的实力差异，预测比赛结果；研究人员、学者将不同的运动项目按照一定的原则进行分类等等。许多活动都可以看作是思维的产物，思维作为一种理性活动、理性认识，在感知觉的基础上产生，从事物的表面现象中发现普遍的规律，认识事物的本质。

2.体育运动领域思维的种类

从体育运动实践需要的角度出发，思维主要分为运动操作思维、战术思维。

（1）运动操作思维。这种思维方式常在动作或操作技术中进行，运动员不仅需要考虑自身的肢体动作，而且需要考虑器械的运动，实现二者的充分结合。例如，摩托车、汽艇运动员在比赛或训练中需要利用运动操作思维，实现对摩托车、汽艇的操控。动作思维单单以肌肉动作为特征，而运动操作思维帮助运动员在完成操作动作的过程中发展自身运动能力、思维能力。运动操作思维作为运动员的一项基本功，养成其思维方式需要以大量的肌肉练习为基础，不断摸索动作的规律与本质。

（2）战术思维。在体育运动项目中，战术思维指运动员在完成战术任务的过程中进行的思维活动。不同运动员之间的战术思维能力存在差异，主要体现在灵活性、预见性、创造性上。战术思维能力的高低在一定程度上反映了运动员的个人能力。运动员只有充分利用战术思维调节、计划自己的行动，才能在瞬息万变的赛场上把握时机，击溃对手，获得胜利。

3.思维与运动

在体育运动活动中，思维发挥着重要的作用。

（1）思维有助于运动技术的形成。运动员掌握运动概念、动作要领必须依赖思维。了解动作之间的内部联系、客观规律必须通过思维才能实现。

（2）运用思维有助于提高训练质量。高质量的训练不仅需要运动员刻苦努力，而且需要运动员掌握方法与技巧，达到事半功倍的效果。因此，在训练过程中要避免简单的重复，在完成训练任务后注重总结与回顾，要求运动员及时评价自己的技术动作，评定训练效果。运动训练只有有思维活动的参与，才能不断提升自身的运动水平。

（3）运用思维有助于实现战术运用、战术创造。战术指双方队员根据赛场上的情况，为了达成遏制对方进攻、取得比赛胜利的目的，所采取的一系列有效计划与策略。战术的最终胜利不仅与运动技术有关，关键在于运动员具有较强的战术思维能力。战术思维包括多方面的内容，例如，预测比赛进程、了解对手意图、选择具体的战术手段等等。战术意识在战术思维中尤为重要，主要表现为在复杂的局面下准确观察场上变化，随机应变，在短时间内实施最佳决策。

三、运动中的情绪

（一）情绪的概念

情绪是指人体一系列的主观认知经验，在一定程度上反映了个体愿望与个体需要。

（二）情绪的几个层面

美国著名心理学家伊扎德将情绪划分为情绪体验、生理唤醒、行为表现三个层面，三个层面共同构成了一个较为完整的情绪过程。

1.情绪体验

情绪体验作为一种主观感受，是情绪的核心成分，通常情况下，一个人的情绪体验处在不断的发展和变化之中，受周围环境的影响，会发生不同程度的变化。

在性质方面，情绪包括简单的情绪体验（如快乐、痛苦等）和复杂的情绪体验（如悲喜交加、苦中作乐等）。这两种情绪是人的情绪的重要方面。

在强度方面，性质不同的各种情绪在不同的时间范围内表现出不同的强度。例如，喜这一情绪，根据强度的不同，可以从适意、愉快到欢乐、狂喜；怒，可以从轻微不满到生气再到暴怒等。随着情绪强度的逐步增加，个人也更加容易卷入到情绪之中，无法自拔。与此同时，当一件事物对人越发重要，情绪体验就越发强烈。如食物对于饥饿的人来说，比饱腹者更有意义，更能给他们带来强烈的情绪体验。

2.生理唤醒

生理唤醒指人在情绪状态中体验到的外周生理器官和组织的一系列变化，其变化过程由自主神经系统来调控。在情绪的刺激下，自主神经系统激活了有机体各器官、组织的活动，使有机体产生了一系列的生理反应。自主神经系统由交感和副交感神经系统构成，二者相互作用，共同调控着内脏器官、外部腺体和内分泌腺的活动。

3.行为表现

行为表现指反映个体情绪的外部行为，人的面部表情就属于这样一种外部行为表现。表情是情绪的语言，人们常常用微笑表现愉快的心情，用哭表现伤心的心情。然而，每个人会有较为独特、稳定的情绪动作模式，此模式是人们相互之间理解对方情绪的重要方式，能帮助人们识别不同的心理情绪。

（三）竞技运动中的情绪

1.唤醒

在早期心理学领域，唤醒与生理唤醒等同，反映了有机体内部器官和组织的生理激活水平。通常情况下，人体在一天内的生理唤醒水平有显著变化，夜间生理唤醒水平较低，白天随着人体兴奋性的提高，唤醒水平也缓慢提升。除此之外，相关研究结果表明，人的生理唤醒水平与体温变化呈现高度正相关，表现出一定的周期性、节律性特点。

唤醒主要包括生理唤醒和心理唤醒两个方面，伴随着时代的不断发展，人们更加重视唤醒的心理因素、认知因素。心理上的唤醒实际上是一种“心理能量”，是有机体普遍的生理、心理激活状态，体现了心理功能的强度。

心理唤醒与生理唤醒之间有着十分密切的联系，生理唤醒是心理唤醒的基础，心理唤醒与个体的生理变化、物质能量代谢有关，心理唤醒水平受生理、认知、情绪等多种因素的影响。可以说心理唤醒与生理唤醒是相互依存、共同发展的。

2.焦虑

焦虑这一情绪非常复杂，它属于人的不同情绪的集合。焦虑伴随着明显的生理变化，例如，肾上腺素浓度增加、血压升高、呼吸频率加快、皮肤苍白等等。由此可见，焦虑作为一种消极的情绪状态，与身体唤醒水平的提高有关，感到焦虑的人通常会出现神经紧张、担心等一系列状况。

焦虑的种类可以分为以下几种。

（1）客观性焦虑和神经症性焦虑。客观性焦虑与害怕同义，是人们对真实危险的正常反应，神经症性焦虑则处在人们的潜意识中，通常表现为意识上的矛盾。

（2）正常焦虑、异常焦虑。通常，人们都有过焦虑体验，当人们在日常生活中觉察到某种潜在的威胁时，人脑中与焦虑相关的“程序”就会“启动”，帮助人们采取有效措施，避开危险。因此，焦虑通常是可以理解、具有积极意义的，这种焦虑被称之为“正常焦虑”。然而，有些人在特定情境中体验到了“不合理”“过分”的焦虑。人们找不出焦虑的具体原因，个人的情绪体验与现实状况不符，且焦虑的强度过大、持续时间过长。这种焦虑被称之为“异常焦虑”。异常焦虑往往不能进行自我控制，需要医学帮助获得心理上的健康状态。

（3）状态焦虑、特质焦虑。状态焦虑是一种暂时性的焦虑，通常由特定的情境触发，在心理上表现为忧虑、恐慌，并在生理、行为上有相应表现。特质焦虑则是一种人格上的焦虑倾向，高特质焦虑的个体容易将不存在危险的情境看作是威胁情境，做出过高的状态焦虑反应。

（4）在特殊情境下，分为竞赛特质焦虑、竞赛状态焦虑。竞赛特质焦虑指运动员将几乎所有的竞赛情境知觉为威胁，并做出高度的紧张反应。竞赛状态焦虑指运动员将某一具体的竞赛情境知觉为威胁，处在较为严重的焦虑状态之中。状态焦虑通常由认知焦虑、躯体焦虑两方面构成。认知焦虑表现为对个体行为的消极关注、紧张、担忧等一系列负面情绪。躯体焦虑则主要通过心率加快、呼吸频率加快等身体症状加以表现。运动员在赛前表现出来的竞赛状态焦虑被称作赛前状态焦虑，对失败、评价的恐惧等各种因素均会引发赛前状态焦虑。

四、运动动机

人的行为离不开动机的驱动。运动员在体育比赛、日常训练、体育课堂上的具体表现均受动机的支配。强烈的运动动机促使人们长期参加运动活动，保持训练强度，在训练中更加努力，更加集中注意力，获得更好的训练效果。

（一）动机的概念

动机是指推动个体进行活动的心理动因和内部动力，它能引起并维持个体的活动并且指向一定的目标。运动动机是推动运动员参与体育运动的内部动力。

（二）动机分类

依据不同的划分标准，可将动机分为以下种类。

1.生物性动机和社会性动机

生物性动机是指以有机体自身的生物学需要为基础，如饥饿、睡眠等生理需求而产生的动机。社会性动机是指以个体的社会性需要为基础，如情感、成就、尊重等需要而产生的动机。

2.内部动机和外部动机

依据人的心理动因划分，动机可分为内部动机和外部动机两种。内部动机是指来自个体内部需要的内部动机，如归属感、自我实现等心理需要；外部动机则是指来自外部环境的刺激和诱发，例如获胜后的奖金、名誉等。这两种动机在运动员中都是较为常见的。不论是哪一种动机，如果利用得当，通常都能取得不错的效果。

但需要注意的是，内部动机的推动力往往要大于外部动机，持续时间也更长。但以内部动机主导的运动员缺少强烈的成为冠军的雄心。他们更享受运动过程中获得的自我提升和掌控感。而外部动机对运动员的推动力较小，维持的时间也较短，他们对运动成绩或运动目标有着强烈的追求，希望得到社会的认可和赞扬。

3.直接动机和间接动机

直接动机是指以兴趣爱好为出发点、更多的指向活动过程的动机。比如学生对篮球运动的热爱，享受在篮球运动中发挥自身潜能的愉悦感。间接动机以间接兴趣为基础，更多的指向活动结果。比如学员为了掌握某个高难度动作，可以反复不断地练习同一个动作。

整体上来说，直接动机对人的行为有更强的推动力，但是当任务难度过大时，直接动机的局限性就体现了出来，这时候就需要间接动机来配合。

（三）动机的培养与激发

根据运动动机的基本理论，在游泳教学或训练中要培养和激发运动员正确的动机，以实现预期的训练目标。

1.满足乐趣的需求

对于游泳爱好者而言，除了获得比赛胜利的需求外，同时还有娱乐的心理需求。专业的游泳运动员参加游泳运动是一种职业，但也少不了娱乐的要素。因此，教练应该培养和保护运动员的这种兴趣，让运动员产生更加强烈的内部动机，这对于提升他们的训练积极性具有十分重要的作用。

2.胜任感的需求

在游泳比赛中，运动员都十分渴望获得比赛的胜利，都有着强烈的胜负感和胜任感。作为一名合格的教练员，应该花精力设计安排训练或者比赛，让每一位运动员都有成功的体验，对自己的技术水平有积极自信的认知。这对于运动员竞技能力的提升具有一定的帮助。

3.归属感的需求

无论是普通人还是专业的运动员，一般都有着强烈的归属感，可以说这是每一个人的内心需求。对于游泳运动员而言，他们渴望成为运动集体的重要一员，这将极大地满足他们的归属感。作为教练，应该努力增强凝聚力，确保每个球员都能在球队中找到自己独有的位置，感到自己是团队重要的一员，团队成员之间相互协作，实现共同发展和进步。

4.自主需求发展

个性化发展是众多年轻人的追求，对于那些青少年运动员来说也是如此。根据青少年身心发展的这一特性，教练员可以在时机成熟的时候，适当地给予他们一定的自主权，让他们自己掌控部分训练计划和学习计划，自主设定目标并对效果负责。有研究表明，否定个人控制自己生活的权利会损伤体能的内部动机，而给予一定的自主权，鼓励个体的独立发展，会让他们获得满足感和自信心，从而更好地提升自身的训练水平，促进自身竞技能力的提高。

第三节　运动训练学基础

对于游泳运动员来讲，学习与掌握基本的运动训练学理论是尤为必要的，只有坚持以运动训练理论为指导，才能保证运动训练的科学性和有效性，才能提高训练的质量。

一、运动训练学理论概述

运动训练出现的时间可谓相当早，早在古代奥运会时期，参加奥运会的运动员就已接受专门的训练。只有接受过专门训练的运动员，才有资格参赛。但由于当时缺乏文字记录，具体的运动训练内容我们也就无法得知。

伴随着竞技体育的发展，运动训练学理论得以创立与发展，它对于运动员科学参与运动训练起到了积极的作用。如今，运动训练科学理论体系日益丰富，也不断向前发展，形成了较为完善的运动训练学理论体系。近代运动训练可以被划分为两个具体阶段。

第一个是靠经验与模仿进行学习的阶段。最初运动训练一直缺乏科学的理论依据，主要依靠运动员的个人经验来开展日常的训练活动。在这一阶段，大多数运动员采取延长训练时间的方式获取技术的进步、成绩的提升，常常集中地参与高强度的比赛与训练，缺乏科学性与合理性。特别是在对技术、体能要求较高的游泳等水上运动项目上，教练员与运动员并不了解从事项目的具体特点，训练较为盲目，不科学，导致走了不少弯路。

伴随着现代社会的不断发展，美国、英国等开始深入研究运动训练的科学性。在一些运动项目中，训练指导者开始注重合理安排运动时间。经过实践的检验，初步认为一天内安排两次训练会有较好的训练效果。一些运动领域的教练、专家、学者开始分析运动员自身的各项能力，根据运动员的个人特点及项目特点等设计训练方案或计划。

第二个是科学训练的过渡阶段。在这一阶段，社会科学进一步发展，医学、遗传学、生理学等领域的一系列发现对于运动训练产生了极大的推动作用。医学界、生理学界的各项理论在运动训练领域得到了一定的利用，促进了运动训练的发展。与此同时，心理学家也对运动训练中运动员的心理状态、心理变化产生了浓厚的兴趣，提醒教练员在开始安排训练计划时，充分考虑运动员的心理特点。另外，高尔登遗传研究中关于人的特性可以测定的结论、巴甫洛夫的条件反射学说、比内和西蒙关于联想与记忆的理论、技巧运动测定法则等的问世，都为研究运动训练过程打下了理论基础。随着人们对竞技体育的关注度越来越高，运动训练的科学组织工作刻不容缓。在很多运动项目中，专项训练理论得到了广泛的运用，各专项训练充分吸收运动生理学、运动心理学、运动解剖学等学科理论知识的指导，训练体系日益丰富。

前民主德国莱比锡大学在1964年采用的《训练学》函授教材，标志着系统训练学理论的形成。随后，西德、中国等各个国家陆续出版了许多与训练理论有关的著作，这些理论著作对后来的运动训练产生了非常重要的影响。

我国运动训练理论的研究始于1983年，经过几十年来的探索与发展，目前已取得了一定的进展。与运动训练基本理论相关的研究性专著也越来越多，研究成果不断更新并开始体现出中国特色。现阶段，我国重点关注运动员选材理论的研究、项群训练理论的发展、博弈理论等内容，符合国际社会发展的潮流与趋势。

二、运动训练学的理论思想

（一）一元训练理论

一元训练理论思想是由我国学者提出的。该理论认为“技术”和“体能”两者具有相同的本质，在现实训练中不能分离。动作技术与体能的发展是同步进行的，动作技术中不能缺乏体能内容，体能的发展也离不开动作技术形式的变化。

概括起来，一元训练理论的内容主要体现在以下几个方面。

（1）在运动训练中，人体处于复杂的信息网络之中，在与环境接触的过程中，不断改变条件因素，使其向有序方向发展，从而提升个人的整体运动能力与运动成绩。在运动训练中，人体的有序状态可以分为基本生命运动层次、运动能力运动层次两个层次，层次与层次之间形成了一种良性循环。

（2）运动训练需要激发有机体的内部矛盾，使有机体向特定方向和特定目标发展。

（3）在训练方法中，专项训练是关键性的训练手段。

（4）运动员的运动成绩、运动能力呈现出波浪式的变化，运动训练应遵循这种变化的规律，这样才能取得理想的运动成绩。

（二）二元训练理论

很长一段时间以来，我国的训练理论都比较注重条理性、思维性，各个项目的教练员和运动员大都遵循这一规律。目前，我国主要的运动训练理论思想为二元训练理论。二元训练理论主要是建立在“体能”“技能”基础之上的。

受牛顿时空哲学的影响，二元训练理论强调“先一般训练，后专项训练”的固定模式。一般训练不强调专项竞赛的效能，通常指非专项的身体训练手段、运动技术。

“体能”与“技能”可以说是人体运动能力的两大元素，它们对于运动员运动成绩具有十分重要的影响。此理论体系通过对概念的逐级分解，形成了一个较为庞大的结构，要求运动员在训练中，要将“体能”“技能”结合起来，科学合理地安排训练过程，促进运动水平的提高。

（三）互补理论

很长一段时间内，我国都存在着一元训练理论与二元训练理论的争论。这两种理论都有一定数量的支持者。其中，二元训练理论相对来说更有优势，训练方法更有针对性。

然而，任何一种理论都存在一定的缺陷，需要在实践过程中不断检验理论的正确性，使理论不断完善和发展，不断向前进化。

在这种背景下，我国许多学者提出了“互补理论”，旨在从不同的侧面理解事物的本质。

（1）互补理论的意义在于由于二元训练理论长期占据着主导地位，导致一些体育工作者缺乏辩证思维，缺乏现实思考，盲目遵循二元训练理论中的原则安排日常训练活动。一元训练理论的提出有利于平衡与杜绝这种现象，意义重大。

二元训练理论不断吸收一元训练理论的精华，实现了自我更新与完善。一些过时的指导思想和理念因不适应时代的发展、高层次的训练实践被先进的理论所取代，实现了学术上的互补；同时，又不断补充了现代训练思想和方法，形成了较为完善的训练体系。

（2）训练思路互补。一元训练理论强调整体思维，将人看作是一个完整的系统，采用整体思维、全局观点考察运动项目，提倡进行全面的专项训练，快速提升运动成绩，充分发挥运动员的主动性、创造性。

二元训练理论则强调先分解后综合，从分解的角度实施整个训练计划。训练被划分为体能训练、技术训练、战术训练等多个具体的训练项目，极大地丰富了训练方法，为运动员的全面发展打下了良好的基础。

互补理论充分吸收了两种训练理念的优点，实现了训练思路上的互补。

（3）不同训练阶段的互补。在训练初级阶段，二元训练理论中的超量恢复理论和周期理论很好地指导着训练活动，能在一定程度上解决多方面的问题。但需要注意的是，培养一个运动员需要较长的周期，包含着许多复杂的因素。在运动训练的高级阶段，运动员的竞技水平、各器官的功能水平都达到了比较高的程度，接近个人的生理极限。此时，运动员能力发展的空间变少了，机体损伤的问题日渐突出，因此，对训练手段、训练负荷的科学性、合理性提出了更高的要求。于是，二元训练理论的一些思想不能够解决一些普遍存在的现象、问题，不利于运动员更好地投入到训练活动之中；同时由于比赛赛制快速发展，经常采取的周期训练模式也有些不适应现实的变化。周期训练理论忽视了运动员之间的个体差异（包括年龄、性别、生理基础等），不利于高水平运动员的进一步提高。

很长一段时间以来，我国运动训练思路都不是很明确，各方面的意见不统一，在运动训练系统中，低强度的训练内容占据绝大部分，缺乏先进的训练理念与模式。另外，专项训练手段也比较匮乏，导致机体的专项能力下降，运动员的竞技水平难以得到有效的提高。因此，为提高运动员训练的质量和效果，就要将多种思想和理论融合起来，形成优势互补效应，从而推动运动员竞技能力的提升。

三、运动训练的主要理论

（一）超量恢复理论

超量恢复理论关注于运动过程中以及运动后人体能量物质的消耗与恢复过程，在运动训练领域受到广泛的重视。

（1）在中等强度的刺激下，运动刺激强度的增大会导致肌糖原消耗量的增加。

（2）人体在运动后的恢复期中，会经过一个超量恢复阶段，在此阶段，人体会消耗大量的能量。

（3）在超量恢复阶段中，运动的消耗过程影响着恢复期内超量恢复的数量，包括肌肉蛋白质、肌红蛋白、磷脂等物质的具体含量。一般来说，消耗越大，超量恢复的效果就越明显。

在如今的游泳运动训练中，超量恢复理论受到教练员和运动员的高度重视。这一理论让人们意识到人体在运动过程中体内不同物质的消耗速率、恢复速率存在较大差异，与此同时，不同项目对能源物质的要求也不相同。因此，在运动训练过程中需要合理把控训练强度和训练时间，保证运动训练的科学性和有效性。

依据超量恢复理论，运动员在运动训练后恢复期的某段时间，人体物质能量的储备会超过运动前的储备，因此，在此阶段开展新一轮的训练，会取得更好的效果。如果训练间隔时间太久，就难以取得理想的训练效果，这一点要十分重视。

（二）适应理论

“适应”是指生物的形态或生理功能对所处的环境相适合的情况。有机体对环境中的各种刺激，如感染、中毒等都会发生不同的反应，其反应有特异性，也有一定的共性。塞尔耶将这种具有一定共性的非特异性反应称为“应激”或“压力”，将引发应激反应的刺激源称之为“应激源”。

伴随着时代的发展，塞尔耶又创造性地提出了“局部适应”的概念，即有机体的一些器官或功能能够在一定的条件下发生局部适应。局部适应理论的提出使得优先发展某器官的机能成为可能。

根据适应理论，我们可以将应激反应看作为适应形成的必要条件，从而改善特定系统的适应能力。在运动训练这一领域中，适应理论将训练负荷看作是“应激源”，强调只有有效的刺激（训练负荷），才能产生应有的训练效果，有机体的能力会在负荷刺激的影响下产生波动。在中枢神经系统的调节下，有机体面对负荷刺激会表现出一个适应的过程，不断协调有机体的不同器官和系统，培养出一定的协作机能，产生良好的训练效果。因此，在运动训练中，充分利用好这一理论具有十分重要的意义。

应激与适应都是一种生命机能变化的常见现象，在竞技运动中，适应通常指有机体对运动训练的适应，教练员必须合理选择与设计运动训练负荷，促进有机体的发展。有机体在接受训练负荷产生运动疲劳后，维持训练负荷，在训练水平不断提升的过程中有机体的能力得到提升，从而达到新的平衡状态。

在游泳运动训练中，运动员一定要合理把握超量恢复和适应理论，将这两个理论充分贯彻于运动训练之中，以达到预期的训练效果。

第三章　游泳运动的学练机制与方法

参与游泳运动，掌握游泳运动技能，离不开科学的教学与训练。游泳运动教学与训练活动的开展需要科学理论的指导，也需要正确的方法指引。构建与完善游泳运动学练理论机制与方法体系能够为普通大众、游泳运动员参与游泳学练提供全面指导。本章主要对游泳运动学练机制与方法展开研究，首先分析游泳运动的力学原理，然后重点探讨游泳运动的教学机制与方法、训练机制与方法。

第一节 游泳运动的力学原理

一、游泳运动与阻力

（一）阻力的形式

游泳运动的阻力是指人体在水中运动时受到的与其运动方向相反的作用力。人在水中运动，除了阻力外，还有其他作用力，多种力共同作用于人体，才能使人在水中正常游动。人在水中受到的各种作用力中，有两种力是非常重要的，一是阻力，二是推进力。这两种作用力密切相关，一般要利用水的阻力来获得向前的推进力。要加快人体在水中的游速，既要减少阻力，又要增加推进力，而推进力的获得与增加又要利用水的阻力，尤其是臂划水、腿蹬水时的阻力。参与游泳运动，既要克服水的阻力，又要利用水的阻力来获得推进力，如此才能更好地完成游泳和水中运动的动作。

下面具体分析游泳和水中运动中人体受到的四种主要阻力。

1.摩擦阻力

长期黏滞性是液体的主要特征之一。水是液体，也具有这一特点。人在水中时，身体表面会黏附水分子，这些水分子在人体向前运动时与其他水分子相互摩擦，从而产生了摩擦力。摩擦力的大小与人体上黏附的水分的多少有关，摩擦力随黏附水分的增加而增大。

在水中游泳时，摩擦阻力的大小还与游进速度有关。游进速度慢时，摩擦阻力也比较小，游泳速度不断加快后，摩擦阻力也逐渐增加，产生愈发明显的影响。人们游泳时，为了减少摩擦阻力，应慎重选择泳衣和泳帽。泳衣裤应该是轻薄、光滑、紧身的，泳帽以胶质为宜。此外，有些运动员为了使摩擦力小一些、游泳速度快一些，还会将身体汗毛刮去。

减少摩擦阻力还有一个有效的方法，那就是尽量减小身体与水的接触面积，游泳技术好的人游泳时会有意识地将自己的身体位置抬高，就是为了缩小与水的接触面积，将摩擦力降到最小。但对于不能熟练游泳的人来说，这个方法不仅不会加快游泳速度，反而会减慢速度。

2.形状阻力（旋涡阻力）

物体在水中运动，其前端受到挤压的水分子因为不可压缩性而从物体周围绕过迅速流向物体后端，这是一种常见的绕流现象。这种现象在水中物体慢速运动时并不是很明显，而在水中物体快速运动时则较为明显。绕流速度的快慢也与水中物体运动速度有直接的关系。水流向物体后端后，会出现漩涡，这些漩涡不是规则的。漩涡的出现使得物体后端的压力减少，同时也增加了物体前端的压力，从而形成了前后端压力差，形状阻力就是由这种前后端压力差所造成的阻力。水中运动的物体在水流方向的投影面积越大，物体运动速度越快，则形状阻力就越大。

水中物体在水流方向的投影截面的大小与物体在水中的推进角度有关，推进角度不同，投影面积大小就有差异，从而也会产生大小不同的形状阻力。不同的物体在水中推进角度相同，运动速度相同，那么其在水流方向的投影截面也相同，产生相同大小的形状阻力。

物体本身的形状也会直接影响形状阻力的大小。一般来说，流线型物体在水中运动产生的形状阻力最小，而凹状物体在水中运动则产生的形状阻力最大。因此在水中游泳时要保持流线型姿势，使身体呈水平姿势游进，如此可以减小形状阻力。游泳时能够减小阻力的最佳滑行姿势（流线型姿势）是，身体完全平卧，保持适度紧张，两臂并拢充分向前伸，头部在两臂间被紧紧夹住，双手重叠，腿并拢伸直。

不同的流线型物体，当其在水中运动速度相同，横截面积一样时，形状阻力的大小主要取决于物体的纵径，阻力大小与物体纵径长短尤其是尾部长短呈反比。这一原理为游泳运动员选材提供了科学参考，说明要求游泳运动员后备人才具备身体高、腿长、骨盆较窄的身体形态特征是有科学依据的。

在水中游泳时，游泳速度受形状阻力的影响很大，形状阻力是所有阻力类型中对游速影响最大的一种阻力。因此在游泳过程中将身体的形状阻力降到最低是非常重要的。在游泳时，臀部不要过于下沉，否则会增加身体前进的迎角，使形状阻力增大，导致游速下降。游蛙泳时，为了使收腿时受到的阻力减小，应注意使大腿保持在小腿前边。游仰泳和自由泳时，要控制腿的打水幅度，最大角度不超过45°。如果幅度过大，角度超过45°，就会使形状阻力加大，从而造成游速减慢的后果。

3.惯性阻力

惯性是指物体维持固有运动或静止状态的特性。物体由静止向运动、由运动向静止的变换或加快、减慢运动速度，都离不开外部作用力，物体各种状态的转换都是由外力克服惯性力而实现的。物体从向前运动转变为向后运动或从向后运动转变为向前运动时，都会受到惯性的阻碍，这就是惯性阻力。人体游泳时，不管是在一个完整的动作周期中，还是在出发阶段、转身阶段，其运动速度都在变化。出发阶段，从静止状态到最高速度状态，然后又匀速游进，出发后的开始动作时机要适宜，否则会导致惯性阻力增加。转身后的开始动作同样要在适宜的时机完成。在游进过程中运动频率适当加快，可以使准备动作的耗时减少一些，从而更好地匀速前进。

4.波浪阻力

水和空气是两种不同的流体介质，在水中游泳，就是在这两种介质间运动。这两种介质之间存在很大的密度差，水的密度远远大于空气的密度。在水中运动时，一些水分子被推动后从高压区向低压区流动，形成水浪，高于一般水面，本身有重量的水被涌起后也可以很快向自然的水平状态恢复，恢复自然状态的水层因为高动力的影响而再次涌起、回落，这样水面上就会出现重叠、峰谷，波浪由此而形成。在水中游泳和运动时，必然会激起水浪，人们承载着水的重量而前进，受到波浪阻力的影响，能量消耗很大，影响了前进速度。简单来说，波浪阻力就是人体运动时将水的自然平衡状态打破而形成的阻力。

波浪阻力会影响人在水中正常游进与运动，所以在游泳运动中，不要造成大范围的波浪，而是要尽可能以流线型姿势前进，身体起伏幅度小一些，这样波浪阻力就会减少。如果人体大幅度起伏，造成很大的波浪，划水力度就会增加，从而消耗体力，游起来又慢又吃力。

（二）减少阻力的方法

参加游泳运动时，因为阻力的影响较大，所以要想办法减少阻力，提高速度。下面主要分析如何在游泳中减少阻力，提高游速。

（1）游泳时，保持头部和身体在一条水平线上，这样可以使形状阻力减小。在自由泳中，头侧向呼吸，也要与身体保持水平，但游蛙泳和蝶泳时，要抬头呼吸，所以头部暂时与身体不在一条水平线上。

（2）游仰泳和自由泳时，手臂上下划水，身体绕纵轴转动，身体与手臂保持节奏同步，身体侧向直线性的姿势有助于减少阻力。身体旋转必须是作为一个整体来旋转，各个部位要同时转动，不能单独突出某个身体部位的动作，如在手臂上下划水时，不可以只有腿或臀单独保持水平。

（3）在水中游进时要保持直线水平姿势，身体不能比水面高。如果抬起肩部或头部去游泳，就会使波浪阻力和形状阻力加大。但在蛙泳和蝶泳中要抬头呼吸，肩部也要适当上抬，除此之外，在打腿、划水阶段必须始终保持直线水平的身体姿势。

（4）在水下划水阶段，下划、外划属于第一部分，它们不会产生推进力。所以要尽可能平滑轻柔地完成这部分动作，如此可以尽可能减少游泳中的阻力。在常见泳姿的游进中，手臂在划水的第一部分，应该用手指划水，可以保证动作轻柔，减少阻力。

（5）在两腿交替打水和海豚腿打水中，不要屈膝。腿部升至与身体成一条水平线主要出现在仰泳的下打阶段和爬泳打水阶段。在海豚腿下打或仰泳上打阶段，腿部不断上移，此时屈腿会给人带来腿部仍在上打的错觉，事实上大腿在此时已经进入下打阶段了。腿部下打时，小腿下的水向上推身体直至弯曲位置，腿部在膝关节处伸直时，小腿下的水则不再继续向上推身体。游蛙泳时，收腿阶段要少动用一些肌肉，节约肌肉力量，在省力的条件下向前屈腿。

（6）游泳时，要防止过高或过低打腿，蹬腿时两腿距离不能太宽，要尽可能使推进力更大一些，阻力小一些。如果打水过深、过高，蹬腿过宽，推压阻力就会增加，身体的水平或侧向直线姿势就会受到影响。向上打水时如果腿的位置太高，会使躯干和头部被迫下压，整个身体不在一条水平直线上，从而加大阻力。游泳运动员要尽可能伸展腿，使伸展度达到最大，这样不管是纵向上，还是横向上，腿部都不会落在躯干横截面外。

（7）游泳时，运动员要平稳而柔和地完成手臂入水、移臂、收腿等动作，这样可以使推压阻力小一些。技术水平高的运动员为了减小阻力，游泳时尽可能使自己的手臂和腿不落在身体横截面外，而且向前伸臂时尽量用指尖这个最细小的部分。

（8）在蝶泳中，增加推进力必然需要身体波动，身体波动在蛙泳中也是需要的，但不管在哪种泳姿中，都不能有太大幅度的身体波动。游蛙泳和蝶泳时，要抬头、抬肩去呼吸，这样既是为了呼吸通畅，也是为了使阻力小一些，减少手臂前移时的阻力。呼吸时，身体应在水面稍下和水面上方之间波动，或在水面波动，幅度小一些。注意避免通过把身体推入水下而使波动幅度大一些，否则会使形状阻力增加。

二、游泳运动与推进力

（一）推进力的形式

在水中游泳时，推进力的产生主要是依靠手臂、腿与水的相互作用力而实现的。游泳时的推进力主要有以下两种形式。

1.阻力推进力

阻力推进力理论指出，在水中游泳过程中，因为手臂并非直线划水，因此要分析游泳的推进力有很大的难度。从根本上来看，游进阻力和阻力推进力基本一样，阻力推进力的作用方向与人体游进方向一致。船桨推进原理是学界提出阻力推进力理论的主要依据。20世纪60年代末、70年代初，康西尔曼等人对游泳运动员的划水技术进行了大量观察，发现游泳技术和船桨的工作原理相似，仰泳和自由泳技术尤其相似，就像划船时两个桨交替划水。除了船桨推进原理外，牛顿第三定律作为非常著名的物理定律同样为阻力推进力理论的提出提供了重要的科学依据和支持。

2.升力推进力

在流体力学中，升力推进力是一个基本的概念。在解释这个概念时，需分解水对手的作用力（图3-1），一是水对手的作用力F沿物体运动速度方向上的分力D，即阻力；二是与物体运动速度垂直方向上的力L，即升力。游泳时，手臂向外划水，对水产生向内的作用力，这时不会产生和身体运动方向相同的向前的推进力，但此时与手臂运动速度方向垂直的升力的作用方向与身体运动方向相同，所以向前的推进力由此产生。

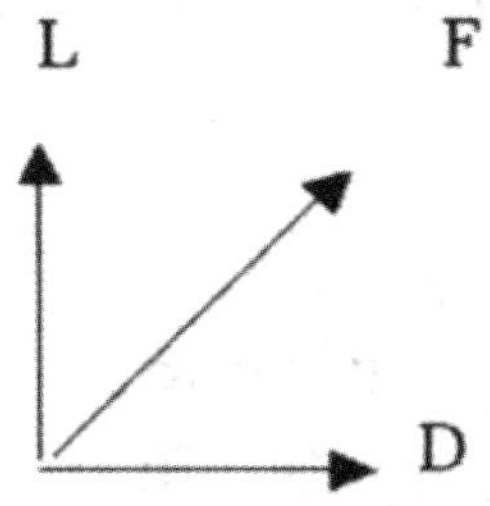

图3-1 力的分解

其实，能够成为游泳推进力的只是升力（L）和阻力（D）在游进方向上的分量，这与水对手的作用力F是一样的。游泳的推进力其实就是阻力（D）和升力（L）在游进方向上的分量D分和L分相加之和，即F分=L分+D分。

在水中运动时，尤其是俯卧漂浮时，如果手臂不向前伸展，那么身体就无法保持水平位上的平衡。这主要是因为人体下肢的质量较大。游泳运动员通过打腿而使下肢的浮力得以增强，以保持身体平衡。但人体在水中的平衡状态又会因上肢的划水动作而遭到破坏，所以要维持身体的平衡，不仅要依靠打腿增加浮力，还要避免手臂划水破坏身体平衡。手臂划水时，如果外划幅度太大，上肢浮力就会增加，腿打水的负担也会加重，能量消耗随之加大，身体也无法保持平衡。所以，如果要维持身体平衡状态，就要控制手臂外划幅度。

从理论上而言，游泳运动员如果外划过大，划水呈“大S型”，那么他们所消耗的能量要比“划直线”的运动员更多一些。控制手臂外划幅度并非意味着幅度越小越好，外划过小难以产生有效推进力，也无法为内划创造好的条件，因此要保持在恰当的角度范围内。从流体力学的角度来看，适当的曲线划水能够使手臂“抱住”更多体积的水，从而使推进力得到提升。

（二）增加推进力的方法

（1）在水下划水时，为了增加推进力，向后划水的方向应该是沿对角线方向。尽管阻力可能为游泳运动员提供推进力，但如果运动员直线向后划水，那么无法使游泳运动员在每次划水中都能前进更多的距离和获得更快的速度。运动员划水路线不能与向后直线推水获得推进力的线路完全一致，否则就不是有效的划水，甚至不是有效的游泳。

（2）无论在哪种泳姿中，在划水推进时，都要保持手掌与前臂下端在一条水平直线上，它们就像一个整体而一起运动。做不到这一点的运动员常常出现两个细节上的错误，一是手向外、向内翻转虽然与手臂翻转方向相同，但领先于手臂而完成翻转动作，二是在推进阶段手腕屈或伸的幅度过大。在水下划水的确需要翻转手掌，但主要是因为要使手掌方向与手臂移动方向保持一致，而要达到这个目的，不必非要从手掌旋转开始去完成手臂翻转，不必让手臂随手掌旋转而翻转，关键是要让手掌和前臂内侧保持一条水面直线，同时要通过手臂移动来带动手掌转动。

（3）双手在大腿两侧划向水面时，切忌加大划水力度而提升推进力。有些运动员向后推水时，特意加大幅度，推得很远，直到划向水面，其实手臂划水时，经过大腿后向水面划不能用很大的力，这并不会产生更大的推进力，反而会使身体下沉，影响游进速度。

（4）手抓水时，屈肘90°，在后面的划水推进阶段手臂弯曲或伸展的幅度不宜过大。也就是说，抓水时，运动员应使手臂下端和手掌形成相似的形状，而且在向后推水阶段依然保持这一形状。如此运动员不必通过手与前臂的旋转来过分依赖小肌群产生推进力，而通过伸展或收缩肩部、躯干肌群就可以获得所需的推进力。但要注意仰泳除外，仰泳运动员在划水推进中要向后伸展手臂，向大腿下方划。

（5）游泳时，在向后对水发力前要先形成高肘抓水位置。有的人缺乏游泳经验，常常在手臂朝下时就对水发力以获得向前的推进力，这是不正确的，应该在手掌和手臂下端向后对水时开始获得推进力。向后推水前手臂划水的距离应达到水下划水动作总程的1/3。

（6）从开始抓水到结束水下划水的整个过程中，手每次转换方向时都要加快划水速度，加速划要有节奏。手从上一个划水阶段向下一个划水阶段转换时，划水动作应缓慢轻柔，即将在开始新的划水阶段前加快划水速度。从开始划水推进到完成划水推进，手臂划水速度总体上是加快的，但在手接近结束位置前，不要用最大的速度去划水。

第二节 游泳运动教学机制与方法

一、游泳运动教学原则

（一）自觉积极性原则

在游泳运动教学中，要贯彻自觉积极性原则，调动学生的积极性和能动性，使学生自觉学习和锻炼。具体要求如下。

（1）教学课上，刚开始就要将本节课教学的目的、任务、内容、要求明确告知学生，使学生明确学习目的、内容和任务。教每个动作都要说明这个动作有何作用、意义，应该如何学习和掌握，学生只有心中有数才能提高学习的目的性，学习才有方向。

（2）在游泳运动教学中对学生的运动兴趣进行培养，合理布置课堂教学任务，使大部分学生经过努力能够完成任务，提升他们学习的信心。多鼓励和辅导运动基础较差、学习动作较慢的学生，使他们在每节课上都能有新的收获和进步。

（3）教学组织严密、紧凑，为学生创造良好的学习环境，如水温和气温适当、水质好、辅助器材及教具准备好，使各个教学环节都能顺利进行。课的组织要多样化，水陆交替，动静交替，以游戏或比赛方法营造活泼的课堂氛围，提升学生学习的积极性。

（4）了解和掌握各学习阶段学生的心理活动，有针对性地进行教育工作。例如，初学者的怕水心理，刚学会游泳时的自满心理；长距离游时的怕苦心理；水温低时的怕冷心理；室外练习时的怕晒心理；等，只有不断引导学生克服心理障碍，才能使其始终保持旺盛的学习热情。

（二）从实际出发的原则

游泳运动教学都必须贯彻从实际出发的原则，从学校、学生、教师等各方面的实际出发而进行教学，提高教学的科学性和实效性。具体要求如下。

（1）掌握学生的情况，既要了解全班学生的总体情况，又要了解有特殊情况的学生，以利于在教学中因材施教。

（2）一般要求与个别对待相结合。教师向所有学生提出一般教学要求的同时要对有困难的学生切实采取有效措施，个别对待，因材施教，加强辅导，使其尽快达到一般要求的水平，对已经达到一般标准的学生，进一步提高要求，使他们不断提高技术水平。

（3）根据场地器材和气候情况适当调整水陆练习的比例、水中练习的时间和休息时间。

（三）巩固性原则

巩固性原则也是游泳运动教学中必须贯彻和遵循的原则之一。将该原则运用于教学中时，具体要求如下。

（1）准确讲解技术动作的概念、要领和完成方法对学生掌握和巩固技术有重要意义。

（2）反复练习并逐步加长游的距离是巩固游泳技术的基本方法，可以积累数量，提高水感，纠正错误动作，使技术动作趋于完善。

（3）在某一教学阶段，安排学生相互观摩技术动作，或组织教学竞赛，以巩固和提高学生的技术。

二、游泳运动教学方法

（一）讲解教学

在游泳运动教学中，讲解是一种重要的教学方法。它是教师运用语言启发学生思维，使学生掌握知识和技能，加深对教材的理解的基本方法。讲解的科学性和艺术性是评价教师教学水平的重要标志之一，对教学效果有很大影响。教师在教学过程中要不断总结经验，在语言表达上做到生动形象、简明扼要、精益求精，并以陆上讲解为主。

（二）示范教学

教师的正确示范是游泳运动教学的一种最基本方法，它能使学生通过视觉真切感知动作的形象、结构、要领和方法，建立整体动作概念，从而掌握正确的技术动作。青少年模仿力强，教学中正确、优美、恰当的示范可以有效提高学生的学习兴趣，激发其学习的自觉性和积极性。因此，教师应不断提高动作示范的质量。

游泳运动的教学示范可在陆上进行，也可在水中进行。示范时先安排好学生的位置，不要让学生面对强光。教师的示范位置应保证所有学生都能看清动作，示范点要依队形长短及场地情况而定，一般距排面2～3米为宜。教师在水中示范时，学生站在岸上观看。有时为了使学生看清水下动作的方向、路线和角度，教师还可以在学生面前示范，让学生沉入水中进行观察。如游泳示范时经常采用的队形有横列式、角式和半圆式。（图3–2）

示范面主要有正面、侧面和背面，具体取决于所教动作的结构和教学意图，关键在于要使学生看清主要技术环节。例如，教爬泳、仰泳、蝶泳的打腿和各泳式配合技术时，采取侧面示范；在教手的入水点和臂的划水技术时，采取正面示范；教蛙泳的翻脚、蹬夹技术时进行背面示范，以突出翻脚动作和蹬夹路线。

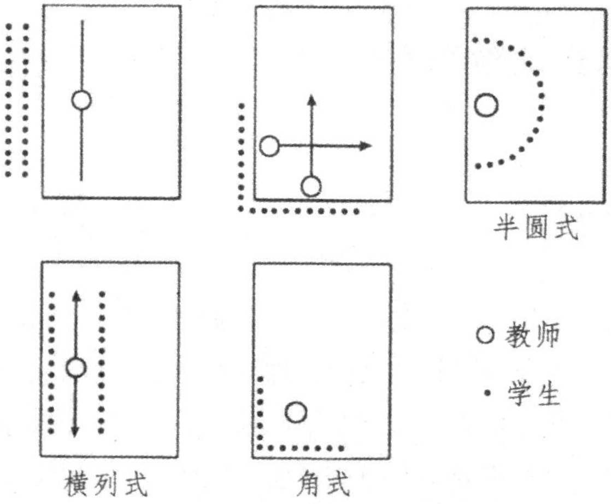

图3-2　游泳教学示范队形①

（三）手势教学

肢体语言在我们日常生活中的作用非常大，手势就是一种特殊的形体语言，其在体育教学中是直观教学的一种重要手段。在游泳运动教学中，直观的手势教学能够起到非常重要的作用。例如，学生在水中游泳时，因为水环境的特殊性，学生听觉范围缩小，这时教师在岸上或水中进行语言讲解，学生听起来会有一定的难度，影响讲解的效果。这时可以采用手势教学手段来简单、明了地表达意图。学生在水中游泳时，教师很多时候都是在岸上进行观察，在岸上用手势指导的可行性更高。教师若能很好地利用手势进行辅助教学，将有利于提高课堂教学的组织效率，促进教学效果的提升。

① 裴竟波，胡文烨.游泳[M].北京：北京体育大学出版社，2004.

下面主要分析游泳教学中常用的两类手势。

1.一般性手势

这类手势包括下水、上岸、示意游距、开始、停止等，用来表示教学意图。

2.技术手势

这类手势可以将一些游泳技术的动作方法和要领直观呈现出来，也可以用来纠正学生错误动作。游泳动作以肢体动作为主，灵活的手臂可以将一些肢体动作模仿得十分形象。例如，教师可以通过手势直截了当地完成手臂动作，如屈臂高肘、内划、外划等，并能形象地模仿爬泳打腿的幅度、屈膝程度，展示鞭状和直腿打水的不同，模仿蛙泳的收腿、翻脚、蹬夹动作等。有时教师在岸上运用手势模仿比在水中示范更能使学生清楚动作方法和细节，但要注意手势模仿的准确性，防止学生对游泳动作形成错误的理解。

总之，手势动作十分丰富，它们是示范和讲解教学的辅助方式，对提高教学效果非常有帮助。

上述不同的教学方法各有特色，各有优劣势，也各有自己的运用范围，在游泳运动教学中要根据教学目标和实际情况对各种方法进行优化组合运用，优化组合模式参考图3–3。

三、游泳运动教学组织

不同的教学组织方式可能产生不同的教学效果，因此具体要根据实际情况、教学目的而灵活设计和选用教学组织方式。下面主要分析游泳运动的三种常见教学组织方式。

（一）单一教学

在游泳教学中，单一教学是指在一定教学阶段中，只教一种泳式的技术动作，学生基本掌握该泳姿后，再教另一种泳式的动作。

在单一教学组织中，教学进度示例见表3–1。

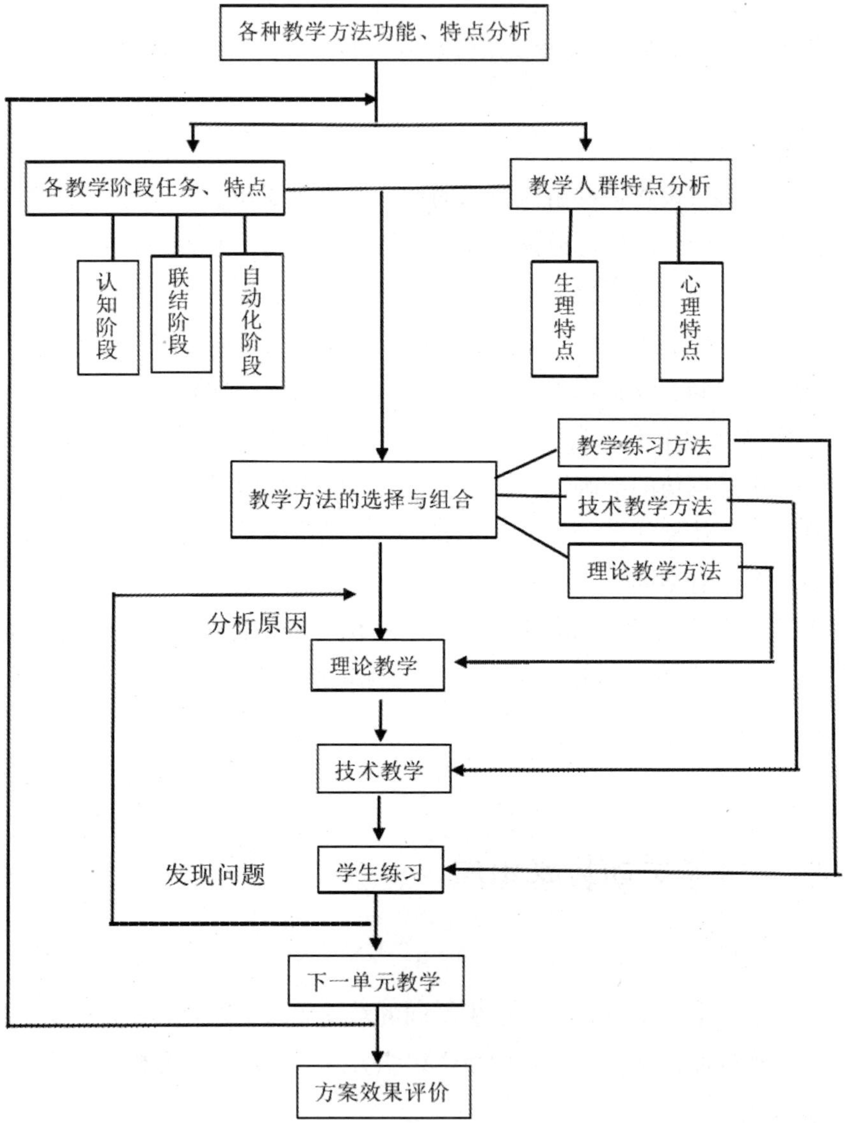

图3–3　游泳教学方法优化组合方案①

① 梁德亮.游泳教学方法优化组合方案之研究——以蛙泳为例[D].武汉体育学院，2015.

表3-1　游泳单一教学示例①

	熟悉水性	蛙泳			仰泳			出发和转身技术	考核
		腿部动作	手臂动作和呼吸技术	完整配合技术	腿部动作	手臂动作和呼吸技术	完整配合技术		
1	√								
2	√	√							
3	√	√							
4	√	√	√						
5	√	√	√						
6		√	√	√					
7			√	√					
8			√	√					
9			√	√					
10				√				√	
11				√	√			√	
12									√
13					√				
14					√	√			
15					√	√			
16					√	√	√		
17						√	√		
18							√	√	
19							√	√	
20									√

① 裴竞波，胡文烨.游泳[M].北京：北京体育大学出版社，2004.

（二）相似教学

相似教学是指在某一教学阶段中，同时或交替传授拥有相似动作结构及联系密切的技术，使学生了解不同技术的内在联系，掌握相似技术。

相似教学的进度安排参考表3-2。

表3-2　游泳相似教学示例

	熟悉水性	蛙泳			仰泳			出发和转身技术	考核
		腿部动作	手臂动作和呼吸技术	完整配合技术	腿部动作	手臂动作和呼吸技术	完整配合技术		
1	√								
2	√	√			√				
3	√	√			√				
4	√	√			√				
5		√			√				
6		√	√		√	√			
7			√			√			
8			√	√		√	√		
9			√	√		√	√		
10				√			√	√	
11				√			√	√	
12									√
13		√			√				
14		√			√				
15		√	√		√	√			
16			√	√		√	√		
17				√			√		
18				√			√	√	
19				√			√	√	
20									√

（三）综合教学

综合教学指的是在一定教学时段内，连续传授几种不同的泳式，即学生基本掌握一种泳式后，立即学习另一种泳式，连续进行，直到学生全面掌握各种泳式。综合教学示例见表3-3。

表3-3　游泳综合教学示例

	熟悉水性	蛙泳			仰泳			出发和转身技术	考核
		腿部动作	手臂动作和呼吸技术	完整配合技术	腿部动作	手臂动作和呼吸技术	完整配合技术		
1	√	√							
2	√	√							
3	√	√	√						
4	√	√	√						
5		√	√	√					
6		√	√	√	√				
7		√	√	√	√				
8				√	√	√			
9				√	√	√			
10				√	√	√	√		
11				√	√		√	√	
12									√
13			√	√			√		
14			√	√			√		
15				√	√				
16				√	√	√	√		
17				√	√	√	√		
18				√		√	√	√	
19				√			√	√	
20									√

第三节　游泳运动训练机制与方法

一、游泳运动训练的科学机制与原理

（一）适宜负荷原理

适宜负荷原理是指在运动中，人体基本适应某一负荷刺激后，必须适时、适量地增大运动负荷，才能进一步提高运动水平。生理学理论中的超量恢复规律、运动强度法则为超负荷原理的形成与运用奠定了重要的科学基础。在人体所能承受的刺激范围内，机体生理反应程度与刺激强度成正比，生理反应程度随着刺激强度的增加而增加，也就是说，生理反应在较大的刺激强度下会十分明显，出现反应的时间也较快。在游泳运动训练中采用生理适应范围内的适宜负荷（大于日常生活中的体力负荷），能够提升机体的生理适应能力。

根据运动生理学理论中的超量恢复规律，在生理适应范围内，人体能量的消耗量随着肌肉运动量的增加而增加，随后也会出现明显的超量恢复现象。运用超量恢复理论进行游泳与水上运动训练，有助于不断提高技术水平、健康水平。由于机体对新增负荷都会经过一段时间的反应才能逐渐适应，负荷刺激后机体恢复也需要一个过程，因此要循序渐进地增加负荷，结合游泳运动的特点，周期性地增加负荷量。

（二）区别对待原理

在游泳运动训练中，要依据运动员的运动水平、从事项目、个体差异来对训练的内容、方法、计划、负荷等进行区别化、个性化、针对性安排，对不同水平和不同项目的运动员要区别对待，尽可能使所有运动员都能进步和提高，都能找到适合自己的训练方法。

运动员在训练中受到运动刺激的影响，产生一系列生理反应，如脉搏加快，需氧量增加、血压升高等，这些应激反应因运动员的个体差异而表现不同或程度不同，不同运动员在同一负荷刺激下可能会有不同的应激反应，同一运动员在不同训练阶段采取不同负荷量也会产生不同的应激反应。因此，要根据实际情况来安排训练处方，提高训练效果，保障运动员的安全。

（三）技能掌握可逆性原理

可逆性原理是指运动员长期科学系统地进行游泳运动训练，能够不断增强体能水平和技能水平，而如果中断训练，之前的训练成果很可能因此而减弱甚至消失。从生物学的角度来看，条件反射规律和用进废退原理为可逆性原理的形成提供了重要的科学基础。有关实验表明，连续进行10周的肌肉力量训练，能够显著增强肌肉力量，如果训练中止，那么训练效果在30周之后完全消失，肌肉力量甚至不及训练前的水平。游泳运动同样如此，当然，游泳运动员长时间不训练也不至于完全忘记游泳的技术动作，但游泳水平必然会下降。为了防止训练效果减退，要合理安排不同时期的训练计划，持续提高运动员的运动水平，并不断巩固训练效果。

二、游泳运动训练原则

（一）系统训练原则

系统性的游泳运动训练是不断变化的过程，在系统训练过程中，训练效果是不断积累的，运动员的训练成绩不断提升。只有坚持长期训练，才能取得显著的训练效果。一般来说，优秀游泳运动员的养成经历6～10年，多年训练和培养中包括几个连续的阶段，如初级训练、基础训练、取得优异成绩和保持高水平。这几个阶段是紧密衔接的，只有持续稳定地推进多年训练，保证训练的系统性，才能保证训练效果。

（二）周期性训练原则

运动训练中包含两个非常重要的因素，一是训练，二是比赛，它们也是运动训练机制和规律中最重要的两个要素。训练的目的是指向比赛的，即在比赛中取得好成绩，训练与比赛密不可分。周期性训练从根本上来说就是对每个完整训练单元的系统性重复，训练对应比赛，根据比赛安排和调整训练。在年度训练中对训练周期与阶段、训练内容与方法、训练负荷与参数等进行合理安排，有助于使运动员在全年保持良好的竞技状态，在这一年的比赛中创造理想的成绩。训练周期是完整的，是有规律的序列，是可以重复的。

（三）合理安排运动负荷原则

数量、强度是运动负荷的两个重要组成部分，游泳运动负荷中的数量主要指的是游泳的总量，如一年的总量、一周的总量，主要由练习距离、练习次数、练习时间组成。游泳运动负荷的强度主要指的是练习质量，由速度、计时量等组成。数量和强度作为运动负荷的两个方面是密不可分的，我们在游泳运动负荷的分析中，要清楚运动数量是基础，运动强度是核心。竞技游泳运动比的是速度和强度，建立在负荷量基础上的强度与数量密不可分。合理安排运动负荷，既要科学安排运动量，又要循序渐进地增加运动强度，合理搭配运动量和运动强度，保证运动负荷的适宜性。

（四）区别对待原则

在游泳运动训练中，区别对待原则集中体现在训练的个体化上。运动训练的过程其实就是将运动员各方面的能力提升到极限高度和强度的过程，训练效果与运动员的个体情况有直接的关系。所以在游泳运动训练中要对运动员的个人特征进行分析，全面了解，然后从个人情况出发对训练目标、任务、内容、方法及处方进行设计与安排，为每位运动员建立个人档案，及时补充与更新档案内容，并定期进行技能测评，了解运动员的训练效果。

（五）一般训练与专项训练相结合原则

在游泳运动训练中，一般训练主要是指身体素质训练，包括一般身体素质和专项身体素质，通过身体素质训练而提高体能水平，提高健康水平，提升基本运动能力。专项训练是指在良好体能的基础上进行专门的技能训练，提高技能水平，提升运动成绩。一般训练是专项训练的基础，为专项训练奠定物质基础，专项训练既能提升专项技能水平，又能进一步巩固和增强体能训练效果。将一般训练和专项训练结合起来有助于全面提高运动员的竞技能力。

三、游泳运动训练方法

（一）持续训练法

持续训练法指的是用中小强度连续进行较长距离的练习，中途不间断，匀速练习或变速练习均可。

这种训练方法的特点在于，练习量比较大，练习时间比较长，强度稳定，保持在中小强度，最大练习强度保持在个人最好成绩的70%左右。

持续训练法是有氧代谢训练的主要方式，以糖原供能为主，因为练习时间较长，所以糖原消耗大，肌糖原储备在超量恢复阶段得到增加，可促进氧化酶的活性的提升。因此，采用持续训练法有助于促进运动员有氧供能水平的提升，从而提升耐力水平，为其他训练打好基础。持续训练过程中不宜加快游速，要保持较为稳定的游速，这样运动员可以将注意力集中在技术的质量上，不断改进技术，完善技术。

在游泳运动训练的任何阶段都可以采用持续训练法，在训练早期这是主要训练方法之一，发挥着重要作用。在持续训练中，练习距离应循序渐进地增加，不可突然增加较长距离。

（二）间歇训练法

在特定距离的反复游泳中，完成一次练习后休息一定的时间再开始下一次的练习，这就是间歇训练。但注意不能等机体完全恢复后再练习，否则前面的练习就没有意义了。

间歇训练法具有运动与休息交替的特征，没有严格规定必须休息多长时间，间歇时间与练习距离、运动强度有关。间歇训练的强度与距离有关，如果进行较短距离的训练，运动强度稍大。安排间歇时间有一个标准，即在运动员机体尚未完全恢复的情况下开始新的练习，这有助于提升运动员的心肺机能水平、能量代谢机能水平以及机体抗疲劳能力。间歇训练还是促进运动员有氧和无氧耐力发展的有效训练方法。

采用间歇训练法进行训练时，练习距离和比赛距离相同或比比赛距离稍短。和持续训练法相比，间歇训练法使运动员在相同时间内承受的负荷更大，在相同强度下工作时间更长。

（三）重复训练法

重复训练法是指以特定强度重复练习同一距离，每次练习后要休息一定的时间，待机体基本恢复正常工作能力后再开始新的重复练习。

采用重复训练法时，练习距离一般和比赛距离相同，也可以比比赛距离短，但一般是进行高强度练习，运动强度几乎达到最大强度，也就是说游进速度和比赛时的速度接近或相同。由于运动强度很大，所以不能重复太多次，要保证休息时间足够使运动员机体恢复正常功能。

采用重复训练法，可以使运动员的速度感得到提升，也能使运动员更好地进行体力分配和速度控制。这一训练方法要求运动员身体机能要达到较高水平，否则进行大强度训练会引起疲劳和损伤。在周期训练计划中，要分散安排大强度的重复训练法，如果集中安排，会造成疲劳的积累，影响后面的训练。每周重复训练不宜超过2次，训练后要及时进行积极性放松，快速消除疲劳。

（四）短冲训练法

以最高速度竭尽全力游完规定距离（较短）的方法就是短冲训练法。练习距离最长为75米，运动强度为最大强度。

短冲训练的作用在于促进运动员无氧代谢能力的提升，促进绝对速度的发展，使运动员保持良好的兴奋性，肌肉松紧交替，提高神经系统的灵活性。

在短冲训练中，重复的次数要以运动员的技术水平为依据。在训练课的不同阶段安排短冲训练，可起到不同的作用，如在训练课开始部分进行短冲训练，可以重点提升运动员的速度能力，而在后面部分进行短冲训练，则可重点提升运动员的最后冲刺能力。矩冲训练中运动强度很大，身体能量大量消耗，因此训练后要及时进行恢复练习，缓解疲劳，促进恢复。①

四、游泳运动训练阶段划分——以全年训练计划为例

在多年训练和全年训练中划分训练周期非常重要。下面主要分析游泳训练中全年训练计划的周期划分与时间安排。

（一）周期划分

全年游泳训练计划中包括三个训练周期。

1.准备周期

在全年训练计划的开始阶段，以身体训练为主，包括一般训练和专项训

① 程燕，许琦，等.游泳运动训练科学化理论及方法的研究[M].北京：北京体育大学出版社，2006.

练，一般阶段主要针对运动员的全面发展，为专项训练提供基础。经过一般训练后，当身体素质全面提升后，结合游泳的特征和需要而开始专项准备阶段的训练。

2.竞赛周期

这个阶段以比赛进度表的开始或包含重大比赛的时间表为起点，以重大比赛的完成为结束。具体分为比赛前阶段和比赛阶段。这个阶段训练总量下降，但训练质量的要求很高。在赛前阶段，主要通过内部训练和次要比赛来提升竞技水平。在比赛阶段，训练后的恢复期适当延长，运用超量恢复原理来使运动员的竞技能力达到最高水平。

3.过渡周期

比赛后以休息和恢复为主，训练量和强度降到较低水平，从而为下一个训练周期奠定基础。

（二）周期时间段

传统划分时段的方法以主要阶段的持续时间和全年计划或半年计划的结构为基础，一般专项训练的时间安排也以此为基础。一般情况下，准备阶段在半年计划里持续3～4个月，在一年计划里持续5～7个月。比赛阶段在半年计划里持续2个月，在一年计划里持续4～6个月。过渡周期时间3～6个月不等。一般准备阶段和专项准备阶段的时间安排以运动员的训练水平为依据。①

也有学者提出训练阶段的划分应由运动员达到最佳竞技状态的时间来决定，然后根据运动员的个人需求来安排训练阶段，并建议在同一训练时期中既安排一般训练，也安排专项训练。根据这种方法，有学者将一年的游泳训练课程分为18种时段类型，见表3–4。表中显示，计划时段的差异减少，达到运动巅峰所需的时间增加。

① 陆一帆，方子龙，张亚东.游泳运动科学训练与监控[M].北京：北京体育大学出版社，2007.

表3-4 阶段划分的不同种类[①]

		月份											
		10	11	12	1	2	3	4	5	6	7	8	9
种类	1	准备阶段				比赛	准备阶段				比赛		
		一般		专项			一般		专项				
	2	准备阶段				准备阶段				比赛			
		一般		专项		专项							
	3		准备			准备			比赛				
	4		准备			准备				比赛			
	5	准备阶段				比赛	准备阶段				比赛		
		一般		专项			一般		专项				
	6		准备		比赛		准备		比赛				
	7		准备		比赛		准备				比赛		
	8			准备					比赛				
			一般			专项							
	9		准备				准备				比赛		
	10		准备			准备					比赛		
	11		准备				比赛	准备			比赛		
	12			准备阶段							比赛		
				一般				专项					
	13			准备				准备					比赛
	14		准备					准备			比赛		
	15			准备					比赛				
	16			准备								比赛	
	17			准备							比赛		
	18			准备								比赛	

① 陆一帆，方子龙，张亚东.游泳运动科学训练与监控[M].北京：北京体育大学出版社，2007.

第四章　游泳运动的专项体能训练

参与游泳运动要有良好的体能素质，体能良好是掌握游泳运动技能的前提与基础。游泳运动的特殊运动环境决定了从事该项目的运动员体能的特殊性，因此在游泳体能训练中要结合游泳运动的特征，设计专项体能训练方案，促进游泳运动员专项体能素质的提升，进而为提升其综合竞技能力奠定基础。本章主要对游泳运动专项体能训练方法展开研究，包括专项力量、专项速度、专项耐力、专项柔韧、专项灵敏及协调等多项体能素质的训练。

第一节　专项力量素质训练

一、陆上专项力量训练

游泳专项力量训练可以在陆上进行，进行陆上专项训练时，所采用的练习动作要与游泳运动的技术动作结构接近，这样运动员通过陆上训练所获得的专项力量正是在水中训练和比赛时所需要的力量。

对于游泳运动员来说，水中体能训练是最好的专项力量训练方法，但水中无法进行拉力训练，而陆上拉力训练可以弥补水中训练的这一不足。游泳运动员陆上拉力训练的常见手段见表4–1。

表4–1　游泳运动员陆上拉力训练手段[①]

涉及部位、运动	练习手段
肩部上划、下划	（1）综合练习器从前面和颈后下拉、直立提拉、屈体提拉 （2）坐姿划桨 （3）直臂拉力、屈臂拉力 （4）引体向上滑车拉力等
内划	（1）俯卧侧上举重物 （2）侧向滑轮拉力
上臂	（1）屈臂 （2）伸肱三头肌
前臂	（1）屈前臂 （2）屈手腕
腰部	（1）背后伸 （2）硬拉

① 龙春生.体能训练法[M].沈阳：辽宁大学出版社，2009.

续表

涉及部位、运动	练习手段
腹部	（1）仰卧起坐 （2）侧旋
髋和膝	（1）屈腿 （2）伸腿 （3）坐蹬 （4）半蹲
踝	负重提踵
内收	（1）滑轮内收 （2）内收机练习 （3）挤压球

下面具体介绍游泳运动员在陆上模仿划水动作的拉力练习。

（一）拉力凳拉力练习

1.蛙泳划臂

（1）准备姿势

在拉力凳上俯卧，伸展手臂，两手将滑轮拉力的两端抓住。

（2）练习要领

两臂像游蛙泳一样同时“划水”。

（3）练习提示

练习重量和组数可根据训练目标而定，注意合理安排间歇时间。

2.蝶泳、自由泳划臂

（1）准备姿势

在拉力凳上俯卧，伸展手臂，两手将滑轮拉力的两端抓住。

（2）练习要领

两臂像游蝶泳或自由泳一样“划水”，同时划或交替划。

（3）练习提示

练习重量和组数可根据训练目标而定，注意合理安排间歇时间。

3.仰泳划臂

（1）准备姿势

在拉力凳上俯卧，伸展手臂，两手将滑轮拉力的两端抓住。

（2）练习要领

两臂像游仰泳一样同时“划水”。

（3）练习提示

练习重量和组数可根据训练目标而定，注意合理安排间歇时间。

（二）橡胶带拉力练习

利用橡胶带进行拉力练习，橡胶带本身有弹力，这样可以增加练习负荷，很好地锻炼肌肉力量和肌肉耐力。练习时模拟划水动作，速度和水中划水时一样快，甚至要比水中还快，以促进肌肉力量的增强。

1.蛙泳划臂

（1）准备姿势

在横梁上系好橡胶带，运动员正对橡胶带，向前俯身，双手将橡胶带的两端抓住。

（2）练习要领

两臂像游蛙泳一样同时“划水”。

（3）练习提示

橡胶带拉长的长度可根据器材的弹性和练习者的实际情况而调整，每次练习30次左右，共5组。或每次持续45秒，共5次。

2.蝶泳、自由泳划臂

（1）准备姿势

在横梁上系好橡胶带，运动员正对橡胶带，向前俯身，双手将橡胶带的两端抓住。

（2）练习要领

两臂像游蝶泳或自由泳一样“划水”，同时划或交替划。

（3）练习提示

橡胶带拉长的长度可根据器材的弹性和练习者的实际情况而调整，每次练习30次左右，共5组。或每次持续45秒，共5次。

3.仰泳划臂

（1）准备姿势

在横梁上系好橡胶带，运动员正对橡胶带，向上伸展双臂，双手将橡胶带的两端抓住。

（2）练习要领

两臂像游仰泳一样划水，同时划或在体侧交替划。

（3）练习提示

橡胶带拉长的长度可根据器材的弹性和练习者的实际情况而调整，每次练习30次左右，共5组。或每次持续45秒，共5次。

4.重点动作环节练习

（1）准备姿势

将橡胶带系在横梁或挂钩上，运动员正对橡皮胶带，向前俯身，双手将橡胶带的两端抓住。

（2）练习要领

通过拉力练习来模仿划水动作，尤其是抱水、推水等重要动作。

（3）练习提示

每次练习30次左右，共5组。或每次持续45秒，共5次。

（三）等动拉力器练习

在等动拉力器上进行等动练习，特点是动作速度基本稳定，各个动作阶段有相同的阻力，在肌肉完成动作的整个过程中始终都要用最大的力量，或者说整个练习过程中肌肉都能产生最大力量。进行等动拉力器练习时，肌肉维持运动过程中肌肉收缩的速度是恒常的，动作幅度很大，而且要用最大的力量或接近最大力量的力去完成动作的各个阶段。肌肉以最大负荷参与运动的始终，这在增强肌肉力量方面所起的作用是其他负荷练习所不能比拟的。

进行等动拉力器练习要注意以下几个要点。

（1）每周2～4次，至少坚持训练6周。

（2）每次做3组练习，每组8～15次（肌肉最大负荷收缩）。

（3）结合游泳运动项目的技术特点进行专项训练，动作速度接近或达到专项比赛速度。

二、水中专项力量训练

游泳运动员在水中发挥的力量直接影响速度，所以力量越强越有利于取得好的比赛成绩。要提升游泳运动员的专项力量速度，必须加强水中力量训练，在训练中尽快把陆上训练所获得的肌肉力量转换为能够提升比赛成绩的专项力量，为提高专项运动成绩奠定基础。游泳运动员通过陆上力量训练可以提升自身的力量耐力、爆发力，但陆上力量训练对游泳运动员来说存在无法提升牵引力和加快水中运动速度的缺陷，因此要将陆上模仿训练和水中专项训练结合起来进行力量训练。在水中训练肌肉力量，因为阻力的原因，练习负荷较大，能够使运动员在更大的阻力条件下强化肌肉力量，提升专项力量素质。

下面具体分析几种游泳运动的水中专项力量训练方法。

（一）轮滑牵引训练

将轮滑牵引训练器材安在池边适宜位置，将绳索拴在练习者腰部，当练习者在水中游进时，教练员在池边拖拽绳索，增加练习负荷，使练习者在较大的阻力下锻炼肌肉力量。在采用轮滑牵引游的训练方法时，不同泳姿的练习距离不同，蝶泳练习距离以100米以下为宜，其他泳姿的练习距离不要超过400米，如果练习距离很长，则练习者可能因为疲劳而导致动作变形。

1.练习一

轮滑牵引重量以4～8千克为宜，可逐渐增加重量。练习时间和次数和游泳项目有关，如果是长距离项目，则练2～3组，每组8～10分钟；若是短距离项目，则练3～5组，每组3分钟。

2.练习二

以最大速度进行练习，先尽全力游25米距离，如果做不到，则尽全力游20秒，休息片刻再尽力游20秒。

（二）系橡皮软管训练

系橡皮软管游主要有以下两种方式。

1.正向牵引练习

将橡皮软管运用到游泳力量训练中，橡皮软管具有弹性收缩的特征，利用这一特点对练习者进行正向牵引，可以提高练习者的游进速度，使划水频率加大，练习者能够深刻体会最快游速下的肌肉感觉。采用这一训练方法时，动作速度比竞技比赛还快，可以对练习者的速度感进行培养。

在实际练习中，将橡皮软管的两端分别系在练习者腰间和池壁处，刚开始练习者在橡皮软管的伸缩力拉动下以最快速度向前游进，游一段距离后橡皮软管的伸缩力减弱，此时教练员可以在池边拉动软管，练习者继续以最大速度游完剩余距离。练习距离以25米为宜，前12.5米不需要拉动软管，后12.5米需要教练员拉动软管，重复6组。也可以缩短练习距离，游15米，重复10组。

需要注意的是，正向牵引练习会给人的中枢神经系统带来很强的刺激，因此必须慎用这种练习方法。

2.阻力牵引练习

将软管一端系在练习者腰间，另一端系在水池边，练习者可进行不同泳姿的游泳练习，尽可能拉长软管，游进时要克服软管收缩阻力，从而增强肌肉力量，强化耐力。

采用这一练习方法时，一般游25米即可，也就是说软管拉伸的最大长度是25米，练习者以最快的速度游完25米，休息1分钟，然后继续按同样的方法游相同的距离，重复5次左右。

（三）牵引水桶训练

将一个适宜重量的水桶绑在练习者身上，练习者负荷水桶的重量用最快速度游进，以强化肌肉力量。水桶重量以6千克为宜，练习距离以25米最佳，共练习2次，合理安排间歇。短距离练习能够有效增强运动员的爆发力和无氧耐力。

（四）戴划水掌训练

戴划水掌训练具有以下两方面的意义。

第一，能够使练习者以最佳游泳姿势做出高质量的划水动作，促进划水技术水平的提升。

第二，促进练习者划水时爆发力的增强。

采用这一方法进行力量训练，要对游进距离、练习时间等进行合理安排。虽然各种游泳距离都可以戴划水掌进行练习，但长期依赖划水掌会破坏运动员的肌肉感觉，因此在熟练划水技术和手臂力量增强后要渐渐摆脱划水掌，使运动员的水感渐渐恢复。青少年游泳选手尤其要谨慎使用这种练习方法，在技术练习中要尽可能避免戴划水掌练习，以免破坏技术。

（五）戴脚蹼训练

在游泳力量训练中使用脚蹼有助于提升练习者腿部肌肉力量和协调能

力；在仰泳、蝶泳和自由泳项目中，戴脚蹼训练的意义更加明显。运用于游泳训练中的脚蹼有大脚蹼、小脚蹼和连体脚蹼等几种类型。

1.大脚蹼练习

在游泳训练中戴大脚蹼能够使游速更快，使练习者对高速游泳时的水感予以体会，也可以有效增强练习者的腿部肌肉力量，使其腿部协调能力得到提升。在不同距离的游泳训练、打腿训练或配合技术训练中都可以使用大脚蹼。

2.小脚蹼练习

在游泳力量训练中戴小脚蹼有助于使练习者的打腿更有力，促进练习者腿部肌肉力量的强化，在各种泳式的打腿技术和配合技术练习中都适合戴小脚蹼进行训练。

3.蹼泳连体脚蹼练习

在蝶泳、蛙泳打腿技术训练中适合采用蹼泳连体脚蹼，有助于促进运动员身体核心力量的增强，促进腰部更好发力。但这种脚蹼体积大，容易伤到人，因此训练时要注意安全，与其他队员保持距离，以免碰到他人。

采用这一练习方法时，可以佩戴呼吸管，在接近水面处进行练习，也可以在水下进行缺氧练习，主要练习打腿，距离以25米左右为宜。

（六）戴阻力器训练

在游泳训练中，练习者可以戴的阻力器主要有阻力裤、阻力圈、非游泳服装等。戴这些阻力器进行练习，有助于促进手臂划水爆发力的提升，使动作频率加快，速度提升。这种练习简单易操作，对练习者的技术动作基本没有影响，而且练习时采用的泳姿和游进的距离不限。实际训练中应将这种训练方法与不戴任何东西的训练方法结合起来。

（七）水槽训练

练习者在水槽中的固定位置进行最大速度的游泳练习，保持快速游进节奏。教练员在池边进行观察和指导，用声音或手势向练习者反馈问题，练习者及时对游速进行调整。一次练习时间持续30秒，共练习10～18次，间歇2～3分钟。

第二节　专项速度素质训练

游泳运动对运动员的速度素质提出了非常高的要求，游泳比赛比的就是速度，最先到达目标点的运动员才能最终获胜。因此在游泳体能训练中，速度训练至关重要。本节着重对游泳专项速度素质训练方法进行分析。

一、游进速度训练

（一）牵引训练

牵引训练是提高运动员游进速度的重要训练方法之一。通过牵力诱导，可以使运动员的动作速度得到最大程度的提高，从而提升游进速度，在速度感上有新的突破。采用牵引训练方法，要在牵引力和导游速度的设计上多下功夫，确保通过这项训练可以使运动员充分提高速度。

牵引训练最多重复10次，练习距离以30～40米为宜。训练中采用的速度比运动员的最高速度快，但也不能过快，否则会使运动员的速度感下降，产生被动游进的感觉。

（二）短冲训练

采用短冲训练法时，磷酸原供能系统是主要供能系统，每组蹬边10～25米，出发15～25米，重复5组，间歇1分钟。通过该训练可提升练习者的无氧代谢能力和游进速度。

此外，提升游进速度还要注重对快速力量素质和动作速度的训练，通过这些相关练习来促进绝对速度的发展，主要方法有快速划臂训练、快速打腿训练、快速分解练习等。

二、动作速度训练

游泳运动员的动作速度主要体现在出发起跳动作速度、转身动作速度方面。在动作速度训练中要重点从这两个方面进行，这对提高运动员的游泳技能水平具有重要意义。

（一）出发速度训练

游泳运动员出发速度的快慢主要由反应和起跳速度决定。因此出发速度训练主要是进行反应速度训练和起跳滑行训练，也可以练习完整出发技术，提高速度和熟练度。游泳运动员不仅要出发快，还要产生良好的出发效果。

（二）转身速度训练

1.专门转身动作训练

专门进行转身动作的连贯练习，如在与池壁相距10米的位置练习转身，反复进行多次练习。

2.综合转身动作训练

进行完整的游泳练习，在整个游进过程中多转身几次，动作要快，要准确，以提高转身动作速度和动作质量。

三、动作频率训练

游泳运动员的速度快慢一定程度上由动作频率决定，所以要特别重视动作频率训练，在保证动作效果的前提下保持适宜动作频率。

在动作频率训练中，应在不影响划水效果的基础上加快频率，否则会得不偿失。下面简单分析两种动作频率训练法。

（一）频率节奏训练

游泳运动员的动作频率节奏会影响其速度的保持、体力的分配，因此要保持节奏的合理性。典型的频率节奏训练法是在100米泳池中进行4个分段的频率练习，该方法被我国很多优秀游泳运动员采用。

（二）最佳频率训练

强调动作频率训练，并不意味着要使动作频率达到最快。相反，频率过快会对划水效果产生影响，最终影响游进速度和整个动作质量。每个运动员都应该找到适合自己的最佳频率，从而提高速度。确定最佳频率，重点要处理好划频、划距、速度三者的关系，找到它们的最佳组合模式，这也是最佳频率训练的重点。

第三节　专项耐力素质训练

耐力是运动员游完规定距离、坚持完成比赛的基本身体条件，加强耐力素质训练对长距离游泳运动员具有重要意义。下面重点分析游泳运动员的耐力训练方法。

一、专项有氧耐力训练

长距离游泳运动员要特别重视有氧耐力训练，中短距离游泳运动员也不能忽视有氧耐力训练。从事不同距离游泳项目的运动员，在游泳耐力训练中采用的负荷量不同，短距离项目、中距离项目和长距离项目的有氧负荷量分别为84.62%、88.04%和88.71%。

下面主要分析两种有氧耐力训练方法。

（一）长距离训练

长距离训练法也就是持续训练法。持续游泳训练中，练习者可以匀速游完全程，也可以有节奏地变速游完全程。

1.训练示例

长距离游泳训练示例如下。

（1）以爬泳姿势游完3 000米，匀速游或变速游。

（2）方式：爬泳；距离：10×400米；时间：每组5分20秒包干（游泳时间4分50秒+休息30秒）。

（3）方式：爬泳；距离：20×200米；时间：每组2分45秒包干（游泳时间2分30秒+休息15秒）。

（4）方式：爬泳；距离：5×1 000米；时间：每组13分钟包干（游泳时间12分半+休息30秒）。

以上长距离游泳训练也可采用爬泳与仰泳交替的方式来完成，泳姿转换不得影响游泳技术的准确性，这种超量负荷训练对提升游泳运动员的有氧耐力素质具有重要意义。

2.训练注意

长距离游泳训练中要注意以下几个要点。

（1）全年各个训练周期都可以采用持续训练法，但该训练在不同阶段安排的比例有差异，一般早期训练中该训练所占的比例较大。

（2）不同年龄组的游泳运动员都可以通过持续训练法来提升自己的专项耐力水平。

（3）持续训练的练习距离、练习强度要依据运动员的训练水平而定，要遵循渐进性的原则来增加训练距离和强度。

（4）在持续训练中，可以匀速游完全程，也可以变速游，还可以加速游，将不同练习方式结合起来，提高练习的趣味性。

（5）采用中等强度进行训练，练习时间可延长。

（6）建议采用多样化练习方式，避免因为练习时间长，刺激单一而造成神经与肌肉疲劳。

（7）在训练中要注意对技术的改进与完善，防止形成错误的动作习惯。

（二）间歇训练

间歇训练也是有氧耐力训练中常见的方法之一，要合理安排组或次之间的间歇时间。运动员完成一次或一组练习后，休息一定的时间，然后继续进行下一次或下一组的练习，间歇时间不宜过长，要在运动员还没有完全恢复时开始新的练习。在游泳间歇训练中，练习距离、动作速度、练习次数以及间歇时间等都是影响练习负荷的重要因素，调整训练负荷主要就是改变这些影响因素中的一个因素和几个因素。

下面具体分析几种常见的游泳间歇训练方法。

1.慢速间歇训练

采用和比赛速度相比较慢的速度完成一组反复游练习，间歇时间比练习时间少，在心率未完全恢复时再重复练习。

例如，运动员200米自由泳成绩为2分04秒，每50米平均成绩是31秒，采用30×50米反复游练习，每个50米成绩要求34秒，间歇时间10秒，每次练习后心率达到140次/分，恢复到106次/分开始下一次练习。

2.定时反复游

规定练习距离和游完这段距离的时间，练习者在规定时间内游完规定距离，间歇一定时间后继续练习，如此反复。间歇时间并不是固定不变的，随着练习强度的增加，间歇时间也适当增加。同样，如果练习强度降低，那么间歇时间也会减少。

3.改变间歇反复游

规定练习距离，以中低强度训练，对间歇时间进行调整，逐步增加或减少。例如，8×200米反复游，要求每个200米游2分20秒，间歇1分30秒，之后每次练习结束后间歇时间变化一次（增/减5秒）。

4.变换距离反复游

练习距离不固定，间歇时间始终保持不变。示例如下。

（1）练习距离逐渐增加，50—100—200—400米，间歇时间不变。

（2）练习距离逐渐减少，400—200—100—50米，间歇时间不变。

（3）练习距离递增再递减，50—100—200—400—200—100—50米，间歇时间不变。

5.变换距离和间歇时间反复游

没有固定的练习距离和间歇时间，二者可以同时变化。示例如下。

（1）练习距离：100米，间歇：1分钟；

（2）练习距离：200米，间歇：1分30秒；

（3）练习距离：400米，间歇：2分钟；

（4）练习距离：800米，间歇：3分钟；

（5）练习距离：2×400米，间歇：2分钟；

（6）练习距离：4×200米，间歇：1分钟；

（7）练习距离：8×100米，间歇：30秒。

二、专项无氧耐力训练

无氧耐力训练是提升游泳运动员无氧代谢能力的重要手段，尽管在游泳运动员全年训练负荷总量中，无氧训练负荷量所占的比例很少，还不到10%，但无氧耐力在运动员综合竞技能力发展方面发挥着重要的作用，要提升游泳运动员的比赛能力，就必然不能忽视对无氧耐力的训练，短距离游泳运动员更需要进行无氧耐力训练。

采用无氧耐力训练法，要合理安排训练距离和训练强度。如在进行短距离和超短距离的无氧训练时，练习强度约为95%～120%，时间不超过2分钟，游泳时间与间歇时间之比大约1∶2～1∶8，要将训练强度和训练间歇时间的关系把握好，实现最佳训练效果。

无氧耐力训练常采用的方法如下。

（一）短冲训练

短冲训练是以全力、最快速度进行练习的方法，这是典型的无氧供能的训练，有助于发展速度能力，尤其是绝对速度。短冲训练也是超短距离训练，间歇时间较长，心率需恢复接近安静时水平再开始下一次训练，冲刺时间为30～50秒，距离以25～50米为宜，常用的距离有10×12.5米、10×15米、8×25米、（2～4）×50米。在一次全力冲刺中，运动员吸入的氧气量跟不上氧的消耗量，就会负氧债，在短时间内会呼吸困难，亦称“缺氧训练法”。短距离全速冲刺可有效提高运动员肌肉中ATP、CP含量和无氧代谢酶的活性，加快糖酵解，从而提高无氧代谢能力。在游泳短冲训练中，运动员要以最大力量和最快速度进行划手和打腿，以提高肌肉的力量和速度。同时，紧张与放松的快速交替也能锻炼神经中枢系统，有利于改进和完善技术。

短冲训练方法示例如下：

12.5米	95%～100%速度	间歇时间12～25秒
	90%～95%速度	间歇时间8～10秒
25米	95%～100%速度	间歇时间30～40秒
	90%～95%速度	间歇时间25～35秒
50米	95%～100%速度	间歇时间60～90秒
	90%～95%速度	间歇时间50～80秒

（二）重复训练

重复训练以提高强度为中心，对神经中枢兴奋与抑制的转换能力、对大脑皮层与肌肉的协调能力都有较高要求，这些能力的提高能够促进肌肉无氧酵解供能能力的提升。重复训练是以无氧代谢为主的训练，它有助于发展速度耐力。在控制速度的情况下，随着练习次数的增加，疲劳不断积累，可适当延长间歇时间。

重复训练法示例如下：

发展速度：4×50米全速游或逐个加速游。

发展速度耐力：4×100米，3×200米，（2～4）×400米，间歇3～5分钟，强度95%～100%。

训练注意事项如下：

（1）训练前做好充分的准备活动，练习后要放松。

（2）明确练习强度，达不到规定强度时可减少练习次数或增加休息时间。

（3）游泳技术正确无误。

（三）变速训练

在变速训练中，每次完成规定距离时，后半程的速度要快于前半程的速度。示例如下。

（1）距离10×400米，以90%的强度完成每个400米，但后面200米的游泳速度要更快一些。如400米自由泳中，前后200米的成绩分别是2分12秒和2分8秒，400米练习成绩共4分20秒。

（2）距离4×200米，游第一个200米时，最后50米的速度比前面150米的速度快；游第二个200米时，后100米的速度比前100米的速度快；游第三个200米时，后150米的速度比前50米的速度快；游第四个200米时，要用最大速度游完全程。

（四）乳酸峰训练法

乳酸峰训练中，要按照能足够达到最大产乳酸能力的标准来决定练习强度。例如，练习距离4×（25～100米），训练强度和比赛强度相同或稍大于比赛强度，间歇时间至少为游完这段距离所用时间的2倍，练习距离越长，间歇时间也越长，二者比例之差越大，心率为（最大心率-10）次/分，血乳酸控制在10～18mmol/L范围内，以促进机体耐乳酸和消乳酸能力的提升，最终促进无氧供能能力的提高。

（五）耐乳酸训练法

采用耐乳酸训练法，能够延缓疲劳出现的时间，使运动员以良好的耐力运动较长时间，如练习距离50～200米，总量400～600米，练习强度接近比赛强度或稍大于比赛强度，间歇时间与练习时间相同或比练习时间多1倍，心率为（最大心率-10）次/分，血乳酸值约6～12mmol/L。

三、有氧—无氧混合训练

有氧—无氧混合训练的机理是，在无氧训练中，血乳酸迅速增加，在有氧训练中，充分摄取氧气，将乳酸排出，降低血乳酸值，促进运动能力的提高。训练中虽然血乳酸值不稳定，但不会超过无氧阈临界范围。关于游泳混合训练的具体方法和操作，有关学者提出了一个比较经典且被游泳运动员广为采用的训练手段，具体如下。

在一个完整的训练周期中，第一周根据100米比赛的目标成绩设计游泳速度和划频。每次训练距离是20～40米，逐渐增至50～75米。例如，（1）游泳40米（40～75米）间歇90秒；（2）游泳40米（20～40 米）间歇90秒；（3）游泳20米；（4）100～400米放松游泳，心率比最高心率低50～60次/分。在一个周期的第一周，（1）和（2）练习完成一次训练；第二周完成两次；最后每周训练8次。这种训练以6～8周为一个训练周期，然后回到第一周的20～40米的短距离训练内容，反复进行并逐渐增加组数。周而复始，逐渐接近比赛速度目标。这种模式的特点是在各周期时段上都安排混合训练，但比例和重点不同。这种训练对提高无氧供能能力、提高体力分配能力和控制能力具有重要意义。

有氧—无氧混合训练的具体方法如下。

（一）快速间歇训练法

采用速度较快、强度较大、间歇时间较长的方法完成一定距离的反复游泳练习，使心率得到充分恢复。

例如，400 米成绩为4分30秒，练习内容为2×（8×200米）自由泳，要求间歇时间60秒，每个200米成绩2分05秒，练习后心率为180次/分，开始下一次练习时心率为120～130次/分。

（二）快慢交替训练法

明确间歇时间和游泳距离，不同练习强度交替。例如：

（1）10×50米，一快一慢或二快一慢。

（2）3×800米，每个800米中每个转身前15米加速快游。

（三）不同强度混合训练法

例如，4 × 100 米反复游：

第一个100米练习强度：低于无氧阈强度；

第二个100米练习强度：无氧阈强度；

第三个100米练习强度：超无氧阈强度；

第四个100米练习强度：乳酸无氧强度。

在一组练习中出现多种供能方式，可以促进有氧和无氧供能能力的共同发展。

第四节　专项柔韧素质训练

游泳专项柔韧素质的训练方法主要是各种伸展性练习，本节主要分析游泳运动员不同部位的伸展练习方法。

一、臀部内收肌伸展练习

（一）练习目的

促进大腿内侧肌肉柔韧性的提升。蛙泳项目运动员进行此项训练还有助于增强臀部力量，并在后踢时保持适宜的动作幅度。

（二）练习方法

（1）两脚开立，双脚间距与肩部宽度相同。

（2）左膝慢慢弯曲，身体重心顺势向左脚转移，臀部后座，同时右腿向右侧跨一步，体会右腿大腿内侧肌肉拉伸感。

二、4字形伸展练习

（一）练习目的

通过梨状肌的伸展而促进臀部外展肌柔韧性的增强。对游泳运动员来说，臀部保持适宜的动作幅度有利于提高水中打腿的效率，并能更好地保持正确的游泳姿势。

（二）练习方法

（1）在垫子上仰卧，左腿抬起向上伸直，右腿屈膝置于左膝上，整个身体姿势看起来就像数字4。

（2）双手将左腿膝部抓住，用力拉向胸前，体会臀部内侧的拉伸感。

三、站式股四头肌伸展练习

（一）练习目的

促进大腿前侧股四头肌和臀部屈肌柔韧性的增强。

（二）练习方法

（1）自然站立，左脚支撑重心，右腿向后屈膝抬起，右手将右脚抓住。
（2）将右脚拉向臀部，体会大腿前侧肌肉的拉伸感。
（3）稍微向右后方转动右膝来加大伸展力度。

四、胸前膝部伸展练习

（一）练习目的

促进腰背肌柔韧性的增强，从而促进腰背部健康，并能更好地保持水中正确游泳姿势。

（二）练习方法

（1）在垫子上仰卧，两腿屈膝置于胸前。
（2）双手将双膝抱住向胸部轻拉，体会腰背部肌肉和臀部肌肉的拉伸感。

（三）动作变化

两腿交替练习，即一腿放在垫子上，另一腿屈膝放在胸前，手臂抓握单膝向胸前轻拉，保持片刻后还原，换另一侧腿练习。

五、坐式腹股沟伸展练习

（一）练习目的

促进大腿内侧肌肉和腹股沟的柔韧性，有助于提升游泳技术尤其是蛙泳的打腿技术水平。

（二）练习方法

（1）在泳池边保持正常坐姿，屈膝外展，脚掌相对，放于身前。
（2）双手将两脚脚尖抓住，肘放在膝上。
（3）胸部缓慢移向双脚方向，同时肘关节将膝向下按压。

六、上背伸展练习

（一）练习目的

促进腰背肌肉和背阔肌柔韧性的提升。腰背部肌肉是游泳划水动作环节的主要活动肌肉，长期的划水训练容易造成运动员腰背部肌肉的硬度。进行上背伸展练习有助于缓解腰背肌肉僵硬，提升柔韧性，同时还能增加肩部的柔韧性和灵活性，提升划水的效率。

（二）练习方法

（1）面对门而立，伸出右手扶门，手要比肩膀高。
（2）臀部渐渐向后坐，用自身重量使后背肌肉充分伸展。
（3）调整手的高度，体会不同部位肌肉的拉伸感。在水中抓住阶梯也可以进行此项训练。

七、流线型伸展练习

（一）练习目的

促进背部肌肉柔韧性的提高。

（二）练习方法

（1）两脚开立，双手伸展举过头顶，两臂将头夹紧，双手手背贴紧。
（2）腰部慢慢向右侧屈，以拉伸左侧后背肌肉。
（3）还原，腰部缓慢向左侧屈，体会右侧后背肌肉拉伸感。

第五节　专项灵敏与协调素质训练

一、专项灵敏素质训练

灵敏素质是运动员在运动过程中表现出来的综合运动素质。力量、速度、耐力、柔韧等单项素质是灵敏综合素质的基础，灵敏素质训练应以这些单项素质的训练为基础，在提升单项运动素质后再进行综合性灵敏素质训练。这对提升运动员的整体素质水平和运动技能水平具有重要意义，同时还有助于促进运动员神经系统灵活性的增强。

下面主要分析游泳运动员的专项灵敏素质训练方法。

（一）转身技术练习

1.模仿练习

（1）原地模仿转身

正对一面墙而立，双手扶墙，抬右脚贴墙，向左转动上体，左臂肘部弯曲置于胸前。身体向左侧倒，同时头向左甩动，右臂经头顶前摆，两臂向前伸展，两臂夹头，上体转为向前俯；右脚轻轻蹬墙，向前迈出。先进行3拍的分解练习，然后连贯进行完整练习。

（2）走动模仿转身

面对墙而立，与墙保持一定距离，向前走动同时手臂模仿划水动作，接近墙时模仿水中转身技术中游近池壁和触壁的动作环节，然后按原地模仿转身的方法继续进行练习。

2.水中练习

（1）走动转身

面对池壁而立，与池壁保持一定距离，走动中两臂做划水动作，触壁后做原地转身练习。

（2）抓边转身

面对池壁而立，两手放在池边抓牢。屈臂，向上拉身体，膝关节弯曲，团身，腿向上提，两脚贴壁。然后连贯完成转体、侧倒、甩头、摆臂等动作，上体入水中后快速蹬离池壁滑行。

（3）完整蝶泳转身

向池壁游近，完整地做蝶泳转身技术，蹬离池壁后向前滑行，滑行中多次打腿，增加身体浮力，身体全部浮在水面后划水游进。

（4）完整蛙泳转身

向池壁游近，完整地做蝶泳转身技术，重复多次练习，将转身距离掌握好，使转身动作更流畅、快速。

（二）水中游戏练习

1.水中足球

水中足球游戏所用的是可以沉底的球，如高尔夫球等。将一个硬板竖立在池壁上当作球门，没有守门员，球只要碰到“球门”就表示射门成功。

2.水中排球

将一个显眼的标志线置于泳池中间当作排球网，所用的球是沙滩排球中的彩球。运动员在水中来回击打排球进行练习。

3.逆向转圈

在浅水中练习，将运动员分为两组，一组站成内圈，一组站成外圈，各圈队员均手拉手。游戏开始，内圈和外圈各自分别沿顺时针方向和逆时针方向转动，然后教练员吹哨，内外圈变换转动方向，即内圈逆时针转动，外圈顺时针转动。

4.水中斗牛

两名运动员在水中扶同一块打水板，教练员吹哨后，运动员立即打（蹬）腿，看谁先离开打水板。

5.鲤鱼跳龙门

将若干藤圈放在水面上，保持一定的距离，运动员双脚蹬地以鱼跃姿势跳过藤圈。

6.围圈打“鸭子”

若干名运动员站成一个圈，圈子应大一些，圈上的人都是“猎人”，圈内“鸭子”人数为3～5人。“猎人”向“鸭子”掷击软球，被击到“鸭子”的站在圈上扮演“猎人”，直至击中所有“鸭子”。圈外与圈内运动员轮流扮演不同角色。

7.你追我赶

一人跳入水池向前游泳，离开池壁5米时，第二人跳入池中，依次进行。后面的人尽可能加速将前面的人抓住，最前面的人也要尽量游快一些以免被抓，除第一人和最后一人外，中间的人既要抓别人，也要防止被抓，捉到前面的人即可上岸。

8.组数字游戏

池中数名运动员听教练员的数字口令而在水面上组成相应数字，大家要齐心协力，共同配合，争取快速组成数字，而且数字要清楚。必要的时候，池边的人也可以配合组数字。

9.正反转动

以俯卧姿势划水一次，然后身体翻成仰泳姿势，再划水一次，又翻转成俯卧姿势。如此反复变换。

10.“铁人三项”比赛

围泳池跑若干圈，再在池中游几百米，然后再绕泳池跑若干圈。规定跑的圈数和游泳距离，教练员计时，用时短的获胜。

11.深游接力赛

在泳池底层进行不同泳姿的接力赛，听口令或看手势变换泳姿。

12.计时游泳比赛

将游泳距离和完成时间确定下来，在规定时间内游完规定距离的获胜，如果都超时完成，那么接近规定时间的获胜。要求所有的运动员要用相同的泳式参赛。

二、专项协调素质训练

游泳运动在水环境中进行，而运动环境的特殊性使运动员在水中对动作的控制变得复杂而艰难。因此，要掌握好游泳技术，控制好在水中的动作，运动员就要加强协调性练习，从而具备良好的协调能力。比如，游泳运动员在水中要从平卧姿势开始完成一系列游泳动作，由于水中姿势和陆上运动有很大区别，因此游泳运动员动作面的保持情况会直接影响动作效果；同时运动员手脚必须配合好，水中的手脚配合又不同于陆上，难度更大。加强专项协调性训练可以有助于提升游泳运动员的专项运动能力。下面主要分析游泳运动员的专项协调训练方法。

（一）基础训练

在陆上模仿游泳动作，包括手臂动作、腿部动作以及手脚配合动作，甚至要模仿水中呼吸，形成与提高基本协调能力，为在水中训练奠定良好基础。

（二）专门训练

在水中进行专项协调能力训练，主要从以下两个方面进行。

第一，在水中练习游泳技术，包括分解练习、完整练习，通过重复练习来不断熟练动作，达到技能自动化阶段，以更好地控制身体姿势和动作。

第二，通过花样游泳、水中健身操等其他水上项目来提高水上运动能力，同时还可以设计专门的水中协调动作、水中游戏，通过趣味性练习来提升水感和技能。

通过上述练习提升动作控制能力和水中运动技能后，有助于促进协调能力的增强。

第五章　爬泳技能及科学训练

爬泳俗称“自由泳”，是常见竞技泳姿之一。爬泳具有速度快、阻力小、技术效率高等特征，因此在竞技比赛和现实生活中常常是人们首选的泳姿。爬泳技术由身体姿势、腿部技术、手臂技术、呼吸及配合等内容组成，全面加强各项爬泳技术的系统训练，能够有效提升游泳运动员的竞技能力和游泳爱好者的游泳水平。本章主要对爬泳训练展开研究，首先阐述爬泳的基础知识，其次分析各项爬泳技术的动作要领，最后设计一些科学实用的爬泳技术习练方法。

第一节　爬泳常识及其发展

一、爬泳的概念

爬泳的名称由来主要与其动作姿势有关，即身体在水中成俯卧姿势，双腿上下交替打水，双臂在体侧交替划水，外观看上去如同爬行一样，因此用爬泳来命名这一泳式。

爬泳又被称为“自由泳”。游泳比赛中设置的泳姿有4种，分别是蛙泳、蝶泳、仰泳和自由泳。竞赛规则中指出，运动员在参加自由泳项目比赛中没有姿势限制，由于爬泳是游泳运动所有常见泳式中动作速度最快的一种，因此常常被自由泳项目选手作为首选泳姿。如此一来，爬泳就被人们习惯性地称作“自由泳”了。

二、爬泳的起源与发展

爬泳拥有悠久的发展历史，从国内外的一些古文物中就能发现关于爬泳的痕迹。从我国和世界其他国家的文物中可发现，古时人们在泅渡时，常常双腿上下交替打水，两臂交替轮流划水，和现在的爬泳姿势很相似。

自由泳项目是1896年雅典奥运会上的唯一一项游泳项目，参赛选手有的采用两腿蹬夹，两臂轮流划水，空中移臂的姿势，也有选手采用类似于侧泳的技术，单手出水。总之，当时运动员的自由泳姿势非常多。

1900年第2届奥运会上，参加200米自由泳项目的匈牙利选手哈尔梅采用类似爬泳的姿势，两臂轮流划水，两脚交替打水，速度非常快，最后获得该项目的亚军。

1902年以后，以两脚交替上下打水、两臂轮流向后划水为特征的爬泳姿势（现代爬泳的雏形）相继出现在澳大利亚、英国和美国。划水2次，打水6次是爬泳中常用的臂腿配合技术，而最先使用该技术的是美国选手丹尼尔斯。

1922年，美国游泳选手韦斯摩勒在男子100米自由泳比赛中采用爬泳技术历史性地突破了1分大关，这是爬泳运动历史上的一个重要里程碑。1924年，韦斯摩勒创造了100米自由泳的新世界纪录——57.4秒，这项世界纪录一直保持了10年。之后，游泳运动员和相关专家在游泳实践及研究中不断改进技术，出现了多种形式的风格流派和动作配合方式，如常见配合方式有“2：2：1”“4：2：1”“6：2：1”以及规则打水和不规则打水配合等。

随着爬泳技术的发展，优秀的自由泳选手也不断涌现，创造了很多的优异成绩和新的世界纪录。如在2020东京奥运会上，就出现了两项新的自由泳世界纪录，一项是由中国选手杨浚瑄、汤慕涵、张雨霏、李冰洁创造的女子4×200米自由泳接力世界纪录（7分40秒33），另一项是由澳大利亚选手勃朗特·坎贝尔、哈里斯、艾玛·麦基翁、凯特·坎贝尔创造的女子4×100米自由泳接力世界纪录（3分29秒69）。

自由泳在奥运会中的地位很重要，奥运会设置的自由泳项目很多，不仅有独立项目，在个人混合泳和混合泳接力中自由泳也是不可或缺的重要组成部分，所以在对一个国家的游泳水平进行衡量时，自由泳常常被作为一项重要衡量标志。世界各国在奥运会自由泳项目上取得的成绩一定程度上反映了这个国家的竞技游泳实力。

三、爬泳速度最快

游爬泳时，人体在水面呈俯卧姿势，身体基本平行于水面，运动员保持非常好的流线型姿势，这种流线型姿势在4种竞技泳姿中是最好的，所以游泳时受到的水的阻力是4种泳姿中最小的。爬泳技术采用侧面换气方法，这种转动可以保持游进中的平稳性，从而减少前进阻力。游爬泳时两臂依次划水（向后），经空中移臂（向前），这样手臂划水路线延长，推进力加大，而且空中移臂受到的阻力也小。两臂依次划水所产生的推进力是连续不断的，这样有助于运动员匀速游进。爬泳时两腿交替上下打水，不仅能产生一定的推进力，还可以使手臂划水更协调、有力，产生更快的合力。

四、爬泳比赛规则

以下是国际泳联《游泳竞赛规则2017—2021》中关于爬泳，即自由泳比赛的基本规则。

（1）在自由泳比赛中，运动员可以采用任何泳式，但个人混合泳和混合泳接力中的自由泳是指除仰泳、蛙泳、蝶泳以外的任何泳式。

（2）每次转身和到达终点时，运动员身体的某一部分必须触及池壁。

（3）在整个游进过程中，运动员身体的某一部分必须露出水面。允许运动员的身体在转身过程及出发和每次转身后不超过15米的距离内完全没入水中，但运动员的头部必须在15米之前露出水面。

第二节　爬泳技术动作展示

一、身体姿势

（一）水平直线性

在爬泳运动中，在运动员的侧面对其进行观察，可以发现运动员从头到脚成一条水面直线，身体非常平直地俯卧在水中，在水中占了较少的空间，保持这样的游泳姿势，不会激起太多的湍流，经过身体的水流也会在短时间内合拢，引起的涡流较少。（图5-1）这样身体前后的压力差也不会很大，游泳过程中也不会遇到太大的阻力。

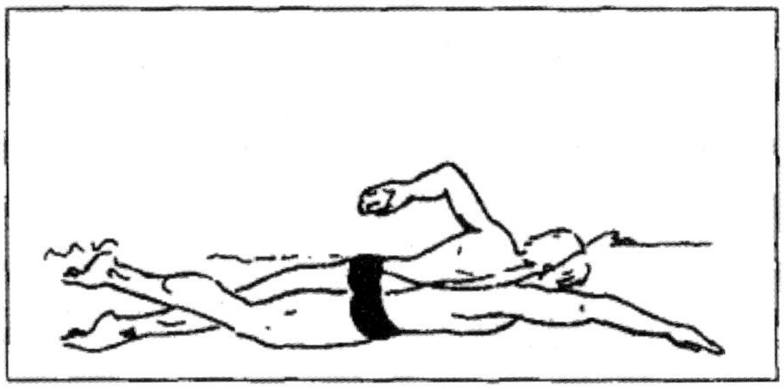

图5-1　爬泳身体姿势

爬泳运动员在水中保持水平直线性身体姿势要注意以下几个要点。

（1）头部自然，与躯干在一条水平直线上。

（2）背部平直。

（3）控制好打腿幅度，防止幅度太大。

有人认为，要想游得快，身体就必须比水面高，其实游得快的关键在于身体位置保持水面直线。如果要使身体比水面高，那么就必须很用力地做大幅度的打水动作，头和肩要在水面外，手臂下划时推水力量要大，这样身体位置才能高一些。这个姿势虽然对短距离冲刺有利，但也会消耗很多的能量，而要维持良好的身体姿势其实不需要耗费不必要的能量。

当运动员快速游进时，下面的水就会向上推身体，使身体游进时就像飞机在水上前进一样，身体位置较高。即使不额外消耗能量也能游得快。同样，当运动员慢速游进时，身体位置就不会那么高，身体下面的水也不会将身体向上推，这时运动员没必要为了使身体位置高一些而专门抬高头的位置和大幅度弓背，而要学会利用水的压力快速稳定地前进。如果刻意抬高头和大幅度弓背，游进阻力就会增加20%～35%。

（二）侧向直线性

游爬泳时，运动员的身体是作为一个整体而转动的，髋、腿部在两肩内活动，从运动员的上面或从水下观察，运动员游进时身体姿势是成侧向直线性姿势的。

要保持良好的侧向直线性身体姿势，就要随着手臂的划水动作而有节奏地转动身体，身体倾向于以侧向直线姿势而转动。身体转动是自然而然的动作，是在手臂动作的带动下转动的。当左臂或右臂划水时，同侧身体各个部位都向下转动；当手臂经空中向上移臂时，同侧身体则随手臂动作而呈现向上转动的动态性姿势。如果身体未随手臂动作而转动，那么身体就会来回摆动，从而破坏基本的身体姿势。运动员只要随手臂划水而转动身体即可，不必刻意对身体转动幅度进行控制，否则会导致身体姿势出现偏差。

爬泳的身体转动姿势如图5-2所示。

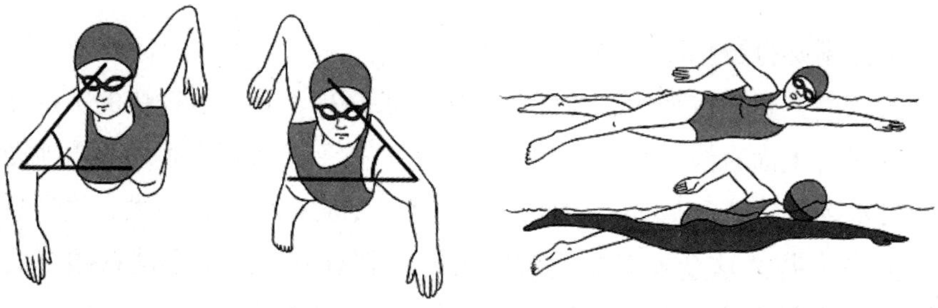

A. 前视　　B. 侧视

图5-2　爬泳身体转动姿势

二、腿部技术

游爬泳时，两腿交替上下打水是沿对角线而进行的。向上打水就是上打，向下打水就是下打。一般所说的侧打水主要是指身体转动时的打水动作，身体转动时向上打水就是向侧上打腿，向下打水就是向测下打腿。向下打水能够产生较大的推进力，向上打水使腿恢复原位，为下一次下打做准备。侧打水能够使身体更好地维持平衡，即维持良好的侧向直线性姿势。

一般来说，爬泳腿部打水动作方向与水平面几乎是保持垂直的，从垂直面看，两腿之间大约分开30～40厘米的距离，膝关节成大约160°弯曲。（图5-3）

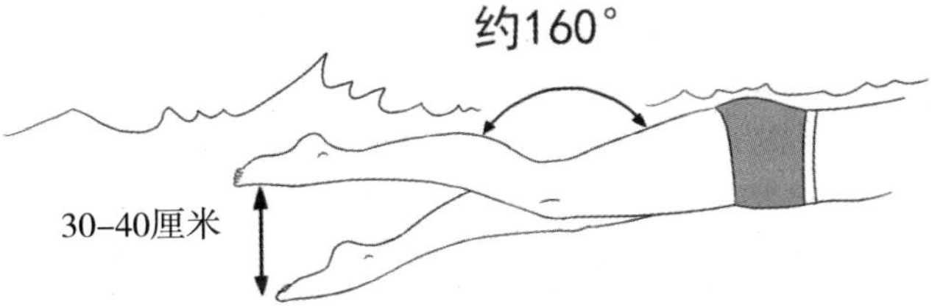

图5-3　腿部打水幅度

下面具体分析腿部上下打水技术的动作方法。

（一）下打

爬泳的向下打水也就是鞭状打水，要求做到屈髋、伸腿。有人认为，下打开始于上一次上打到最高位置的时候，其实这是错误的，准确来说，下打开始于腿经过髋部的时候。此时，运动员膝关节稍屈，大腿在髋部力量的带动下向下打水。如左腿开始向下打水时，左腿小腿肌肉放松，自然屈膝，表面看上去似乎还在向上打水的环节，但其实这个时候需要屈髋，向下压大腿，因为上打的惯性作用的影响，小腿继续向上抬，这样腿部肌肉只需要稍微发力就可以完成从上打到下打的转换了。

进入向下打水阶段后，脚在水压的作用下伸展，脚趾向上，踝微微内扣。同样因为水压的影响，小腿进一步弯曲直至大腿位置比身体位置低，脚的位置和水面接近或比水面稍高。此时，快速伸展小腿直到完全伸直，腿位于身体下方。向下打水的最后环节是脚背下打，使脚趾位置低于足跟。下打动作结束后，应弯曲踝关节屈。

整体来看，向下打水的动作轨迹就像一个正弦曲线。刚开始屈髋，大腿在髋部带动下下打，小腿和脚随着大腿打水动作而向下伸展。

爬泳下打水动作如图5-4所示。

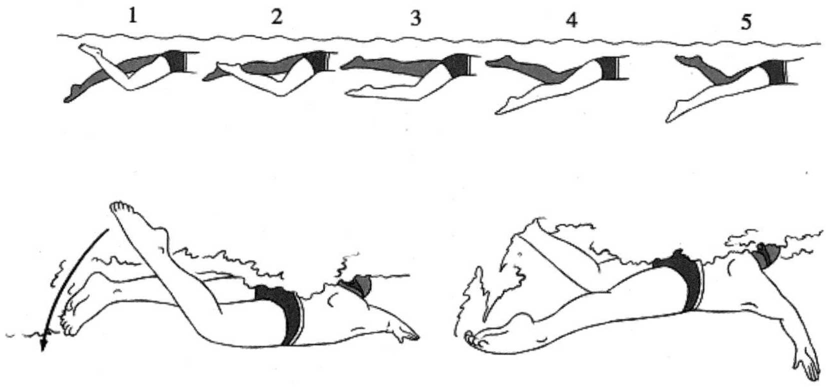

图5-4　爬泳下打水动作

（二）上打

向上打水动作与上一次向下打水之前的动作之间有一小部分是重叠的，这部分重叠动作使腿下打的惯性得以克服，使下打顺利转换为上打。在下打的最后阶段，向下伸展小腿时，大腿在反弹作用下向上抬，从而开始上打。小腿在大腿上抬的带动下也开始上打。

从下打转入上打后，运动员完成上打动作只需要较小的力量即可，这主要是因为前一次下打的惯性作用的影响。当腿上抬到经过身体时，屈髋做好下打准备，此时结束上打环节。向上打水的过程中，在水压的作用下，腿在伸展状态下完成上打，上打过程中脚在屈、伸之间保持自然放松状态，小腿也要放松。

打腿的幅度要控制好，太浅或太深都不合适，一般以50 ~ 80厘米为宜。有的运动员大幅度打腿是为了产生更大的推进力，保持身体姿势，促进身体向前游进，其实这是错误的，因为打腿幅度过大会使形状阻力加大，影响游进速度。上打时脚的位置应该接近或高于水面，但不能高太多，否则会使身体下沉。完成下打动作时，脚的位置比身体下限位置稍低就可以了。

爬泳上打水动作如图5-5所示。

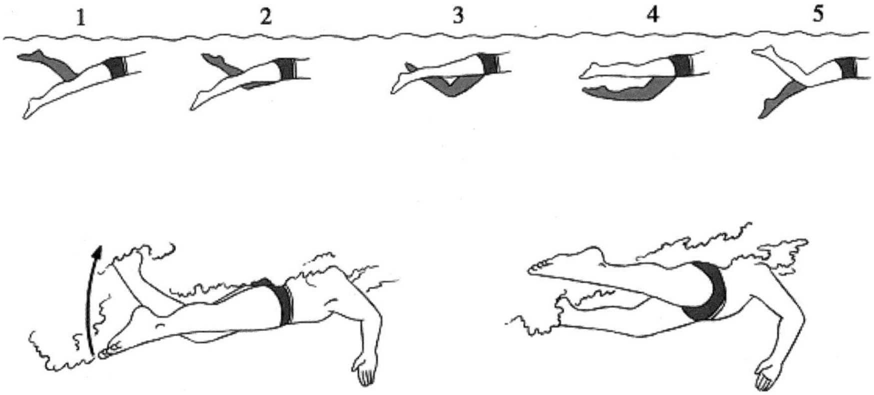

图5-5　爬泳上打水动作

三、手臂技术

手臂技术由一系列动作环节组成，下面具体分析各个环节的动作要领及两臂配合的技术要领。

（一）入水和伸臂

因为是两臂轮流划水，所以一侧手臂先划水，另一侧手臂在划水手臂划到中间阶段时入水。手臂入水后要尽可能向前充分伸展，保持良好的流线型姿势，身体也要稍转向入水手臂一侧，充分伸展腰背部，使身体保持良好的流线型姿势。（图5-6）手臂上划经过髋和大腿时就立即停止，不再继续划，避免向后向上的运动轨迹过长，这样能够有效提高推水效率，从而通过上划而增加游泳的推进力。

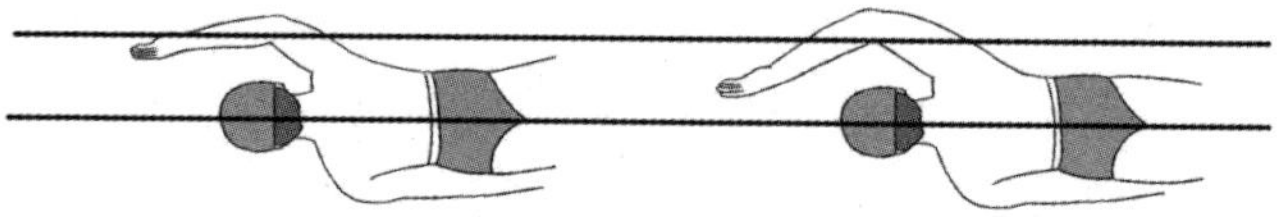

图5-6 手臂入水动作

手臂入水时，动作连贯流畅、轻快柔和，这样能避免推压阻力过大。手臂入水位置应在身体中线和肩的延长线之间，入水时稍屈臂，手心朝外，手指先入水，劈开一个洞，然后手臂朝这个洞中轻轻滑入，这样就不会引起太多湍流，可以减少身体游进的阻力。

手臂入水后，手臂和手都尽可能沿身体中线向前、向内伸展，手心转向下。不管是在垂直面还是侧面，手臂都应该在身体截面范围内。在入水和伸臂阶段，整个动作过程是比较慢的。

（二）下划和抓水

下划是抓水前的动作，旨在为抓水做准备。下划动作轻而快，手臂移动用最小的力即可，这样就能使手臂顺利到达适宜的抓水位置。

开始下划时，另一臂正准备出水，手下划前要先屈腕，然后手臂沿向下、向前的曲线轨迹划水。在下划过程中，手臂要保持好前划姿势，向后划水不宜过早，否则会出现塌肘现象，这时又需要耗费力气去向下压水，从而严重影响身体前进速度。

下划时肘关节弯曲，直到肘比手高，手和手臂成一条线，与身后的水对准，这就是游泳中常见的高肘抓水动作。

在下划阶段，切忌上臂大幅度下压，正确的方法是屈肘时使上臂平行于水面，向外向侧划水。控制好上臂下压的幅度，只要能使肩部摩擦减少，节省上臂力量，预防肩部损伤就可以了。在开始下划时手臂稍微加快速度，但在下划中段还是要减慢速度，从下划中段到准备抓水这个阶段手几乎保持不动。

抓水时，屈肘90°，手下划的深度大约50～70厘米，在这个位置抓水（图5–7），手臂朝外后方，手到达抓水位置后内划才开始，即手臂向后下方划水，这是手臂划水产生推进力的第一个阶段。

图5–7　抓水动作

（三）内划

内划是划水的一个重要阶段，也是第一个产生推进力的划水动作环节。抓水是内划开始的标志，而内划结束的标志是手在身体下方达到或稍微越过身体中线，这样能够使后面的划水阶段产生更大的推进力。内划从开始到结束形成一个半圆形的动作轨迹。

抓水时稍屈臂，手臂在内划过程中屈臂幅度不断加大，内划结束时，手臂屈肘至大小臂垂直。手掌在内划过程中慢慢向内旋转，内划结束时手掌稍微朝内上方。

手在内划阶段要不断加快动作速度，但要避免突然加到最大速度，因为后面的划水阶段还要继续加快速度，此时如果就加到最大速度，那么后面就没有继续加速的余地了。

（四）上划

在爬泳运动中，上划是第二个产生推进力的划水阶段，也是最后一个产生推进力的阶段。内划的结束点就是上划的起点。上划时，手加快速度向外旋转，成向外倾斜姿势，手臂向外、向上和向后移向水面。手经过大腿即代表上划结束，并不是说手到达水面上划才结束。手臂在上划过程中稍伸展，但不要伸直。手在上划阶段达到最大运动速度。

（五）出水和移臂

在手臂出水前就要开始移臂。具体来说，移臂开始于上划阶段肘离开水面时，此时屈臂前移，但手还在水中或水面，尚未离开。

手臂出水后，采用高肘移臂的方式向前移动手臂，做好再次入水的准备。移臂前半程，稍屈臂，手掌向内朝身体一侧，后半程要向前伸手臂，手掌朝外。移臂过程中逐渐屈肘，这样手臂出水后可以继续移向前上方。移臂过程中要尽可能使手臂向前，防止移臂过低过宽，否则会带动身体摆动，使身体的直线性姿势受到影响。

手臂移过肩时，要保持高肘姿势，这样可以使手臂以最佳姿势入水，激起的水花很少。在移臂过程中身体的滚动也十分重要。运动员身体应该向一侧滚动，使正在移臂的肩关节高于另一侧。这样有利于保持高肘姿势，并使手臂在空中前移的路线接近直线。

移臂是为下一次入水做准备，是一个很重要但没有推进作用的动作环节。移臂时应在尽量不破坏身体直线性的前提下将手臂经过空中移到前面，并使手臂、肩和躯干短暂放松。移臂动作如图5–8所示。

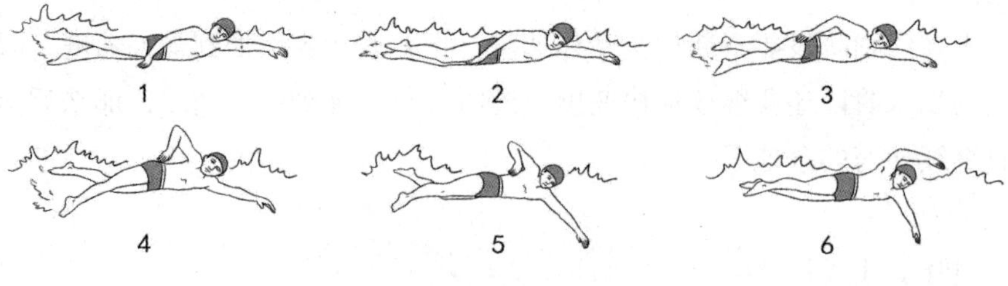

图5–8　移臂动作

（六）两臂配合

一般来说，爬泳两臂配合主要有三种基本形式，即前交叉配合、中交叉配合和后交叉配合。（图5-9）另外，还有以上三种形式结合而成的中前交叉和中后交叉形式。

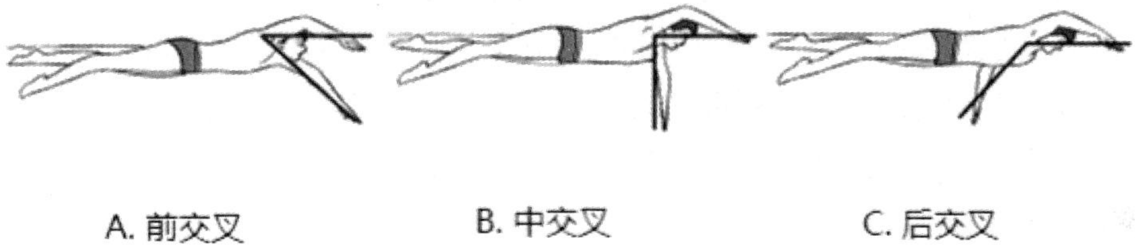

图5-9　爬泳两臂配合的形式

（1）前交叉配合。前交叉配合指一臂入水时另一臂在肩前方，与水平面成锐角。（如图5-9A）这种配合的致命弱点是动作不连贯，在一手移臂时，另一手处于前伸或抓水阶段，几乎没有划水的推进力产生，因而速度均匀性差。这种形式适合游泳运动的初学者。

（2）中交叉配合。中交叉配合指一臂入水时另一臂划至肩下。（图5-9B）

（3）后交叉配合。后交叉配合指一臂入水时另一臂划至腹下。（图5-9C）手入水后要前伸，为抓水做准备，因此，当一手入水，另一手作内划或上划的配合较好。入水的手经过前伸、抓水，开始产生较大的推进力后，另一手刚好出水，进入空中移臂。这样有利于发挥力量，提高频率，保持连续的推进力，并保持平稳的身体位置。

由于爬泳是两臂轮流划水产生推进力的，两臂配合的关键之处在于尽量使身体前进的速度均匀。根据这一原则，中交叉和中后交叉配合是较有利的方式。游泳运动参与者可以依据自身的特点选择以上形式。

四、呼吸技术

划水手臂完成上划动作时，头转向同侧水面。由于此时头处于波谷中，看起来嘴好像没有露出水面。在移臂前半部分吸气，后半段移臂时头回到水中。在手臂上划时，身体转动达到最大幅度。因此，运动员只需要稍转头就可以露出水面吸气，不需要抬头或将头转到与身体中线偏离。

除了短距离项目外，运动员都应该在每个动作周期中呼吸1次。因为长距离项目运动员需要摄入稳定、充足的氧气才能推迟疲劳产生的时间，所以不需要憋气，而应该在吸气后立即呼气。但是要控制好呼气时间，保证在完成一个动作周期前不需要再次吸气。

运动员刚开始呼气时要慢慢呼，直到即将开始下一次吸气前，快速呼出剩余的气，然后快速吸气。吸气深度稍大于平常吸气，但不需要刻意用力。呼气应充分。另外，吸气的时机要掌握好，如果向右侧转头，适宜的吸气时机是在右手出水时，即右手入水后开始用口和鼻缓缓呼气，并随着划水阶段的推移逐渐增大呼气的幅度，同时增大身体向右侧转动的幅度。当左手入水、右手开始内划时，随身体的转动开始向右转头，右臂出水时嘴露出水面，张口用嘴吸气。待右手移至体侧时，身体开始向左转动，此时吸气已经结束，头随身体的转动而向左转动，复原到水中。右手入水时，头部应已复原并保持稳定。（图5–10）

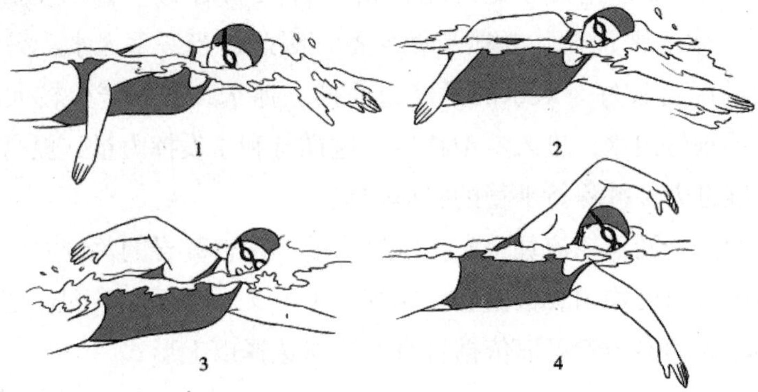

图5–10　爬泳呼气时机

五、完整配合技术

臂腿配合方式一般是根据一个划水周期中打腿的次数来表达的。最常用的配合方式有以下几种。

（一）6次打腿配合

一般来说，短距离比赛中，常见6次打水的配合技术，它便于保持较高的身体位置。6∶2∶1配合是较为常见的一种。6∶2∶1的完整配合技术如图5–11所示，每划水两次（1个动作周期），打水6次，其中第3次和第6次腿较为重要，处在一臂开始移臂另一臂开始内划时，此时划水产生的推进力相对较小，这两次打水可使身体前进速度更为均匀。

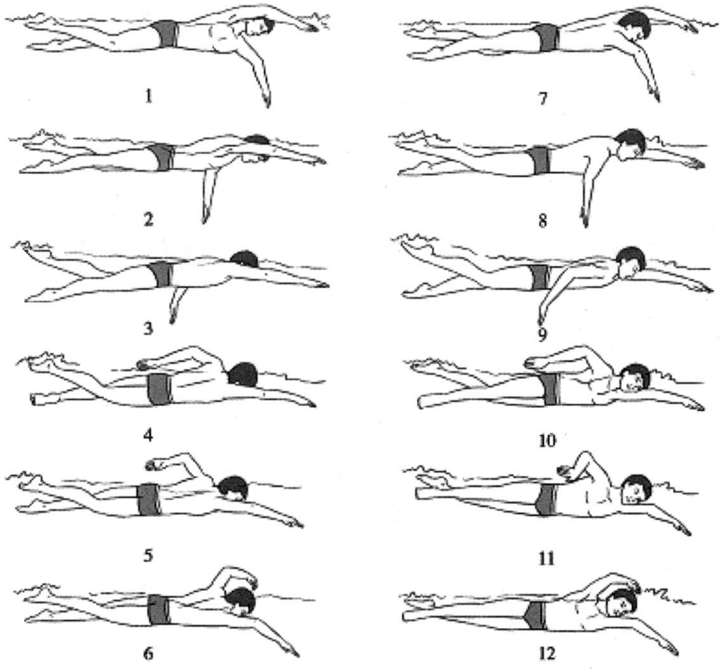

图5–11 爬泳6:2:1配合动作

（二）2次打腿配合

在每一次划水周期中完成2次下打动作，或每一次划水动作中打腿1次。每一次腿的下打与同侧臂的内划和上划相对应，与此同时，对侧腿上打。每次打腿结束后，腿在后面拖动，直到下一次手臂下划完成。之后在手臂内划和上划过程中完成同侧腿的下打。两次打水两次划水的配合时机是当一臂开始内划时，同侧腿向下打水。向下打水与同侧手的上划同时完成。移臂和入水、抓水阶段拖腿保持平衡。（图5–12）

两次打腿配合需要的能量较少，所以被多数长距离运动员特别是女运动员所采用。

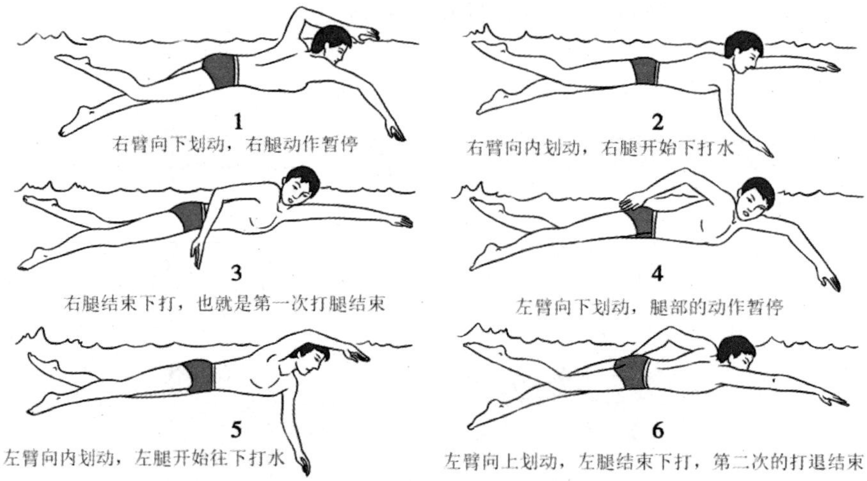

图5–12　爬泳2次打腿配合动作

（三）2次交叉打腿配合

这种配合方式与2次打腿配合的区别是，手臂每次下划时，腿不在后面拖动，而是下面腿向内上打，上面腿向内下打，两腿交叉。手臂内划和上划时，两腿不再交叉，开始下打，与两次垂直打腿的节奏相同。在上面的腿永远与划水的手臂位于同侧。也就是说，当右臂划水时，右腿在上与左腿交叉，反之亦然。在划水时上面腿下打。

有些运动员采用2次打腿容易使腿下沉，而2次交叉打腿可以弥补这个缺陷。2次交叉打腿实际上由4次打腿组成，包括2次较重的下打动作和2次较轻的下打。2次交叉打腿有助于保持腿的位置，避免在移臂时髋关节侧摆，从而更好地保持身体侧向直线性。（图5–13）

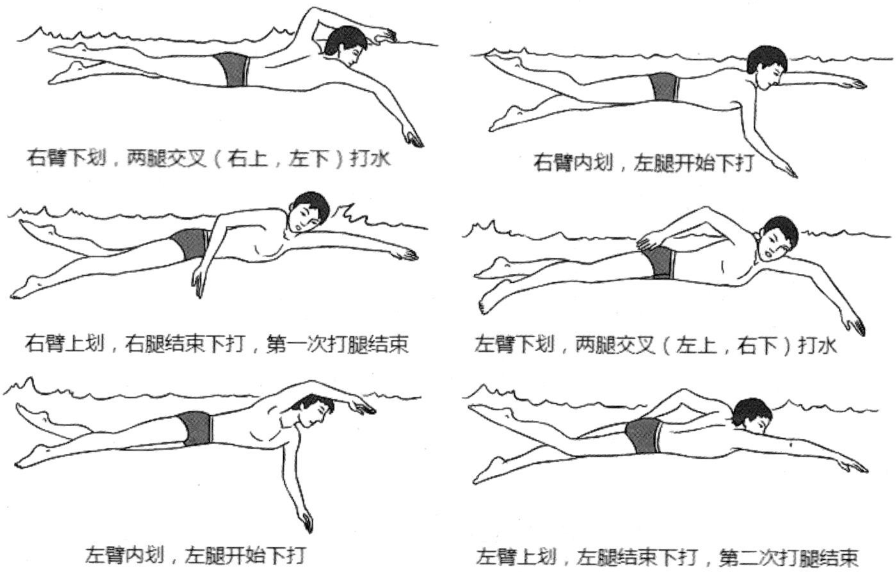

图5–13　爬泳2次交叉打腿配合动作

（四）4次打腿配合

4次打腿配合有两种表现形式：一种实际上是6次打腿配合的变异，其中有两次腿到了易被忽视的地步，原因通常是相应的划水时间或距离减短；另一种是两次腿配合和6次腿配合的结合。如在右手划水时采用两次腿配合，向下打水1次；而在左手划水时采用6次腿配合的节奏，向下打水3次。(图5-14)通常是吸气一侧的手和腿采用两次腿配合。原因可能是身体向吸气一侧的转动较大，致使对侧手内划路线加长，从而需要较多的打水次数保持身体的平衡。

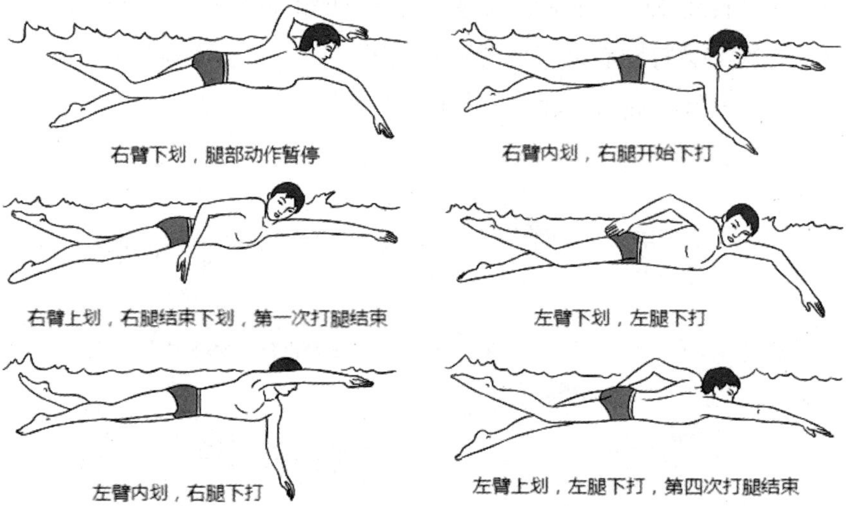

图5-14　爬泳4次打腿配合动作

六、爬泳比赛出发技术

游泳比赛的开始称为出发。游泳竞赛规则规定，自由泳（爬泳）、蛙泳、蝶泳比赛必须从出发台起跳出发，仰泳项目在水中出发。自由泳（爬泳）、蛙泳、蝶泳的出发台技术又分为以下两种形式。

（一）抓台出发

运动员在等候出发信号时，两脚分开同肩宽，两脚脚趾勾住出发台前缘，两手抓住出发台的前缘，屈膝成40°左右，目视前下方。

听到出发信号（枪声或笛声）后，手臂向上拉出发台，重心前移到出发台前面，屈膝、屈髋，身体向前下方移动，手脱离出发台向前摆动。脚蹬离时，手臂在前下方伸展，目视下面。

离台后，身体在空中伸展，越过最高点后弓腰，两腿上抬，身体重新呈直线准备入水。弯腰是为了增大入水角度，使身体各个部位从一点入水，减小入水阻力。

入水时，整个身体依次从手入水的同一个点入水。入水后身体保持流线型滑行。一般滑行距离较短，可以通过两手上抬，两腿做海豚式打水使身体升到水面起游。

爬泳抓台出发的完整技术动作如图5–15所示。

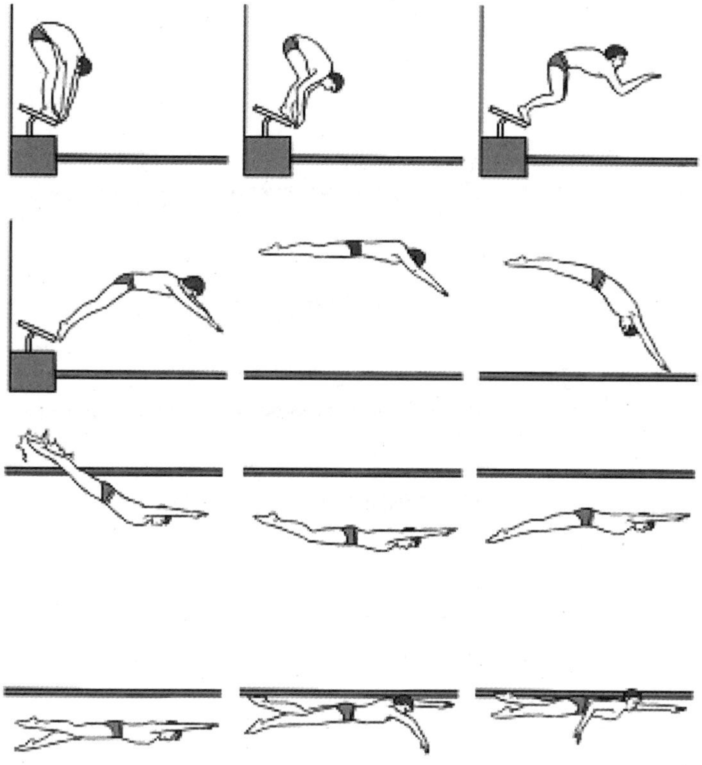

图5–15　爬泳抓台出发完整技术动作

（二）蹲踞式出发

有很多爬泳运动员采用蹲踞式出发，主要原因是这种出发离台速度快，重心低，比较稳定，不容易抢码犯规。

预备姿势是两脚前后开立，前面脚勾住出发台前缘，后面脚踩在出发台后面斜坡上。低头，两手抓出发台前缘。听到出发信号后，手臂拉动身体向前下移动，后面腿先蹬离，前面腿随即蹬离，同时手臂向前摆动。离台后，身体沿弧线滑行，但滑行弧线比抓台出发要平一些、低一些，因此难以像抓台出发那样形成洞式入水。入水后的滑行、起游与抓台出发基本相同，只是滑行距离稍短一些。

爬泳蹲踞式出发技术动作如图5-16所示。

图5-16　爬泳蹲踞式出发技术动作

七、爬泳比赛转身技术

游泳竞赛规则规定，爬泳转身和到边时可以用身体的任何部位接触池壁，运动员在比赛中一般都采用前滚翻转身，只用脚触壁、蹬壁，以节省时间，加快速度。

滚翻转身是前滚翻和1/8的身体侧转的结合，随后接蹬离池壁的动作。在蹬离和滑行过程中完成剩下的7/8侧转，使身体成俯卧姿势。

下面具体分析滚翻转身中的一系列动作环节。

（一）游近池壁

在距离池壁还有一段距离前，就应注意池壁的距离，以便调整动作，防止转身时影响速度。短距离运动员因为游进速度较快，因而较早开始转身。在游近池壁时要保持比赛速度，许多运动员在转身前减速，导致全程损失的时间很多，严重影响比赛成绩。

（二）转身

最后一次划水时，另一臂停在髋关节一侧。完成划水的同时，头向下潜，双腿缩拢移向腹部，开始向前滚翻。划水同时完成一次小幅度海豚式打腿，以帮助髋部上升。注意转身前的最后一次划水不要吸气，以免使滚翻动作延迟开始。

完成最后一次划水后，两臂都位于髋部。当滚翻进行到一半时，手掌向下转动，并移向头部，协助头部上升到水面。两脚与池壁接近时，头向上到达两臂之间，以便在脚触壁时做好蹬离准备。此时两手在头上，屈肘。

脚与池壁接近时，身体稍转向一侧，使脚触壁时脚趾朝向侧上方。身体侧转通过滚翻后沉头转向一侧完成。

滚翻速度由头的运动来控制。因此运动员应尽快将头向下、向后和向上转动，使头在蹬离前位于两臂间，为快速蹬离做好准备。

（三）蹬离池壁

脚大约在距离水面30～40厘米的深度触碰池壁，触壁后迅速蹬伸，身体成仰卧姿势（略侧转）。腿伸展时身体转向俯卧，脚蹬离池壁时身体转为侧卧，上下腿交叉，之后滑行中两腿分开，上面腿向下转动，协助身体转动。

蹬离池壁需要花比较大的力气，蹬离时为增加力量和动力，需要四肢同时伸展，蹬离应该是沿水平方向，不能向上倾斜。

（四）滑行

蹬离池壁后有个短暂的滑行阶段，此时应以流线型姿势滑行，两臂向前充分伸展，并在头部上面夹住头，背部充分伸展，两腿并拢伸直。当滑行速度减慢到与游速接近时，准备出水，即通过打水和划水的配合来使身体浮到水面。

（五）出水

滑行速度减慢后，手臂第一次划水就是为了使身体上升到水面，因此一定要控制好手臂划水的时机，尽可能在划水的中间阶段就使头部露出水面，使身体在合适的位置正常游进。

滚翻转身对游泳技术水平较低的运动员来说是有难度的，因此可以先练习摆动式转身，然后向滚翻转身过渡。摆动式转身的基本动作方法为，向池壁游进时，最后一次划水要迅速完成，身体稍转成侧卧，一侧手臂向前伸，另一侧手臂置于体侧，两腿交替打水，向前伸展的手臂触碰到池壁后，在惯性作用下稍屈，身体与池壁贴近，此时用力使上体离开池壁，两腿收紧摆动，前伸一侧手臂与上体同时向池壁对面的方向摆动。当上体入水时，体侧手臂前伸与另一侧手臂会合，同时两脚触壁，身体入水，两脚用力蹬壁，两臂、两腿伸直并拢，躯干充分伸展，以流线型侧卧姿势蹬出，然后在滑行中身体转动成俯卧姿势，通过手臂配合使身体浮向水面，然后开始正常游进。

爬泳滚翻技术动作如图5–17所示。

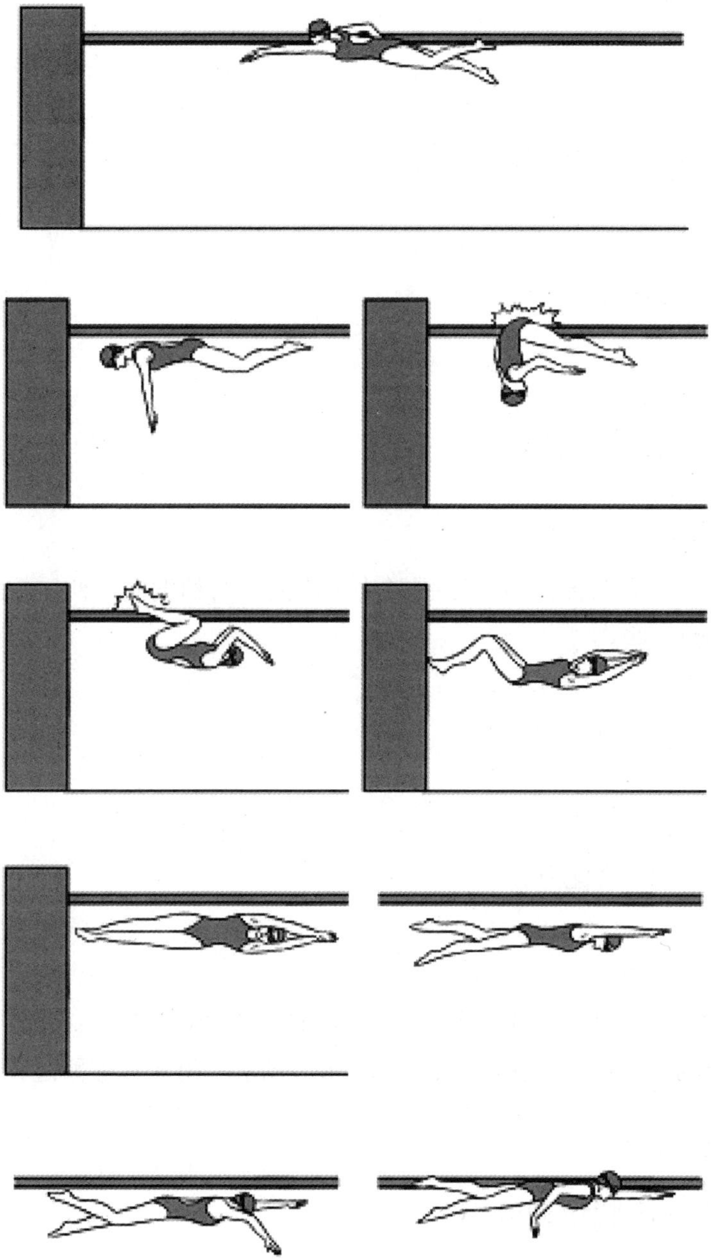

图5-17　爬泳滚翻技术动作

第三节　爬泳技术习练方法设计

一、腿部技术习练方法

（一）侧打腿练习

1.练习目的

感受身体在水中的运动。

2.练习方法

一侧手臂向前伸，另一侧手臂放在体侧，头稍偏向一侧，快速连续打腿，频率快一些。

（二）扶板打腿

1.练习目的

提升臂腿配合能力。

2.练习方法

一手放在扶板上，另一臂连续划水。在抱水和内划阶段、推水阶段、移臂阶段分别打腿2次、1次和3次，在入水、划水、推水和移臂过程中要高度集中注意力。

（三）6次腿滚动练习

1.练习目的

提升腿部打水效率。

2.练习方法

一侧手臂向前伸展，另一侧手臂放在体侧，身体转成侧卧，连续打腿6次，然后伸展的手臂做1次划水；放在体侧的手臂做空中移臂动作，身体向另一侧“滚动”，再打腿6次，反复练习。注意打水时身体是侧卧姿势，面部朝下，手臂入水时，目视手背，在身体“滚”向另一侧时呼吸。

（四）蛙泳划水、爬泳打水

1.练习目的

控制好身体平衡，提高在改变身体位置时打水的稳定性。

2.练习方法

俯卧水中，两臂充分前伸，低头与身体保持在一条水面线上。两腿完成6次爬泳打水动作，然后手臂做1次蛙泳划水动作，同时抬头吸气。注意抬头呼吸时，为防止身体下沉，要使躯干肌肉保持适度紧张，要快速有力地打水，使身体姿势保持稳定。

（五）垂直打水

1.练习目的

增强打水力量，促进踝关节柔韧性的提升，提升打水技术水平。

2.练习方法

在深水中完成垂直打水练习。两臂抱于胸前，两腿交替上下打水，打水过程中口和鼻都应该在水面上。练习过程中头部正直，背部伸展，不要向前倾。打水由髋部发力开始，在水的压力作用下稍屈膝，放松踝关节，打水幅度小，频率快。一次练习持续15～30秒，反复练习。必要时可以戴脚蹼练习，保证头在水面上。

可以将手臂向上举起或抱住头以增加练习难度。

（六）抬头打水练习

1.练习目的

提升腰背肌力量和腿部打水力量。

2.练习方法

身体在水面俯卧，手臂向前伸展，头露出水面，目视前方。两腿用较大的力交替打水，尽量打出水花，注意躯干肌肉要保持适度紧张，避免因抬头而导致身体下沉。

开始练习时每次以15～25米为宜，重复数次。熟练之后，练习距离和次数可逐步增加。

（七）直腿打腿练习

运动员游爬泳时，在上打阶段容易出现屈腿的错误，而直腿打腿练习有助于纠正运动员的这一错误。练习时两腿伸直保持放松，腿上抬时从髋部发力，不要屈膝，下打时自然屈腿。

（八）扶池壁打腿练习

正对池壁，双手在水槽边扶好，按要求打腿，每次持续一定的时间，俯卧打腿和侧卧打腿交替进行。侧卧打腿可以使练习者很好地对腿部上、下打水的正确动作予以体会。当运动员在水中练习时，教练可以在池壁观察、指导，及时指出错误并进行纠正。

二、手臂技术习练方法

（一）抱水/身体滚动练习

1.练习目的

提升划水效率，提高身体滚动的熟练性。

2.练习方法

一侧手臂划水时，另一侧手臂充分向前伸展，身体向划水臂一侧滚动，尽可能保持侧身姿势，注意划水幅度、路线要适宜，划水速度逐渐加快，身体滚动要连贯。

（二）“2+3”划水练习

1.练习目的

使运动员对抱水和推水技术动作更加熟练。

2.练习方法

右臂做蛙泳划臂动作2次，幅度小一些，然后做爬泳划臂动作3次，接着换左臂做同样的动作，两臂交替进行练习，在抱水和加速推水的动作环节要高度集中注意力。

（三）蛙自混合划手练习

1.练习目的

使运动员对抱水和内划技术动作更加熟练。

2.练习方法

充分伸展手臂，左臂做3/4蛙泳划臂动作，配合呼吸，然后做爬泳划臂动作，注意腿部打水的配合，接着换右臂做同样的动作，两臂交替练习。

（四）单臂划水

1.练习目的

促进划水技术水平和划水效果的提升。

2.练习方法

一侧手臂做爬泳划水动作，另一侧手臂放在体侧，对划水路线和抱水、加速推水及高肘移臂等动作环节要特别注意。

（五）单臂划水滚动练习

1.练习目的

掌握好呼吸时机，使头部位置保持稳定，提高身体转动的连贯性。

2.练习方法

一侧手臂做划水动作，另一侧手臂放在体侧，划水手臂入水时，身体顺势转动并快速转头吸气。

（六）侧身划臂练习

1.练习目的

对水下划水技术予以体会，促进推水速度和效率的提升。

2.练习方法

一侧手臂向前伸展，另一侧手臂放在体侧。身体稍向前伸臂一侧转动，保持侧身姿势，前伸臂向后划水到大腿位置，此时要充分伸直手臂，然后再从水下向前伸到开始位置，反复练习多次。

练习者在侧身划臂练习过程中可以低头没水，抱水要深一些，外划长一些，推水速度要快，推水时快速转头换气，划水路线尽可能成“S”型。

（七）水下爬泳

1.练习目的

提高对身体姿势的控制力，体会正确的身体姿势。

2.练习方法

在水下爬泳，手臂做爬泳划水动作，从身体下方开始贴身向前移臂，手臂划水动作应准确无误，推水时要加快速度。这个练习适合放在正式训练的准备活动中或水中练习的前半程去做。

（八）3点接触练习

1.练习目的

更好地控制好身体姿势，使身体位置保持合理、稳定。

2.练习方法

一侧手臂划水时，另一侧手臂向前伸，当划水结束时，划水手贴近臀部向前移臂至前伸臂的肘部，然后经空中向后移到大腿部，贴近大腿，之后再从大腿部开始向前经空中移臂入水，同时身体随划臂而转动。反复练习。

（九）狗刨式划水练习

1.练习目的

该练习的特点是手臂划水后从水下移臂前伸，这有利于促进水下划水动作效果的改善与提升，对正确的划水动作予以体会，将注意力放在下划和内划上。

2.练习方法

一侧手臂划水，另一侧手臂向前伸，身体保持流线型姿势。手臂划水时稍放慢速度，对各个环节的正确动作予以体会，内划结束后手臂从水下向前移，充分伸展，然后另一侧手臂开始按同样的方法划水。

练习过程中头在水中正常位置，不要抬头离开水面，身体始终保持流线型，注意侧向转身呼吸。

（十）长狗刨式划水练习

1.练习目的

对完整的水下划水过程予以体会，熟练水下划水。

2.练习方法

利用助浮器进行划水练习，使运动员在划水动作上高度集中注意力。刚开始身体俯卧在水面，手臂充分伸直，然后右臂连贯地完成抓水、内划和上划动作，划水结束后不要向水面移臂，应在水中移臂恢复至原来位置，再开始左臂的划水练习。两臂交替反复多次练习。

三、配合技术习练方法

（一）头部升降练习

1.练习目的

促进身体控制力的提升，保持稳定的身体位置，尤其是头部位置要稳定。

2.练习方法

以爬泳方式正常游进，通过头部的抬或降来体会适宜的头部位置，保持稳定的身体姿势。刚开始抬头至下颌在水面上，之后慢慢低头，如低头使嘴进入水中（每划3次水换气1次），低头使鼻子进入水中，低头使头部位于水面水平位置。在任意一段距离中都可以进行此项练习。确定练习距离后，按头的位置分4小段完成，各段距离要适宜。

（二）双臂分解划水

1.练习目的

体会爬泳时身体充分伸展的感觉，提升两臂协调配合的能力，掌握好两臂配合时机。

2.练习方法

左臂向前伸展，右臂位于体侧，两腿交替上下打水。右肩在水面外，目视前下方，呼气。完成打腿6次后，两臂同时换位，左臂划水，右臂空中移臂，直到右臂前伸成流线型，左臂放在体侧。再打腿6次后，两臂再次换位，从而完成一个动作周期。反复练习。练习过程中注意呼吸的配合，为练习正确的呼吸技术，先只向一侧吸气游几次，然后向另一侧吸气游几次。最后每3个动作吸一次气。

（三）水下打腿练习

在水下打腿练习中，俯卧练习和侧卧练习要交替进行，每次练习的距离为25米左右，提升打腿效果和不同身体位置下的臂腿配合能力。

四、出发技术习练方法

（一）陆上模仿练习

两脚开立，模仿出发的预备姿势，向前弯腰、低头，手臂上摆，两脚同时起跳，两臂和两腿都要并拢、伸直，身体成流线型，落回原地。反复练习。（图5–18）

图5-18　陆上模仿练习动作

（二）池边出发

站在池边前沿，弯腰准备，身体慢慢前移到失去平衡，手臂前摆，蹬离池边，从一点入水。

（三）池边跳水

两脚分开，脚趾勾住池边，屈膝，两臂前摆，脚蹬离池边跳入水中，跳远一些，脚最先入水。

（四）出发台出发

站在出发台上，弯腰准备，身体慢慢前移到失去平衡，两臂摆动向前跳出。抓台式、蹲踞式或摆臂式出发交替练习。可以在预计入水的位置放一个呼啦圈或打水板，让身体从呼啦圈内或打水板前入水。

（五）完整出发

从预备姿势开始，直到入水、滑行、起游，完整练习出发技术。根据情况练习抓台式或蹲踞式。

五、转身技术习练方法

（一）陆上模仿练习

在垫上面对墙壁练习前滚翻动作，每次滚翻后用两脚接触墙壁。（图5–19）

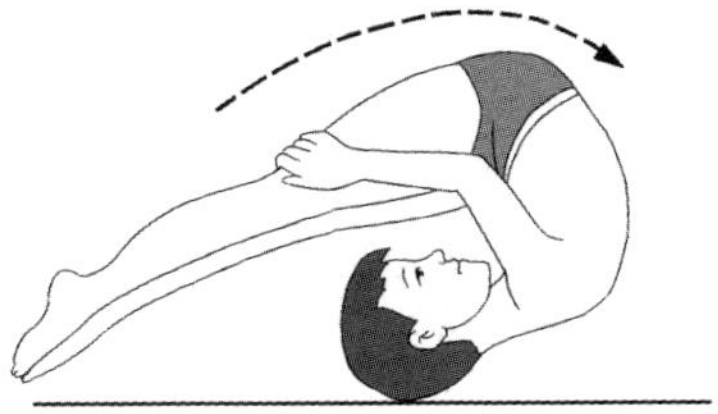

图5–19　转身陆上模仿练习动作

（二）蹬边滑行后滚翻练习

以流线型姿势蹬离池壁，约滑行2秒后，两臂同时后划，两腿同时下打，低头团身做前滚翻动作，然后抬头。

（三）游进中滚翻练习

蹬边后游爬泳，连续划水5次后，低头团身做前滚翻动作。滚翻后抬头，再继续游进并练习滚翻。滚翻前不要吸气，滚翻动作要连贯。

（四）抓水线滚翻练习

俯卧漂浮，两臂前伸，双手抓水线，以水线为轴，身体围绕水线做前滚翻练习。

第六章　仰泳技能及科学训练

仰泳是人在水中以仰卧姿势游泳的一种常见泳姿。仰泳动作相对简单，容易掌握，而且呼吸难度也不大，所以深受游泳爱好者尤其是初学者的喜爱。浮力较好的青少年儿童、女性较适合采用仰泳这一泳式来锻炼身体，而且仰泳具有动作省力、速度均匀的特点，因此也适合体弱的年长者参与。仰泳具有广泛的普适性，群众基础广泛，而且也是竞技游泳比赛中的常见泳式之一，大众仰泳和竞技仰泳呈现出协同发展趋势。不管是业余游泳爱好者，还是专业游泳运动员，其运动能力和竞技能力的提升都要经过科学而系统的锻炼与训练才能实现。本章在阐述仰泳基本常识和发展概况的基础上，重点对仰泳技术动作要领和习练方法进行研究，旨在为仰泳练习者提供科学有效的指导方法。

第一节　仰泳常识及其发展

一、仰泳常识

仰泳名称的由来与人在水中直观的仰卧游泳姿势有直接的关系。只要人在水中游泳时身体是仰卧在水面上的，都可以称作仰泳。游仰泳时，人体呈仰卧姿势，两腿上下打水，两臂轮流在体侧划水。因为仰泳时手臂是在体侧划水的，难以充分伸展肌肉，所以上肢力量的发挥就受到了限制，速度也因此受到影响。

在4种常见竞技泳式中，仰泳最大的独特性除了身体在水中仰卧外，还有一点就是从水下出发，这也是仰泳与其他泳式的主要区别。

以下是国际泳联《游泳竞赛规则2017—2021》中关于仰泳比赛的基本规则。

（1）在出发信号发出前，运动员应在水中面对出发端，两手抓住出发握手器。禁止蹬在水槽里、水槽上或脚趾勾在水槽沿上。当使用仰泳出发器时，两脚脚趾必须与池壁或触板接触，禁止脚趾勾在触板上沿。

（2）听到出发信号后和转身后，运动员应蹬离池壁，除了根据（4）条款的规定做转身动作外，整个游程中应保持仰卧。正常仰卧姿势允许身体做转动动作，但最大转动幅度不得达到与水平面成90°的角，头部姿势不受此限。

（3）在整个游程中，运动员身体的某一部分必须露出水面。允许运动员的身体在转身过程及出发和每次转身后不超过15米的距离内完全没入水中，但运动员的头部必须在15米之前露出水面。

（4）转身时，运动员必须在各自泳道内用身体的某一部分触壁。转身过程中，肩可以转过垂直面至俯卧姿势，之后立即做1次连贯的单臂划水或双臂同时划水动作，并以此动作作为转身动作的开始。运动员必须呈仰卧姿势蹬离池壁。

（5）运动员到达终点时，必须在各自泳道内以仰卧姿势触壁。

二、仰泳的起源与发展

仰泳拥有比较悠久的发展历史，有关仰泳技术的历史记载早在18世纪就出现了。早期人们在游泳中感到疲累时会采用一种仰卧漂浮在水中的姿势休息，这就是仰泳的雏形。后来，人们仰卧在水面，两臂在身体两侧同时向后划，两腿像游蛙泳一样蹬夹水，从而不断向前游进，这便是“反蛙泳”，也被称为“蛙式仰泳”。仰泳项目比赛首次出现在奥运会上是1900 年的第2届奥运会。爬泳技术出现后，有人仰泳时蹬水动作依旧是蛙泳式蹬水，但划水则效仿自由泳划水方式，两臂轮流向后划水，之后又出现了两腿上下交替打水的仰泳蹬水技术。类似爬泳的划水技术和仰泳蹬水技术的结合被称为爬式仰泳技术，这种技术有很大的优越性，美国游泳选手赫布尔在1912 年第5届奥运会男子100米仰泳项目比赛中采用爬式仰泳技术获得了冠军。从此，蛙式仰泳被爬式仰泳所取代，参加仰泳比赛的运动员纷纷采用爬式仰泳技术。随着技术的不断发展，仰泳逐渐呈现出身体平而高，大屈臂、深划水、打腿强有力等新特征。民主德国游泳选手马特斯在1968年奥运会男子100米仰泳比赛中采用新的仰泳技术获得金牌，成绩为58.7秒，是历史上第一位在100米仰泳比赛中突破1分钟大关的运动员。这个成绩充分说明了新的仰泳技术的优越性。时至今日，这一仰泳技术仍被沿用，而且仰泳技术水平越来越高，越来越完善，仰泳比赛成绩更加辉煌。

我国仰泳项目在中华人民共和国成立之后进步明显。1953年，我国优秀游泳运动员吴传玉在世界青年联欢节男子100米仰泳比赛中夺得金牌，这个金牌意义非凡，是我国运动员首次在国际体育比赛中获得冠军，为国家赢得了荣誉。进入20世纪90年代后，我国仰泳项目进步飞快，涌现出一批优秀的年轻仰泳选手，其中，最具代表性的就是被称为“中国游泳界仰泳之王”的徐嘉余。他是年轻一代中非常优秀的游泳运动员，取得了很多优异成绩。例如，2014年在全国游泳冠军赛中打破男子100米、50米、200米仰泳三个项目的全国纪录；2016年在里约奥运会男子100米仰泳项目上以52秒31的成绩获得银牌；2018年获得雅加达亚运会男子50米、100米、200米仰泳3枚个人金牌及男女4×100米、男子4×100米混合泳接力赛的1枚团体金牌，同年11月11日，获得国际泳联短池世界杯东京站100米仰泳冠军，并以48秒88的成绩刷新短池世界纪录。2019年，徐嘉余获得国际泳联世锦赛男子100米仰泳冠军，成功卫冕。徐嘉余的突出表现让人们看到了中国仰泳的进步和发展，也让人们对中国仰泳运动的未来发展充满信心。

第二节　仰泳技术动作展示

一、身体姿势

游仰泳时，身体仰卧在水中，接近水平面，保持水平位置，髋部可以稍微向下沉一些，为打腿提供便利。身体随手臂划水而向两侧转动，注意髋和腿不要侧摆，以免增加游进阻力。（图6–1）

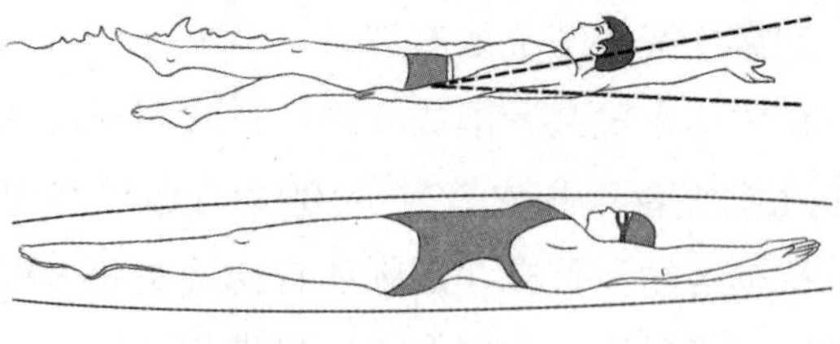

图6–1　仰泳身体姿势

（一）身体位置

1.水平直线性

从仰泳运动员的侧面观察来看，运动员身体在水中接近水平面，身体几乎成一条水平直线，髋稍屈，如果过分屈髋，会导致腿部上打时大腿露在水面上。头部位置自然，下颌内收，水位线在耳的下方，目视后上方。

2.侧向直线性

从仰泳运动员的上面或下面观察来看，运动员髋、腿一直都在肩宽范围内。手臂划水、移臂时要控制好身体向两侧转动的幅度，尽可能避免因身体转动而对侧向直线性的身体姿势造成破坏。

仰泳的身体位置如图6–2所示。

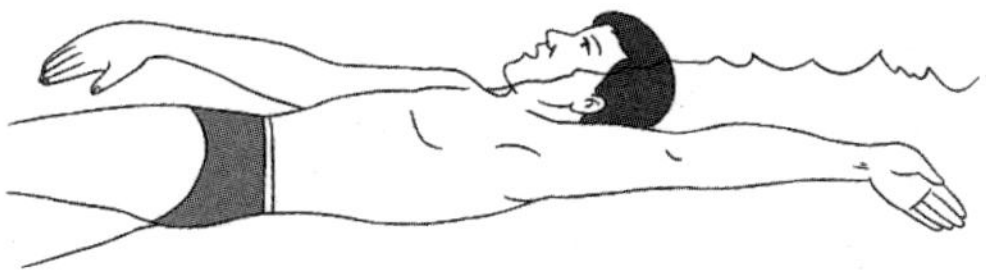

图6–2　仰泳的身体位置

（二）身体转动

仰泳时，身体要随两臂轮流划水动作而转动，身体转动有利于克服髋和腿的侧摆。身体能否随手臂划水而合理转动，是身体能否保持良好直线性的关键。如果手臂划水时身体不能协调转动，或某个部位转动不合理，则身体很难维持良好的侧向直线姿势。

手臂划水时，身体向两侧的转动角度约为45°，转动角度过大或过小都不合适。左臂移臂经过头顶时，身体开始向左转，左臂入水、第一次下划和上划时，身体继续左转。在第一次上划即将结束和准备第二次下划时，身体开始向右转，在水下划水前半段，身体继续向右转，腿在新的方向进行对角线打腿，划水时打腿的积极配合能够为身体的顺利转动提供帮助。

需要注意的是，身体转动时头的位置是固定不变的，要尽可能保持头部姿势的稳定性。

仰泳身体转动姿势如图6–3所示。

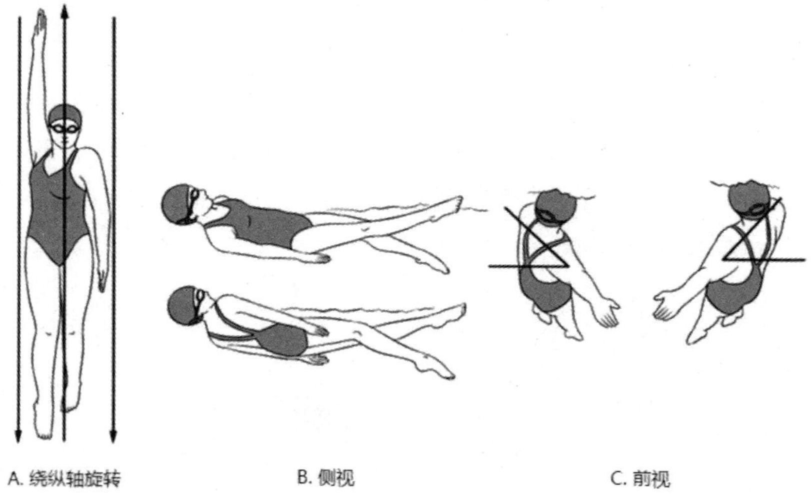

图6–3　仰泳身体转动姿势

二、腿部技术动作

仰泳时，两腿交替上下打水的动作和爬泳有些相似，都是沿对角线交替打水。但二者也有区别，爬泳打腿产生推进力是在下打阶段，而仰泳打腿产生推进力是在上打阶段，这主要与身体姿势一个是俯卧，一个是仰卧有关。仰泳时，水下连续打腿动作如图6–4所示。

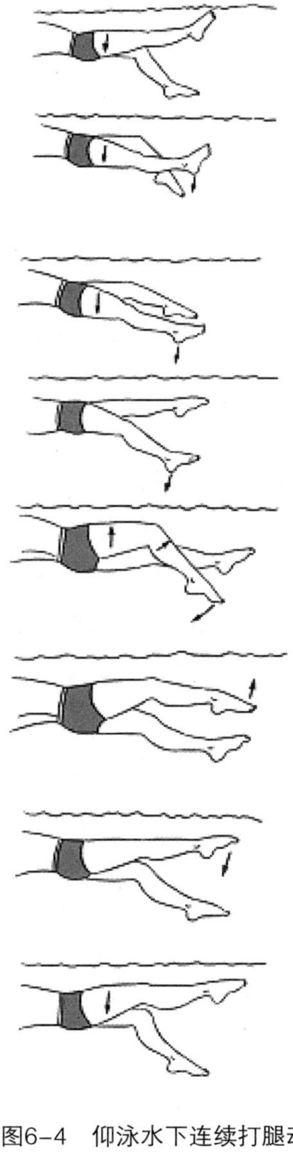

图6–4　仰泳水下连续打腿动作

（一）上打

游仰泳时，腿打水产生推进力主要就是在上打阶段，上打也就是鞭状打水，稍屈髋，腿伸展，脚背屈，脚尖向上打水直到水面。（图6–5）

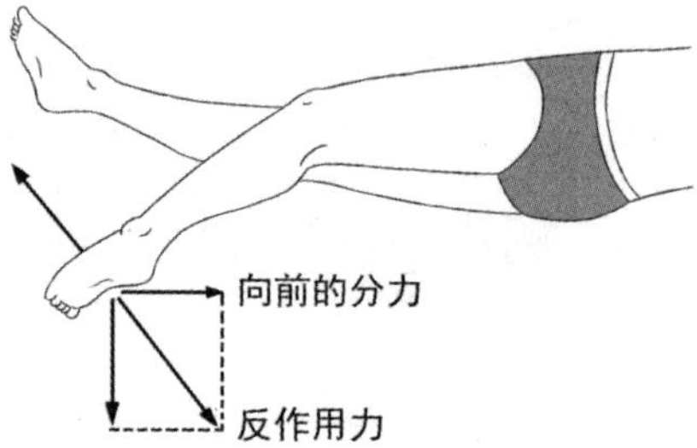

图6–5　仰泳腿部上打的作用力分析

前一次下打的结束部分就是下一次上打的开始部分，这与爬泳打腿是一样的。当腿向下打水至身体下方时，稍屈膝，大腿先开始进入上打阶段，带动整个腿向上打水。在水压的作用下，打水时屈膝角度加大，直观看上去腿还在下打，实际上已经从下打过渡到上打了。脚在水压的作用下而被向下压、向内屈，内扣成有利姿势，为腿伸展时脚向后推水提供了便利。大腿继续向上移，直至超过髋部，然后腿迅速伸展沿对角线方向上打，直到腿完全伸展并与水面接近。上打结束时，脚趾接近或稍高于水面。

仰泳运动员向上打水时，因为身体是仰卧姿势，屈膝稍大一些也不会使阻力增加，所以膝关节的弯曲度比爬泳运动员下打时大约多10°。

上打过程中，前面阶段主要通过腿伸展而产生推进力，此时小腿前侧和脚背向后踢水，小腿向上、向后移动。最后阶段，小腿只是向上踢水，不再向后移动，因此只有脚的动作能产生推进力。仰泳运动员踝关节的柔韧性很重要，这在向上打水中就能体现出来，踝关节柔韧灵活可以使脚背向后推水的时间延长一些，从而产生更大的推进力。

仰泳腿部的上打动作如图6–6所示。

（二）下打

上打快要结束时会有一个反弹的下打动作。在向上打水的后半段，当小腿、脚还在继续向上打水时，膝部向上伸展，使大腿沿对角线向下移动，逐渐克服小腿和脚上打的惯性，开始进入下打阶段。上打结束后，为顺利开始下打，应略伸髋，当腿向下移至比身体位置低时，慢慢屈膝开始新的上打动作。

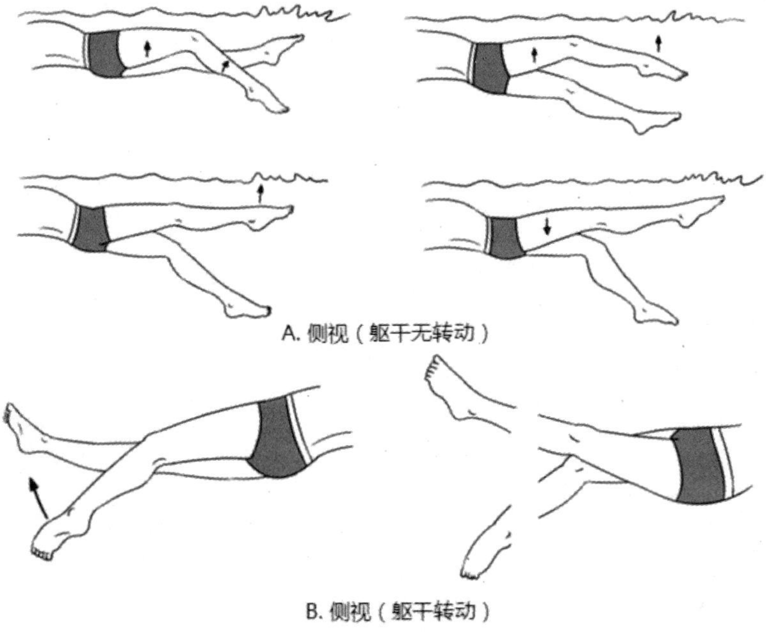

图6-6　仰泳腿部的上打动作

腿在向下打水的过程中一直保持介于屈和伸之间的自然状态，下打时腿部放松，腿和脚因水压的向上作用而能够维持正确的打水姿势。腿下打的动作力度较小，要比较轻柔地向下打水，当另一侧腿上打结束准备下打时，下打的腿到最低点后迅速上移开始进入上打阶段。向下打水是下一个上打的准备动作，腿主要向下、向前运动，不产生推进力。

仰泳中，腿部打水不仅可以产生一定的推进力，还能够使身体游进时保持良好的直线姿势。手臂划水和移臂很容易使身体的直线姿势遭到破坏，所以腿除了要垂直上下移动，还要顺着身体转动的方向来打水，即沿对角线打水，与身体转动协调配合，抵消手臂划水对身体姿势造成的不良影响，克服划水时身体摆动的弊端。（图6-7）

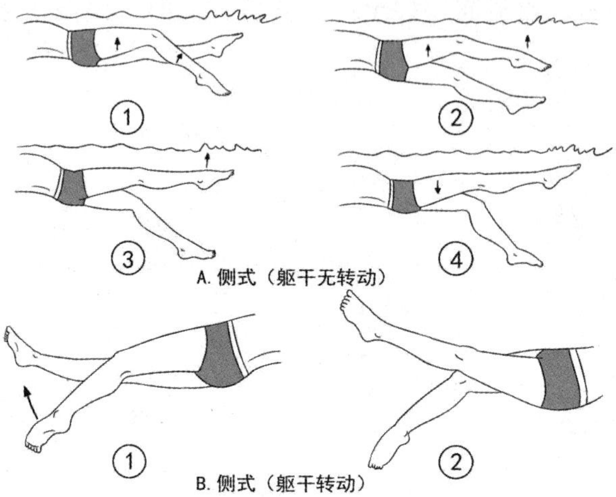

图6–7　仰泳腿部的下打动作

三、手臂技术动作

仰泳中手臂动作包括4个部分，即入水、划水、出水、移臂。

（一）入水

仰泳臂的入水动作与身体的转动协调配合而成。一臂入水时，身体向同侧转动，可以加大手臂入水的深度。手的入水点应在头前，且在同侧肩的延长线上。手臂应伸直，肘关节不能弯曲，以小拇指领先，手掌朝外，干净利落地切入水中。（图6–8）

图6–8　仰泳入水

（二）划水

根据手臂转动方面的变化，可以将仰泳手臂的划水动作分为以下部分。

1.沿螺旋曲线下划和抓水

手臂入水后，不宜立即向后划水，否则容易造成手划水离水面较浅，产生大量气泡而划空，而是应积极下滑。随着身体围绕纵轴的转动和积极的伸肩，手臂向外旋转、屈腕，使手掌对准水并有压力感。此时，划水的主要肌肉群如肩带肌肉群，胸大肌和背阔肌应得到适当的拉长，以便划水时能充分发挥力量。逐渐屈肘，前臂内侧和手掌对准后方，手指向外。抓水结束时，肘的位置仍略高于手。

2.沿螺旋曲线上划

臂下划完成后，随着身体绕纵轴继续转动，肘关节下降，手在向后划水的同时沿螺旋曲线同时向上、向后和向内划动，使屈肘的程度逐渐加大。当手臂划到肩下与水平面垂直时，身体转动幅度达到最大，约45° 肘关节弯曲也达到了最大程度，约90° ~120° 。与爬泳的高肘划水相似，我们也称其为高肘划水。上划结束时手掌距离水面5~15厘米，指尖指向外上方。

3.沿螺旋曲线鞭状下划

这个阶段臂的划水能够使身体获得最大的前进速度，因此，也是划水中最关键的一个阶段，一定要加速完成。这个阶段开始于手划水划到S形划水路线的最上方时。在从上划到鞭状下划的转换阶段，手掌朝向后方划水，使身体获得阻力型推进力，然后身体开始向划水手臂的对侧转动，手臂沿螺旋曲线向下、向内和向后加速划水，直至在大腿下完全伸直。

4.第二次上划

在鞭状下划后和出水前为第二次上划。第二次上划的动作为手掌向后上方划水，手指朝下。这个动作是直臂、伸腕完成的。

（三）出水

划水完成以后，手臂外旋，掌心指向大腿，借助手向下压水的反作用力和肩部肌肉的收缩，以及身体的自然转动，手臂迅速提拉出水面。出水时臂应伸直，压水提肩，使肩部首先出水，然后再带动上臂、前臂和手依次出水。

（四）移臂

手出水后，手臂应迅速以直臂方式向前移动，上臂应贴耳。移臂的前半段，手掌向内，使手臂肌肉尽量得到放松；当手臂移到头上，即与水平面垂直时内旋，使掌心向外，为入水做好准备。

四、呼吸技术

仰泳时，嘴巴和鼻子一直都在水面上，不会影响呼吸，但要注意将呼吸节奏保持好，以免因没有充分吸气而导致动作节奏混乱。

仰泳运动员比较常用的呼吸方法是一臂移臂时吸气，另一臂移臂时呼气，2次划水配合1次吸气。

五、完整配合技术

基本上所有的仰泳运动员在比赛中都是采用6次打腿和2次划臂的配合方式，即在每个动作周期中，打腿6次（上打、下打各6次），划臂2次。完整配合方式是打腿、划臂、呼吸6：2：1。

以左臂和腿的配合为例，从左手入水开始，左臂第一次下划时，左腿向外上打腿（右腿向外下打腿），左臂抓水时，左腿上打结束。左臂进行第一次上划时，右腿上打结束。同时，右腿开始向上、向内打腿，直到左臂完成第一次上划动作。当身体向另一侧转动时，右腿上打完成。与此同时，左腿向下、向内打腿，但结束时应直腿向下。

当左臂第二次下划和第二次上划结束时，左腿又完成了一次上打。当左臂第二次下划时，左腿几乎直腿上打（右腿向下）。采用三峰划水模式的运动员，此时正完成最后两个划水阶段。采用双峰模式的运动员则在左手第二次下划时，左腿上打。右臂与腿的配合时机和左臂一样。

六、仰泳比赛出发技术

仰泳比赛主要采用水下出发技术，运动员准备出发时，双脚一定要全部在水下，脚趾不要将排水槽勾住。仰泳出发技术包括下列几个动作阶段。

（一）预备姿势

在水中正对池壁，双手将出发握手器握住，脚全部在水下，触碰出发一侧的池壁，前脚掌和脚趾在池壁处适当用力抵住，脚跟与池壁分开。屈膝使臀部没入水中。

听到“各就位”口令后，身体稍向上、向前，呈“蹲伏状”。低头，眼睛看向排水槽，屈臂外展，尽量抬臀，使臀部与脚跟靠近。

（二）蹬离池壁

蹬池壁时可采用双脚并拢和双脚错开姿势，二者没有好坏之分，只要适合运动员就可以。

听到出发信号时，运动员双手将握手器向后下方或后上方拉（根据握手器位置而定），使身体高出水面，同时向上、向后甩头，并继续拉握手器，直至两臂充分伸展。双手从握手器上离开后，手臂经过头顶快速向后摆动。同时两腿伸展蹬池壁，先将膝关节伸展，然后两脚用力蹬离池壁。此时双臂同时经过头顶并充分伸展。

（三）腾空

腾空时身体动作如同一个弧形，弓腰，两臂在头前方充分伸展，伸腿并拢，绷直脚踝。

在腾空阶段，整个身体都要尽量跃出水面。尽管从水下出发的难度很大，但如果能有意识地增加起跳角，在腾空时就比较容易背弓，也能使身体较好地完全跃出水面。腾空过程中，小腿和脚在水中产生的阻力不能太大，否则会影响后面的入水。

运动员能否顺利腾空直至入水，主要由背弓和头部动作决定。运动员蹬离池壁前就要保持背弓姿势，蹬壁时头向上、向后仰，看向泳池对岸。

（四）入水

运动员以流线型的身体姿势入水，入水时手臂并拢充分伸展，将头夹在中间，双腿伸直并拢。先双手入水，头、躯干、腿再依次入水。身体各个部位都从同一个点入水是比较理想的入水状态。

（五）水下海豚腿

入水后，两臂稍向上，腿的位置稍低一些，从而使身体方向从向下朝向前转变。从池壁开始到向前15米这段距离内运动员可以进行水下海豚式打腿，当身体在水下处于比较深的位置，手臂小幅度向上抬起时，海豚式打腿的距离就会长一些，注意海豚式打腿前有一个较短的滑行时间。如果运动员入水后，手臂大幅度上抬，腿部位置较低，那么完成海豚式打腿的次数就比较少，一般只有2～3次。

（六）出水

身体到达适宜的位置后，身体斜向游进，靠近水面，最后完成的两三下海豚式打腿要以使身体靠近水面为目的。出水前用仰泳打腿的方式两脚交替打水，然后按仰泳划水的方式完成一次水下划臂，使身体到达水面，之后按正常速度游进。注意出水前身体要一直保持良好的流线型姿势，头始终在两臂间，不要上抬。

需要强调的是，在首次配合动作之前，运动员不可以通过打腿达到起游的目的，如果还未出水就开始划水，就会使速度减慢，落后于比赛速度。运动员应该在水下完成第一次手臂动作，而且要将划水时机掌握好，如此才可以使身体从出水开始就达到正常的比赛速度。

仰泳出发完整技术动作如图6–9所示。

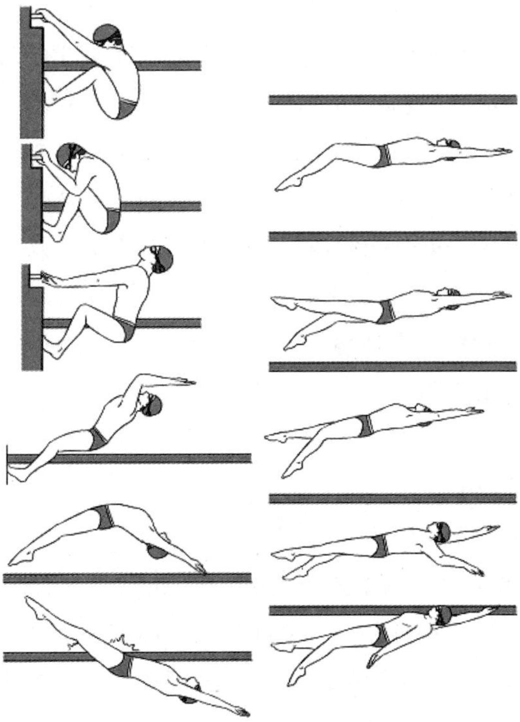

图6–9　仰泳出发完整技术动作

七、仰泳比赛转身技术

（一）游近池壁

要做好转身动作，需要先判断自己离池壁的距离，根据仰泳转身标志线判断距离，然后通过数次动作确定转身时间。

转身前不要看前面池壁。规则规定运动员可以在距离池壁还有两次划水时开始转身动作，所以可以较早转为俯卧姿势，看清池壁，以免手臂或头部与池壁碰撞。如果对距离的判断有一点偏差，那么当转为俯卧姿势后最后一次划水时可以调整一下。

（二）转身

在距离池壁还有两次划水时开始转身。第一次划水时身体仰卧，划水到一半时，身体向划水臂一侧转动，同时，另一臂做高肘移臂动作。第一划水的手臂划到胸下时，身体完全俯卧在水中，此时另一臂正好入水。手臂曲线划水动作应与身体姿势的转变相协调。身体成俯卧姿势后，转身动作与爬泳滚翻转身相似，只是蹬离时和蹬离后身体成仰卧姿势。转身时，划水手臂做一次有力的上划，然后手臂停在体侧。此时目视池壁，以便调整滚翻动作。另一只手臂划水后同样停在体侧。头向胸部下压，同时做一次海豚式打腿，与髋部的上提动作相协调。

（三）蹬离池壁

两臂都到达体侧后，双手向下旋转，头部上升，脚向前翻转。脚触壁前，两手在头前并拢，两臂夹头，手臂和上体成一条直线。脚在水下十几厘米处触壁，使身体较深的位置蹬离，以充分发挥水下海豚腿的作用。

（四）滑行

蹬离池壁时，手臂和腿同时伸展，身体略向下倾斜，以便在湍流的下面滑行，在较深的位置做海豚式打腿。滑行过程中整个身体要保持流线型姿势。

（五）出水

经过短暂滑行后，开始做水下海豚式打腿，或者做2～4次交替打水，并开始划水，使身体升到水面。打腿技术好的运动员尽量利用水下海豚式打腿前进较长距离。在身体升到水面前，先做几次仰泳打腿，然后做一次划水动作，该动作结束时，头就要露出水面。身体一旦升到水面，立即按正常比赛速度和频率游进，不要耽误时间。

仰泳比赛转身完整技术动作如图6-10所示。

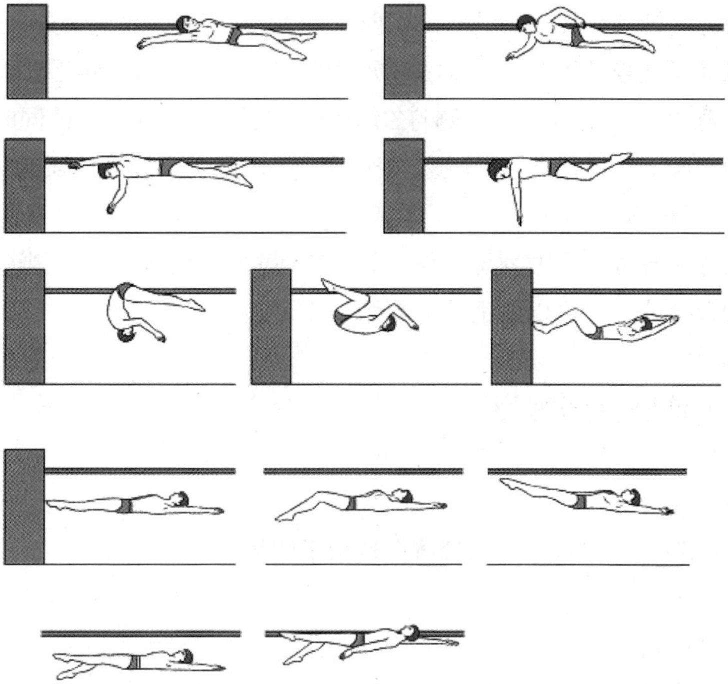

图6-10　仰泳比赛转身完整技术动作

第三节　仰泳技术习练方法设计

一、腿部技术习练方法

（一）侧身打腿练习

1.练习目的

提高侧身打腿技术和身体转动技术。

2.练习方法

一侧手臂水下前伸过头顶，另一侧手臂位于体侧，侧卧打腿。身体朝前伸手臂的方向转动，经过6次腿、8次腿或是多次打腿后，再向另外一侧转动。

可以通过变换练习形式来提高6次腿的动作节奏，如一侧手臂前伸过头顶，另一侧手臂位于体侧，先侧打2次腿，再转到另一侧，转体同时，手臂位置也随之改变。先侧向打2次腿，然后转体时打2次腿，最后到另一侧再打2次腿，这样稍延长6次腿节奏。

开始练习时可以不做划手动作，只是转体时改变手臂位置。当打腿与身体转动配合熟练后，可以加上手臂划水动作。

（二）仰卧打腿练习

1.练习目的

提高腿部耐力和力量，使身体保持水平姿势。

2.练习方法

两臂在水下位于体侧或前伸过头顶。如果两臂在体侧，打腿的同时转动肩膀，助力身体转动，这个打腿练习较为容易，适用于仰泳初学者和打腿较差的运动员。

手臂前伸的打腿练习较难，但是很好地保持身体流线型。练习时手臂尽可能在水下前伸，手掌朝上，十指相扣。

（三）仰卧蹬边漂浮

1.练习目的

体会自然、放松、舒展的身体姿势。

2.练习方法

用双手抓水槽或池边，团身，双脚前脚掌蹬池壁。双腿蹬离池边，身体后仰成仰卧，两臂放在体侧，在水面漂浮数秒。不要勾头、勾脚，身体成一条直线，保持平、直、放松的姿势。

（四）单臂举手打腿练习

1.练习目的

提高腿部耐力和力量。

2.练习方法

身体侧卧在水中，一侧手臂上举，同侧肩露出水面，另一侧手臂在水下放在体侧，身体向体侧手臂的方向转动，多次打腿后可转向异侧方向。

（五）扶板打腿练习

1.练习目的

纠正蹬腿打水的错误动作。

2.练习方法

纵向持板，使打水板位于大腿上方。如果打水板上下起伏，大腿触碰了打水板，说明膝盖和大腿在做蹬腿动作。正确的打腿动作是使打水板保持水平不变。

（六）顶海绵打腿练习

1.练习目的

提高维持头部稳定的能力。

2.练习方法

在额头上放一块海绵，游进时要小心海绵掉落水中。海绵也可以用潜水环等物品替代。

（七）垂直打水加转体

1.练习目的

提高髋部发力下的打水效果，促进踝关节柔韧性的改善。

2.练习方法

在深水中练习，身体直立，腰背部挺直，不要向前倾，两膝稍屈，放松踝关节。两臂相抱放在胸前，头在水面上保持正直（至少嘴巴和鼻子在水面上）。两腿打水从髋部发力开始，打水幅度小，频率快。

练习初期，如果头无法露出水面，可戴脚蹼练习，开始时每次持续30秒左右，重复练习。熟练后慢慢延长练习时间，增加练习次数，也可以将手臂上举以增加练习难度。

二、手臂技术习练方法

（一）站立模仿单臂划水练习

1.练习目的

正确掌握入水、移臂、出水的动作方法。

2.练习方法

两脚并立，身体一侧靠着墙，靠墙手臂模仿划手动作，开始时拇指领先，手臂上移同时转动，直至到达头正上方（入水位置），掌心与墙壁相对，而且与墙壁靠得比较近。移臂时手臂伸展，贴墙完成移臂动作。“入水”时上臂与耳朵贴近。两臂交替模仿划水。

（二）仰卧模仿单臂划水练习

1.练习目的

正确掌握划水技术，对划水过程中的各个动作环节和动作要素予以体会。

2.练习方法

在长凳上或池边保持仰卧姿势（身体平行于池边），一侧手臂屈肘模仿水中仰泳划水动作，体会划水的幅度、节奏和时机。

（三）双人划水练习

1.练习目的

正确掌握划水动作要领，及时发现错误并改正。

2.练习方法

运动员在浅水中呈仰卧姿势，同伴协助抓住双腿，使其保持稳定的水平直线姿势，练习的运动员两臂轮流划水，将注意力集中在划水上。

（四）“挖沙”练习

1.练习目的

熟练掌握高肘抱水的技巧。

2.练习方法

仰卧在水面，手臂前伸过头，两腿轮流打水。一侧手臂划水3次，前2次划水时做抱水动作（不超过肩部），看起来像“挖沙”一样，第三次划水时手推水到最低位置，从而完全伸直手臂；3次划水结束后，手臂还原，身体转向另一侧，另一侧手臂重复该练习。两臂交替练习。

（五）手上举划水练习

1.练习目的

掌握高肘抱水和划水动作要领。

2.练习方法

仰卧在水中，一侧手臂向上举起与水面垂直，另一侧手臂前伸过头，身体向前伸臂一侧稍转，伸展过头的手臂做抱水和划水动作（不过肩），头部始终保持正确位置。

（六）侧身划水练习

1.练习目的

熟练掌握加速划水的时机和技巧。

2.练习方法

仰卧在水中，一侧手臂放在体侧，另一侧手臂前伸过头做划水动作，身体向划水臂一侧稍转动。划水时适当加快下划和外划的速度，划过大腿时完全伸展手臂；划水动作完成后，从水下移臂。

划水动作轨迹如同“S”形，为了使上划距离长一些，推水动作快一些，需要在练习中做高肘抱水动作。结束推水时如果需要换气，可将头部转向一侧来呼吸。

（七）三次滚动

1.练习目的

掌握身体滚动技术的动作要领。

2.练习方法

仰卧水中，两臂放在体侧，两腿交替打水。先向右侧转身，打腿6次，然后身体转向另一侧（左侧），同时打腿6次；再向右转身、打腿，这次配合手臂划水动作；身体左转、打腿、划臂；身体右转，打腿6次，左臂划水1次，接着身体左转，打腿6次，右臂划水1次。

练习时注意身体转动过程中肩部先出水。重复练习。

（八）顶点练习

1.练习目的

熟练掌握垂直移臂的动作要领。

2.练习方法

空中移臂时，手臂经过头部指向空中，拇指所在的最高位置就是“顶点”。在水中仰卧，两腿连续有力打水，移臂到“顶点”时再向大腿位置还原。两臂交替重复练习。每次移臂时身体顺势滚动，使肩部出水。

（九）侧卧划水练习

1.练习目的

熟练掌握水下划水动作要领。

2.练习方法

身体仰卧在水中，一侧手臂前伸过头（划水臂），另一侧手臂放在体侧，身体向划水臂一侧转动。前伸过头的一侧手臂向下、向外划水，划水结束时抓水。第一次上划时，身体一直是侧卧的，最后两个划水动作完成后，身体转向对侧。划水结束后，划水臂收回体侧，另一臂前伸过头，准备划水。两臂交替练习。

（十）握拳划水练习

1.练习目的

提高划水效率，从而产生更大的推进力。

2.练习方法

运动员在握拳状态下练习完整的手臂划水技术，两手都握拳划水，或一手握拳进行单臂划水，另一手放在体侧。也可以用优势手臂握拳划水，另一侧手臂不握拳划水，两臂轮流划水，使非优势手臂更好地熟练划水技能，从而提升两侧手臂的协同划水能力。

（十一）空中停顿练习

1.练习目的

熟练掌握垂直移臂的动作要领，提高入水动作的效率。

2.练习方法

像正常仰泳一样进行练习，但当手臂在空中移臂到一半时，突然停止移动，在肩上方伸直，掌心在合适的时机转为向外。停顿一会后继续移臂，体会正确的空中移臂动作。

（十二）贴泳道线练习

1.练习目的

巩固垂直移臂的动作技能，纠正移臂错误。

2.练习方法

仰卧姿势，一侧肩部与泳道线贴近，这样手臂不得不垂直移臂。

该练习有利于有效纠正运动员在空中移臂动作环节常常出现的手臂外摆的错误。因为靠着游泳线移臂，在游泳线的影响下，手臂不易来回摆动。

（十三）向内–向外移臂练习

习惯低平移臂的运动员适合采用这一练习方法。一些运动员在移臂时常常犯这样的错误，即移臂前半段手臂外摆，后半段手臂内摆，进行“向内—向外”移臂练习可以有效纠正这一错误。练习时注意移臂前半段手臂向上、向内移动，然后手臂向外移至越过头顶，最后向下移动入水。

三、配合技术习练方法

（一）单臂连续划水

1.练习目的

提高划水时的动作控制能力和身体转动能力。

2.练习方法

一臂前伸成流线型划水；另一臂放在体侧。单臂连续划水和移臂，注意力集中于转肩、转体及稳定头部姿势上，两腿快速有力地打水。注意要始终保持一肩提出水面，连贯完成动作，任何时候都不要停顿。

（二）双臂分解划水

1.练习目的

提升双臂配合能力，体会身体转动与划水的配合。

2.练习方法

右臂前伸成流线型姿势，左臂放在体侧，腿打水6次，然后两臂同时换位，右臂划水，左臂经空中前移，直至左臂前伸，右臂放在体侧。再打水6次，继续下一个动作。注意始终保持一肩提出水面，用较慢速度连贯完成动作。

（三）仰泳配合划水

1.练习目的

提高两臂配合能力，体会两臂配合时身体的转动。

2.练习方法

一臂前伸成流线型姿势，两臂连贯流畅地交替划水。用肩的动作引导手臂动作，移臂时肩的位置要高，动作不能停顿。始终保持一肩提出水面，两腿快速有力地打水。

（四）改变方式的配合技术练习

1.练习目的

增加练习的趣味，提高协调能力。

2.练习方法

如为提高水感可采用握拳划水、伸三指划水、伸二指划水等练习方式；为增加练习的趣味性，可采用双人仰泳练习或多人仰泳串练习（一人在前领先游仰泳，后面的人一手抓前面人的一脚，另一手划水），以及仰泳划水、蝶泳打腿、反蛙泳（两臂同时划水，两腿蹬蛙泳腿），等等。

四、出发技术习练方法

仰泳运动中，运动员在出发环节常常出现身体腾空时腿拖在水中、入水时身体各部位没有从同一点入水等问题。针对这些问题而设计的如下练习方法对纠正错误很有帮助。

（一）池岸出发练习

1.练习目的

掌握腾空技巧和正确的入水方法。

2.练习方法

身体背对着水，在池边做好蹲伏准备姿势，向上抬腿，双脚同时起跳，背跃跳入水中，身体要成流线型姿势入水，入水动作干脆利落。入水后在水下进行海豚式打水，使身体运动方向从向下朝向前转变。

（二）抓水槽出发练习

1.练习目的

正确掌握入水技术，提高入水质量。

2.练习方法

该练习不需要出发台也能完成，在准备阶段将水槽抓住，脚在水下，脚趾在池壁上紧紧抵住。然后用较小的力完成背跃出发，双脚蹬离池壁前，臀部先出水，使身体成拱形，双手向后入水。

该练习和正式的仰泳出发相似，但两脚蹬壁力度比较小，腾空高度也比较低。腾空时，身体背弓姿势要达到标准要求，入水时腿部上抬。

（三）越绳出发练习

在距离出发端较近的位置，在两侧泳道线上拴一根绳子或橡胶管。运动员从水中出发时背部要从绳子或橡胶管上越过，从而使身体腾空后保持良好的弧度，并为顺利入水做好准备。

（四）双人互助练习

仰泳出发技术中有一个较大的难点，即身体腾空的反弓动作。通过互助练习可以使练习者更好地体会腾空时的反弓动作。在同伴的拉动下，练习者起跳前的重心得到提高，为腾空时身体的反弓提供了良好的条件。

五、转身技术习练方法

（一）游近池壁和滚翻

在与池壁相距10米远的位置开始游仰泳，经过与池壁相距5米远的转身标志旗时，心里对动作次数进行默数，目的是清楚完成多少次划水后转为仰卧姿势更合适一些。转为水平仰卧姿势后向前滚翻，直至脚触壁，目视上方。注意体会滚翻时与池壁的距离是否适宜，以便及时调整。

（二）仰卧蹬边和起游

在水池中仰卧，双手将出发握手器或水槽抓住，脚蹬离池壁，身体呈流线型姿势滑行，速度减慢时，做海豚式打水，使身体浮到水面，然后开始正常节奏的仰泳划水。

（三）螺旋游

螺旋游就是像螺丝一样在水中旋转前进，进行该练习是为了熟练滚翻前身体姿势从仰卧转换为俯卧的技巧。

练习时，仰卧于水中，一侧手臂划水，身体转向划水手臂的方向，另一侧手臂做高肘移臂动作，移臂过程中身体顺势转动，从侧卧向俯卧过渡，像游爬泳一样，一侧手臂划水，转头吸气时，身体再转成仰卧姿势。然后上面手臂正常移臂，下面手臂正常划水。移臂时身体再转成俯卧姿势。两侧方向交替练习。

第七章　蛙泳技能及科学训练

蛙泳不仅是四大泳姿中实用性最高、历史最悠久的泳姿，而且也是普及度最高的泳姿。蛙泳是学习其他泳姿的基础，大多数的初学游泳者往往都是从蛙泳学起，因此，掌握蛙泳的基本技术和科学训练非常重要。本章从蛙泳常识及其发展、蛙泳技术动作展示以及蛙泳技术练习方法设计三个方面进行详细的研究，对蛙泳的历史发展、最新趋势做了全面的梳理，对蛙泳的技术和训练进行全面的分解和阐述，并且结合笔者多年的实践经验对一些典型错误做了总结和分析。

第一节 蛙泳常识及其发展

一、蛙泳的基本常识

（一）蛙泳的分类

尽管蛙泳的呼吸和身体的姿势、手臂和腿部的配合相对简单，但是其技术仍具有较多难点。蛙泳可以细分出多种不同的特色技术形式，有很多著名的运动员都具有自己独特的技术风格。比如我国运动员齐晖的蛙泳技术就个性鲜明。她的蛙泳窄蹬腿技术非常少见，腿部的特点是窄收窄瞪，且避腿速度极快，因此腿部的阻力非常小。另外，她在游进的时候整个身体在水中的位置较高，且划水时手臂外划动作较小，提肩收手动作干净利落使得迎水面小，使迎面阻力减低。因此，齐晖的划水始终都保持在较高的水平。类似的例子还有很多，几乎每一个成绩优异的运动员都有自己的"独门秘籍"。由于技术上的不断突破，蛙泳的世界纪录频繁地被刷新。尽管目前存在着多种多样的蛙泳技术形式，但大致可以分为平式蛙泳和波浪式蛙泳两种。

1.平式蛙泳

平式蛙泳是一种比较经典的蛙泳技术。平式蛙泳在20世纪五六十年代曾占统治地位，至今仍有很多运动员选择平式蛙泳作为自己的主要技术形式进行训练。平式蛙泳的特点是运动员在游进的过程中始终保持身体位置趋于平坦，身体起伏很小，抓住收腿时身体自然地向前上方移动的时机进行吸气，因此头部探出水面的高度很低，几乎没有抬头吸气的动作，前进的阻力很小。

因此，现代平式蛙泳被公认为是一种既省力节能，又简单高效的蛙泳技术。

2.波浪式蛙泳

波浪式蛙泳的特点是换气时上半身的位置相对升高较大，几乎肩部完全露出水面，使整个身体的起伏波动增大，因此被称为波浪式蛙泳。该技术的动作特点是上拉配合外划上收夹手动作，用力上伸头部，此时臀部和下肢的位置比平时蛙泳要明显降低，也就是说身体的上半身上拉，下半身倾斜的角度更大，使用这一技术主要是借助腰背的力量大力推进身体，以增加前进速度。波浪式蛙泳技术还可以根据细微的差别再细分出许多种技术门类。波浪式蛙泳是靠腰背部的核心发力以及身体较大的冲量向前，再配合强有力的下肢蹬腿动作从而使前进速度大大提升。它需要运动员具有一定的爆发力和耐力，以保证足够的前冲力度，保证动作的连贯性和稳定性。

（二）蛙泳的特点

无论是平式蛙泳还是波浪蛙泳，其共有的特点是锻炼价值大、实用范围广，是学习其他泳姿的基础。

1.锻炼价值大

蛙泳由于其节能的特点，而具有较强的实用价值。另外，蛙泳是一项全身上下肢协调配合用力的运动，因此特别适合普通人用于健身锻炼或者康复锻炼，尤其对于缓解腰部不适有明显效果。

2.实用范围广

在游动中，由于蛙泳的手臂抱水、划水的动作，以及腿部的蹬腿动作都是在水下进行的，因此几乎不见水花，游进的声音较小。另外，蛙泳还可以潜游，而且还是四种泳姿中视野最好的一种，这使得蛙泳具有较好的水上隐蔽性。因此，蛙泳经常被用于科研、水中拍摄以及军事侦察活动中。

3.属于基础泳姿

蛙泳属于基础泳姿，其他绝大多数泳姿都与蛙泳有不同程度的关联。一般而言，学习游泳都是从蛙泳学起，掌握了蛙泳之后，再学习其他泳姿就变得容易很多。而且，学会蛙泳也就意味着可以原地游和踩水，这让游泳者累了就随时可以在水中稍作休息，甚至具备相当的自救能力，所以学会蛙泳是学习游泳技能的基础。

（三）蛙泳竞赛规则

以下是国际泳联《游泳竞赛规则2017—2021》中关于蛙泳比赛的基本规则。

（1）出发和每次转身后，运动员身体可没入水中并可做1次手臂充分向后划至腿部的动作。出发和每次转身后，在第1次蛙泳蹬腿动作之前的任何时间，允许做1次蝶泳打腿动作。在第2次划臂两手至最宽点开始向内划水前，头必须露出水面。

（2）从出发和每次转身后的第1次手臂动作开始，身体应保持俯卧。除转身动作外，任何时候都不允许转成仰卧姿势。只要身体呈俯卧姿势蹬离池壁，允许运动员在触壁后用任何方式转身。从出发开始的整个游程中，动作周期必须以1次划臂和1次蹬腿的顺序完成。两臂的所有动作应同时并在同一水平面上进行，不得有交替动作。

（3）两手应同时在水面、水下或水上由胸前伸出。除转身前的最后一次划水动作、转身过程中及抵达终点前的最后一次划水动作外，肘部必须处于水下。两手应在水面或水下向后划水。除出发和每次转身后的第1次划水动作外，两手向后划水不得超过臀线。

（4）在每个完整动作周期内，运动员头的一部分必须露出水面。两腿的所有动作应同时并在同一水平面上进行，不得有交替动作。

（5）在蹬腿过程中，两脚必须做外翻动作。除（1）条款的规定外，不允许做交替打腿或向下的蝶泳打腿动作。只要不接着做向下的蝶泳打腿动作，允许两脚露出水面。

（6）在每次转身和到达终点时，两手应分开在水面、水上或水下同时触壁。转身和到达终点前的最后一次手臂动作后可不接蹬腿动作。在触壁前的最后一次划水动作结束后，头可以没入水中。但在触壁前的最后一个完整或不完整动作周期中，头的一部分必须露出水面。

二、世界蛙泳的发展

蛙泳是人类历史上最古老的游泳姿势，最早可追溯到数千年前。在中国、罗马、埃及等国的文献史料中就有关于蛙泳的记载。到中世纪末，蛙泳已经是水兵的必备训练内容。18世纪末，一些欧洲国家的重要军事学校就将蛙泳列为军官士兵的必修科目。

1875年，英国人马修·韦布采用蛙泳成功横渡了英吉利海峡。但是蛙泳的发展并非因此而一帆风顺。在第一、二届奥运会上，由于蛙泳的游速相对较慢，曾一度被侧泳、自由泳所取代。但是，由于蛙泳具有深厚的群众基础和实用价值，在1904年第三届奥运会时，再次被列为正式比赛项目。此后，蛙泳技术与竞技水平持续地得以发展。在1908年的第四届奥运会上，设立了男子200米蛙泳项目。但是，直至1924年的第八届奥运会才增设女子200米蛙泳项目。1968年第十九届奥运会时分别增设了男子100米蛙泳和女子100米蛙泳项目。就技术发展而言，蛙泳经历了大致以下5个阶段，分别是传统蛙泳阶段、蝶式蛙泳阶段、潜式蛙泳阶段、水面蛙泳复苏阶段和现代蛙泳阶段。

（一）传统蛙泳阶段

在蛙泳的早期阶段，运动员以为增长划水路线就可以增加速度，于是努力加长两臂的划水路线，从手臂入水一直划至大腿旁，然后再用力收向腹部同时向后蹬水的技术，这种泳姿不仅手臂的动作幅度大，而且游进时身体起伏也很大，因此传统蛙泳也被称为“跑马式蛙泳”。这种泳姿由于动作起伏略大，导致阻力大、速度慢。后来人们发现这一弊病，于是改为减小划水幅度和收腿的幅度，并且发现如果采用双腿向两侧蹬水后再夹水的腿部动作可以明显提高速度。此后，又经历过多次的改进和尝试后，才找到了身体较平、手臂和腿部配合较协调的平式蛙泳技术。

（二）蝶式蛙泳阶段

1936年，国际泳联重新对竞赛规则做了修订，允许蛙泳两臂划水后从水面上向前移臂。这一规则的改动，为蛙泳带来了速度上的大幅提升。这是因为，相对于在水中移臂，手臂在空中向前摆动的阻力几乎可以忽略不计，这让蛙泳运动员的速度得到大大提升，整体上都大幅提高了成绩。这种蛙泳腿蝶式臂的技术，称之为“蝶式蛙泳”。于是，传统蛙泳一度受到冷落。

（三）潜式蛙泳阶段

在1952年的第十五届奥运会上，国际泳联决定把蝶泳作为独立的游泳比赛项目。从此，蝶泳和蛙泳分为两个不同的泳姿和项目，传统蛙泳技术得以恢复和发展。此后，人们发现手臂在水下划水有其独特的优势，比如，可以减少水波、充分利用手臂力量等，于是又纷纷改用潜式蛙泳技术。

（四）水面蛙泳复苏阶段

在第十六届奥运会之后，国际泳联再次修改规则，规定蛙泳比赛中禁止潜泳，头部要始终露出水面。至此，传统蛙泳得以复苏，并逐步发展出许多不同技术流派，如“高航式”“半高航式”“平航式”“海豚式”等。必须指出的是，正是由于国际泳联对蛙泳规则的明确，蛙泳技术才得以延续和不断发展。尽管传统蛙泳由于速度较慢而两次面临淘汰，但是蛙泳因为具有独特的优势和实用价值最终还是被保留了下来。并且经过一代代蛙泳运动员们的集体努力，使蛙泳的世界纪录不断被刷新。

（五）现代蛙泳阶段

1986年，国际泳联再一次修改规则。新规则要求，从1987年起的所有蛙泳比赛中，从原来要求的“头的一部分应始终露出水面”改为“在每一个完整动作周期内，运动员头的某部分应露出水面”，又规定“两脚在向后蹬水时，必须做外翻动作，不允许做上下打水或类似海豚腿的动作”。这一规定的修改，再次明确了蛙泳动作的边界，使蛙泳和海豚泳向区别，同时也消除了运动员担心头部偶尔入水而犯规的顾虑。明确而合理的规则，再次为蛙泳技术的提升创造了有利条件。这之后又出现了“冲潜式”“波浪式”等蛙泳等流派。

从蛙泳的技术迭代的角度来看，可以分为四个阶段。从蛙泳产生到1936年被认为是现代蛙泳技术发展的第一阶段。在这一时期，有日本运动员改进了原来的半圆形蛙泳技术，采用加长划水路线以及屈臂高肘的划水技术，提高了蛙泳的速度，为现代蛙泳技术的发展奠定基础。1937—1952年是蛙泳技术发展的第二阶段。在这一阶段，为了获得更快的速度，游泳运动员又采用两臂划水至大腿后再提臂出水的技术。由于是在空中完成向前移臂的动作，动作形式很像一只展翅的蝴蝶，因此这一技术被称为蝶式蛙泳技术。随着蝶式蛙泳被国际泳联列为独立的游泳项目，并允许蛙泳在水下游进，这使蛙泳技术出现了一次新的革新，产生潜水蛙泳技术，从而开始了蛙泳技术的第三个阶段。第十六届奥运会之后，由于国际游联规定禁止在蛙泳比赛中使用潜泳，蛙泳技术进入了第四个阶段。

三、我国蛙泳的发展

我国蛙泳运动发展的里程碑时刻是1957年。这一年，我国游泳运动员戚烈云采用“高航式”技术以1分11秒6的成绩打破男子100米蛙泳世界纪录，成为中国第一个打破游泳世界纪录的运动员。1958年，我国运动员穆祥雄使用“半高航式”技术，以1分11秒4的成绩再次刷新男子100米蛙泳世界纪录。1959年，穆祥雄又以1分11秒3和1分11秒1两次刷新男子100米蛙泳世界纪录，成为我国游泳界打破世界纪录次数最多的运动员。1960年，我国运动员莫国雄采用“平航式”技术又一次打破了男子100米蛙泳的世界纪录。短短4年间，我国就有三名运动员5次刷新男子蛙泳的世界纪录，这也标志着我国的游泳项目达到世界较高水平。但令人惋惜的是，在20世纪60年代中期以后，由于训练中断，我国的游泳项目水平一下子与世界最高水平拉开距离。进入20世纪80年代后，我国广大的教练员和运动员奋勇追赶，通过学习体育强国的先进经验，并且克服一切困难艰苦训练，使我国蛙泳运动水平进入了一个新的历史发展时期。在1982年的第九届亚运会上，我国运动员叶润成摘得男子100米蛙泳金牌，成为我国第一个获得亚运会游泳金牌的运动员。在1986年的第十届亚运会上，我国运动员金浦和黄晓敏分别摘得男子100米和女子100米蛙泳的两块金牌。1988年，在第二十四届奥运会上，黄晓敏在女子200米蛙泳项目上以2分27秒49的成绩获得银牌。韩雪于1996年世界杯游泳系列赛和1997年世界短池锦标赛中，多次打破女子50米蛙泳的短池世界纪录。1998年，曾启亮在第八届世界游泳锦标赛上获得男子100米蛙泳银牌。2001年，在日本福冈举行的第九届世界游泳锦标赛上，我国运动员罗雪娟获得女子蛙泳50米和100米两项冠军，并且在两年之后的巴塞罗那的第十届世界游泳锦标赛上再次赢得女子蛙泳50米和100米的两块金牌。2004年，在希腊举行的第二十八届奥运会上，罗雪娟再次摘得女子蛙泳的100米金牌。罗雪娟因伤病退役之后，中国女子蛙泳曾出现短暂的青黄不接局面。然而可喜的是，近年来我国又有成绩卓然的小将出现。比如来自上海的16岁选手唐钱婷，在2021年第十五届世界短池游泳锦标赛上，获得女子蛙泳100米冠军，这极大地振奋了国人的精神。这些激动人心的成绩单，标志着我国运动员经过艰苦卓绝的努力之后，终于使中国蛙泳项目的实力再次接近世界水平，令人倍受鼓舞！但是所有的成绩只能说明过去，世界蛙泳水平进步飞速，为了保持我国蛙泳的高水平状态，还需要挖掘和培养更多的游泳人才。

第二节　蛙泳技术动作展示

一、身体姿势

在游蛙泳时，身体俯卧水中两臂从胸前向两侧做弧形的向外划、内划、前伸动作，两腿同时做收、翻、蹬夹的连续动作。需要注意的是，双臂和双脚的动作要对称、同时进行，保证蛙泳游动中的身体姿势平稳。由于蛙泳动作简单省力，可以较大范围地调节游动速度，且蛙泳的呼吸方式自然，可以长时间、长距离的游泳。在完成一个动作周期后有一个短暂的滑行阶段，此时应尽快将两臂和两腿伸直并拢以减小阻力，头略微抬起稍高于水平面，身体纵轴与水面成5°～10°角。当再次开始手臂划水时，肩部随着划水的进行而逐渐升高。当头部达最高点时大口吸气。身体的主要技术动作如下：

（1）滑行：在游泳开始和结束时的身体姿势。在作滑行时身体保持俯卧于水面上，两臂前伸使身体保持水平和流线型。（图7–1）

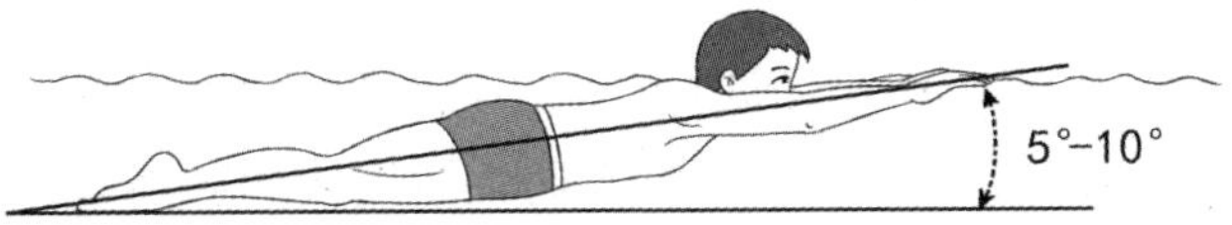

图7–1　滑行身体姿势

（2）蹬腿后身体的流线型：在蹬腿的推进阶段，努力保持身体的流线型。在两臂开始前伸时蹬腿，然后迅速使身体恢复流线型姿态，且在蹬腿获得推进力的阶段低头使头在两臂间。

（3）抬头吸气的流线型：在呼吸阶段身体仍保持流线型。两臂前伸随后两手交叉握住、蹬腿、吸气，且保持身体的流线型。

二、腿部技术动作

蛙泳腿部动作是推动身体前进的动力之一，尤其对于初学者而言，蛙泳的推进力绝大部分是来源于蹬腿的动作。因此，在刚开始学习蛙泳时一定要正确掌握蛙泳腿的腿部动作和技术细节。蛙泳腿的技术动作可分为收腿、翻脚、蹬夹腿以及滑行四步。

（一）收腿

收腿技术是翻脚、蹬夹腿的准备动作。首先在开始收腿的同时屈膝并屈髋，两腿保持放松状态并缓慢地分开，小腿和脚应跟在大腿的后面。收腿时两腿的动作要放松、自然，顺应水的张力。收腿结束后，大腿与躯干之间形成130°～140°的角，膝关节折紧，脚后跟靠近臀部，小腿与水面垂直，两膝与肩同宽。

（二）外翻

翻脚实质上是从收腿到蹬水的一个过程，是收腿的继续、瞪水的开始。瞪水效果的好坏，一般取决于翻脚技术是否正确。为了增长蹬水的路线，随着收腿的进行两脚继续向臀部靠近，同时大腿内旋两膝内压，待小腿收到位后紧跟着脚尖向两侧外翻，目的是尽量使脚掌内侧正对蹬水方向，使蹬水的受力面增大。翻脚时脚跟尽量收至臀部，如果技术动作正确的话翻脚结束时，从后面看很像英文字母“W”。

（三）蹬夹

蹬夹水技术包括蹬水和夹水两部分，两个动作应该连贯流畅，是不可分割的整体。蹬夹水用力均匀，是由核心力量及大腿同时发力完成。蹬水的同时勾脚，保持用脚跟做向外、向侧、向后的快速有力的瞪水动作。整个蹬夹水技术是一个由慢至快的动作过程。

（四）滑行

腿蹬夹结束后，由于蹬腿的惯性作用两腿有一个短暂的滑行阶段。这时两腿应尽量伸直并拢，腿部肌肉和踝关节自然放松，为下一个动作周期做好准备。滑行和收腿时都成注意脚的形状尽量顺着水流，使水流不会突然改变方向。

蛙泳腿部完整动作如图7–2所示。

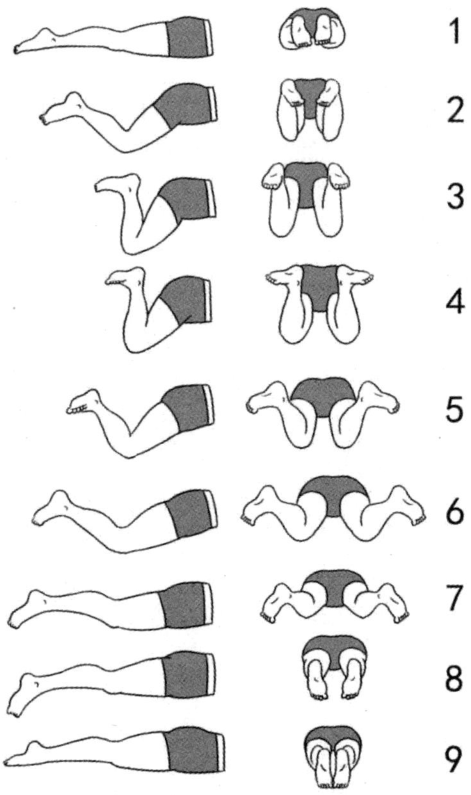

图7–2　蛙泳腿部动作

三、手臂技术动作

蛙泳的手臂动作起到关键作用，对于技术成熟的运动员而言，手臂动作承担了大部分的推进力量。因此，掌握蛙泳的手臂动作基本上决定了蛙泳的行进速度。蛙泳的手臂技术动作可分为开始姿势、抓水、外划、内划和伸臂五个部分。尽管分解为五个部分，但是在游蛙泳时每两个动作之间的衔接应该自然流畅、一气呵成地完成。

（一）开始姿势

蛙泳的开始姿势是指每一个动作周期结束后，都会重新回到开始姿势。蹬腿动作结束后，两臂在体前伸直并拢，双手十指自然伸直并拢，减小阻力。（图7–3）

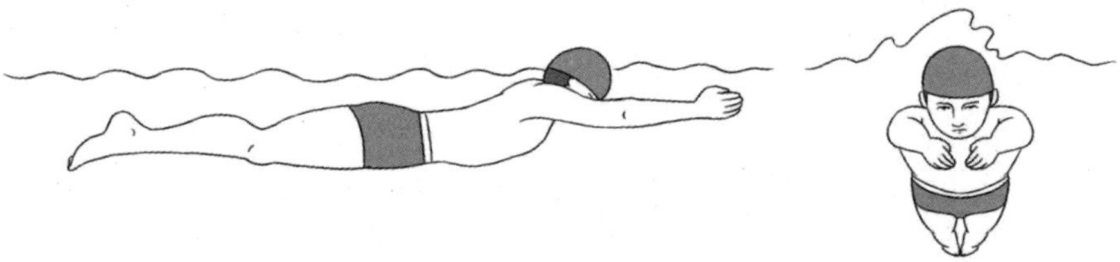

图7–3　开始姿势

（二）抓水

抓水是划水前的准备动作。抓水技术是指前伸的手臂先内旋，使掌心转向两侧和后下方，之后稍微地勾起手腕并抓水，当感到水对手掌的压力时则用力划水。一般而言，抓水的动作是从双掌向两侧分开直至两臂分开程度与肩同宽或者略微宽于两肩。（图7–4）

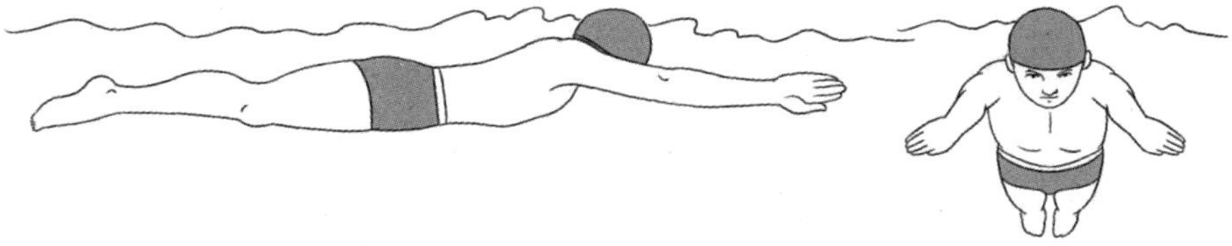

图7–4　抓水

（三）外划

划水技术是指手臂产生推进力的重要技术动作，双臂当完成抓水动作后随机进入划水动作。此时，双臂在向双侧的外、后、下方划水的同时，逐渐屈肘、提肘，前臂的移动速度明显要快于大臂，用力划水获得最大推进力。当两手划至肩的前侧下方时，两臂之间大约成120°角，此时划水的角度达到最佳程度，两手之间的距离大于两肘的距离，外划动作结束。（图7–5）

图7–5　外划

（四）内划

内划是外划的延续，通过内划动作可以同时获得一些向前的推动力以及使身体上升的推力。开始内划时手转向内、后、下方划水，当两手划至最低点时，肘关节弯曲成接近90°，此时双手和双肘同时向上运动，两手位于头的正下方，肘的位置低于手，肘关节弯曲成锐角时，内划结束。（图7–6）

图7–6　内划

（五）伸臂

伸臂是内划的延续。当内化结束时双臂向前伸展，逐渐回到开始姿势。注意在伸臂过程中，双掌应由原来的相对而逐渐转为倾斜向下，以获得最小的阻力。一次完整的手臂动作，可以想象其运动路线为一个倒置的心形，手臂的移动速度由慢到快，逐渐加速完成。（图7–7）

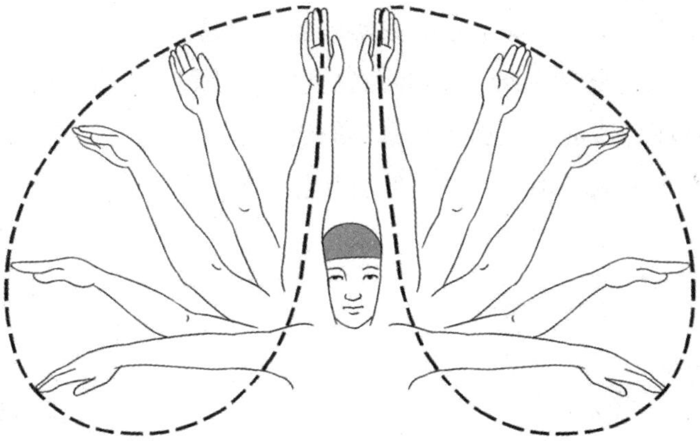

图7–7　伸臂动作

四、呼吸与手臂配合技术

蛙泳每划水一次吸气一次。优秀运动员通常在内划接近结束时吸气，吸气时间较短，伸臂后呼气。这种技术由于抬头时间短，身体重心和浮心失去平衡的时间短，因而阻力小，一般被高水平运动员采用。（图7–8）

图7–8　平式蛙泳吸气

如果说平式蛙泳的吸气还需要借助抬头才能完成的话，那么对波浪式蛙泳来说，吸气并不是依靠向上抬头来实现的，而是随着肩和躯干向上、向前的波浪动作，头自然地前伸，露出水面吸气。（图7–9）由于没有突然向上抬头，不会破坏身体前进的动量和身体的流线型，在吸气结束时，头还可以通过前摆插入水中减少阻力，引导伸肩和躯干的波浪动作。

图7–9　波浪式蛙泳的前伸头吸气

五、完整配合技术

蛙泳的配合技术最复杂。在分别掌握了手臂技术、腿部技术和呼吸技术之后，将三个技术结合在一起才是完整的蛙泳技术。一般多采用1：1：1的配合方式，即手臂的一个完整划水动作、一次完整的蹬腿动作和一次呼吸共同组成一套完整的蛙泳动作，即一个蛙泳动作周期。

在完整的蛙泳技术配合中，要保证每个技术动作都能做到位且不变形。从等池边滑行出发，划水、吸气、蹬腿然后滑行要一气呵成，熟练地衔接每个技术。重点体会整体配合是相辅相成的，尽量做到流畅自如地完成，然后就可以开始正式的蛙泳练习了。

（一）平式蛙泳完整配合

常见的平式蛙泳配合技术是手臂外划水时，腿自然放松伸直，手内划时沉腿屈膝，手向前伸臂到2/3～1/2时快速蹬夹水。（图7–10）

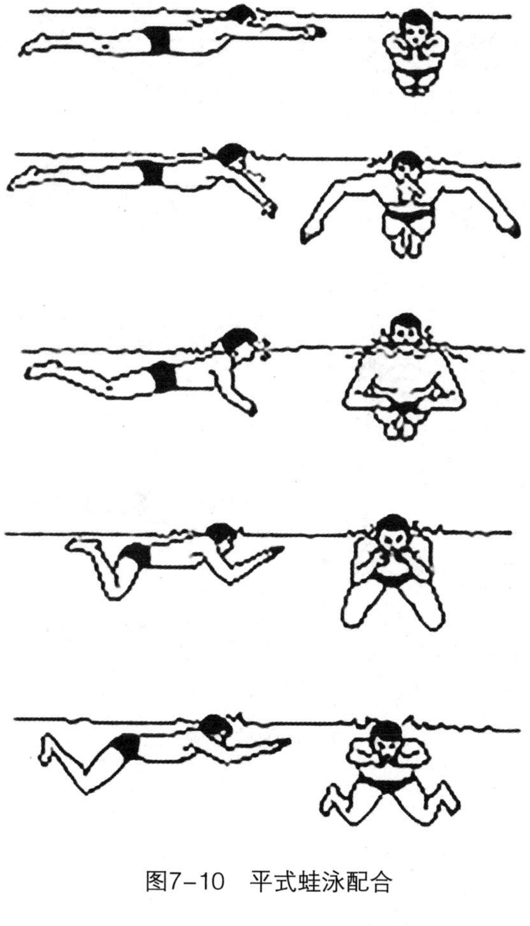

图7–10　平式蛙泳配合

（二）波浪式蛙泳完整配合

与平式蛙泳的“划水—蹬水”配合节奏不同，波浪式蛙泳的配合节奏是

“划水—前冲—蹬水”。前冲是波浪式蛙泳的独特之处。它发生在内划结束和蹬水开始之间，此时手和前臂正好在水平面上并与水面平行快速前伸。划水和伸臂开始时胸背部反弓，前冲时背部上拱。波浪式蛙泳完整配合动作如图7–11所示。

图7–11　波浪式蛙泳配合

六、蛙泳比赛出发技术

蛙泳比赛的出发技术与爬泳、蝶泳等相同，此处不再赘述，技术动作参考第五章中的爬泳比赛出发技术。

七、蛙泳比赛转身技术

（一）游近池壁

运动员在游近池壁时应根据离壁距离调整动作，以便于移臂或伸臂动作结束即可触壁。为获得更大的冲量，触壁前最后一次打腿或蹬腿动作应有力。腿部动作产生的冲量在蹬离池壁时起反弹作用，有助于身体更快地蹬离池壁。在打腿或蹬腿结束产生最大推进力阶段触壁最为理想。

（二）触壁

在触壁后，头部和肩部出水过高，浪费时间，消耗体力。在有水槽的短池比赛时，有此技术错误的人数更多，他们触壁拉槽后，身体往往拉起过高。触壁后和身体做后转动作时，不应有向上的动作，即头部和肩部应尽量在水面后移，这有助于加快转身速度。即使两腿触壁和两臂前伸动作会使上身或多或少有些上抬动作，仍应尽力避免身体的有意过分上抬动作。

（三）转身

在池端有水槽的泳池转身时，两手一触壁，一手应立即后伸。应借助拉肘靠肋动作协助另一臂完成后伸动作。身体侧后转的同时，屈臂，将下身拉向池壁。

在无水槽的泳池转身时，应以手指先触壁。触壁后，一臂迅速后伸，同时另一手过渡到手掌触壁，手指指向斜上方（斜向转身方向），然后屈臂，身体靠向池壁。同时，两腿收向腹部。两腿一旦移过体下，触壁臂立即将身体推离池壁，然后该臂水上高肘前移。为减小移腿阻力，加快移腿速度，两脚应重叠并拢，两腿收紧，经体下直接移向池壁。此时，应有膝部收向腹部的感觉。两腿移至体下时，抬头出水。两腿一旦移过体下，即推壁，协助头部摆离池壁。在转身的这一时刻，身体任何部分都脱离池壁。上体摆离池壁的反作用力，可加快两腿触壁速度。转身过程中吸气两次是易犯错误之一。不少运动员触壁抬头时立即吸气，当头部完全抬出水面时再吸一次气。第一次吸气会影响转身速度，因为这次吸气会拖长两手触壁时间。正确的做法是转身过程中吸一次气，即在头将入水时结束吸气。

应侧卧转身。推臂和水上高肘移臂后，臂、头应同时入水。从此时至蹬壁，身体在水中保持侧卧姿势。

与此同时，水下臂前伸，手掌上转上划，以加快身体入水速度。

推离池壁后，如不能侧倒入水，而是像多数运动员那样俯卧入水，则会拖长入水至蹬壁间的时间。其原因至少有两个：与侧倒入水相比，俯卧入水耗时较多；身体入水时，上体保持俯卧姿势会加大入水时的阻力。所以，应该侧倒入水，以减小身体入水时身体截面，从而缩短转身时间。因此，应要求两脚上下触壁，触壁时脚趾侧指。转身时手掌要在头部的后前方入水，入水前要目视转身端池壁上方，以帮助身体蹬壁时保持侧卧姿势。

（四）蹬壁

两脚触壁时，两臂前伸，尽快与身体成直线，并立即开始蹬壁。

蹬壁时两脚应在水面下45—50厘米处触壁，脚趾向侧，身体侧卧。蹬壁动作应有力。蹬壁的同时伸臂，以便增大蹬壁动作力量。蹬壁过程中，身体逐渐转为俯卧姿势。

蹬离池壁时，一脚在另一脚上方。滑行时，身体完全转为俯卧姿势。两脚触壁时，虽说应尽量使身体呈直线，但此时准确地保持身体直线姿势是困难的。

一般情况下，两脚触壁时，头将入水，一臂前下伸做入水动作。不应等身体做好完美的蹬壁姿势后再做蹬壁动作，而应在蹬壁过程中，身体完成呈直线动作。

（五）滑行和出水

蝶泳时，运动员蹬离池壁的方向应是水平的。蛙泳时蹬离方向稍向下，以便有效地做长划臂动作及获得更快的滑行速度。滑行时应注意身体的流线型姿势。当滑行速度接近比赛游速时，蝶泳运动员应做两三次海豚泳打腿动作，并适时开始划臂动作。划臂结束时，身体向前上方冲出水面。在50米、100米蝶泳比赛时，应在出水后做第二次划臂动作时再开始吸气。200米蝶泳比赛时，可在水下第一次划臂动作临结束时开始吸气。

蛙泳时，应在水下做一次臂、腿动作之后再游出水面。

有些运动员蹬离池壁后，身体的一部分往往露出水面，并过于贴近水面滑行。这一技术错误会增大形状阻力和波浪阻力，会使滑行速度迅速下降。产生这一错误的原因在于两手触壁时间过长，以及两脚触壁前，上体和两臂没有及时做好入水蹬壁前的预备姿势。纠正这一错误的方法是要求两脚一移过身体下方，手掌立即推离池壁并开始前伸。

第三节　蛙泳技术习练方法设计

一、蛙泳的出发、转身与到岸练习

（一）蛙泳的出发练习

蛙泳的出发与自由泳和蝶泳出发技术相类似，都是从出发台出发。蛙泳的出发入水深度约为90厘米，是四种泳姿中入水最深的泳姿。入水后借助出发的惯性身体可成流线型快速向前滑行，当滑行速度开始下降时，运动员开始划水、收腿、吸气、起游。

1.蛙泳出发的练习方法

（1）陆上练习。两脚左右开立，与肩同宽，听到“各就位”口令后模仿出发预备姿势，听到“跳”的口令时，两只手臂前伸带动身体向上跳起，在空中体会身体充分伸展的感觉。

（2）站立于池边。两臂上举并夹紧头部，上体前倾的同时屈膝，然后双脚用力蹬地入水。

（3）在出发台上做完整出发练习。注意动作要规范，且在水深必须高于1.5米的游泳池中练习。

2.蛙泳出发动作的常见问题

在初次练习蛙泳的出发动作时，经常会遇到以下几个问题，找到这些问题的原因就可以快速地提高蛙泳出发技术。

（1）入水时胸腹被水拍得很痛

出发入水时如果胸部被水拍得很疼一般有两种原因导致：要么是入水时抬头挺胸使身体与水面的角度过小；要么是起跳角度太大也会使胸腹部贴近水面的面积增加而被水拍打得疼痛。因此，起跳时要注意先倒后蹬，且入水时一定要低头，身体适度紧张。

（2）入水时身体弯曲

入水时身体以流线型姿势可有效减小阻力，从而可以在水中滑行较长的距离。如果入水时臂腿没有伸直并拢，就会增大阻力。

（3）入水太深

如果入水角太大就会导致入水太深。因要注意先倒后蹬，这要经过多次练习才能体会动作的技巧，因此，刚开始练习出发时要从陆上开始，体会每个动作的用意。

（二）蛙泳的转身练习

转身动作是指触壁之后，运动员随机收腿并且双脚靠近池壁，身体直体后倒。如果转身动作不到位会在侧向摆动上浪费时间。例如，头和躯干从池壁转动，同时髋部和双腿从另一个方向靠近池壁。这样无形中增加了身体移动的距离，而且过程中的阻力也增大很多。因此，转身时应该在收腿触壁的时候将头和躯干摆回至原本腿所在的位置，那么转身就会更快更有效率。

1.蛙泳转身的练习方法

（1）陆上练习。面对墙站立，两手扶墙，做蛙泳转身动作的模仿练习。

（2）在陆上从离墙1米的地方走向墙，然后两手扶墙，做（1）的练习。

（3）水中练习。当双手触及池沿时，用力拉身体至池壁，然后做转身动作。

（4）游近池壁做完整的蛙泳转身动作。

2.蛙泳转身动作的常见问题

（1）到边转身时身体下沉而无法转身

这主要是由于游速太慢，无法借助惯性进行团身和转身。因此在练习时注意快要靠近池边时应该加力提速。

（2）转身动作太慢或转不过来

转身动作慢而常常转不过来有以下几个原因造成：

①游速太慢。

②推手太早。

③团身不够。

对应的纠正方法分别为：

①提高游速，尤其在即将到岸时。

②手摸边后不要着急推手，而是先屈肘、收腿等到身体纵轴几乎与水面垂直时再推手。

③用力收腿、团身。

（3）转身后不能向正前方蹬出

这是因为在没有完成转身动作之前就急于蹬壁造成的。因此转身动作要快，等两脚都蹬在池壁上再用力向前蹬出。

（三）蛙泳的到岸练习

到岸是决胜的最后关键技术。损失一毫秒可能就意味着与奖牌失之交臂，因此，到岸练习非常重要。在练习中应该注意的几个关键环节如下：

（1）蛙泳的比赛要求双手击壁，因此在触壁前应该保持俯卧姿势。

（2）最后一次手臂动作的前伸应该加速，这样就会为击壁争取时间。

（3）到岸前的最后一个手臂动作不吸气，可以节省一次抬头的时间。而且如果脸部保持在水中，可以使手臂多向前伸展一些。

（4）最后一次蹬腿加强发力，可以加速到岸。

（5）如果剩下较短的距离时，应该用力向前伸展而不是划臂。因为即使小的划臂也比滑行花费更长的时间。

（6）如果离壁较远就果断增加一次手臂动作。

二、蛙泳腿练习

（一）勾脚、绷脚和翻脚练习

练习勾脚、绷脚和翻脚的目的是增加踝关节的灵活性，以及体会蛙泳蹬腿时脚外翻的感觉。练习方法如下：

（1）陆上练习。坐在地上，双腿伸直，双脚做勾脚和绷脚的切换练习。注意勾脚时脚尖朝上，绷脚时脚尖向前。然后在勾脚的同时做向外翻脚的练习。

（2）水中练习。身体俯卧于水面，双手抓住池边，双脚练习勾脚、绷脚和翻脚的动作。

（二）反蛙泳蹬腿

反蛙泳蹬腿练习是指人体仰卧于水面上，上体保持稳定，身体呈流线型，两手臂于身体两侧保持放松。每次蹬夹水结束时身体成漂浮状态，两膝不能露出水面。这个练习可以防止大腿收腿过大或错误蹬水。

（三）抬头背手蛙泳蹬水

在控制好身体姿势的条件下练习稳定的蛙泳蹬水技术。从俯卧蹬边漂浮于水面上开始，头露出水面双手背手于后背。两腿作蛙泳蹬夹水动作，每次收腿结束蹬水之前，用脚碰手。由于头露出水面，腿会略微下沉，因此一次只练习一个动作，然后双腿并拢伸直稳定身体后再做下一次动作。练习这个动作有助于防止小腿或脚收腿不紧凑。

（四）扶板蛙泳腿

（1）俯卧水中。双臂前伸扶板，注意不要向下压板，可以抬头也可以屏住呼吸低头。如果抬头则注意不宜抬得过高；如果低头闭气打水则身体相对稳定。无论哪种方式，都要保证蛙泳腿的收、翻、蹬、夹、停动作要准确到位。

（2）同方法（1），并在此基础上结合呼吸进行练习。开始收腿时抬头吸气，收腿结束蹬夹腿时低头缓慢呼气。注意抬头时不要抬太高，保证嘴露出水面或者下颌贴着水面即可。

（3）同方法（2），并在此基础上记录游25米的蹬腿次数，当每次蹬腿动作能够准确完整地完成后，练习逐渐减少蹬腿次数，找到自己的25米最少蹬腿次数，提高蹬腿效果。

（五）徒手蛙泳蹬水

这个练习是在蛙泳腿熟练后加进呼吸技术。开始时双手拇指相扣，手臂前伸头于两臂之间没入水中，保持头与水面大约成45°角。注意脸在水下时一定要缓慢地吐出气泡。抬头、吸气并开始收腿，完成夹水蹬腿时脸没入水中缓慢吐气。

三、手臂练习

（一）伸臂

当手臂划水至肩下时开始前伸动作。这时手臂向下向内夹水至肩下，并开始向前上方伸臂，直至双臂伸直、两手并拢。伸臂完成后，立即外划，这样可以帮助手臂克服向前的惯性，使外划动作更加轻松流畅。整个练习过程中应保持身体呈流线型，肩部放松。

（二）陆上手臂动作练习

1.练习要领

陆上划手加呼吸练习可以帮助熟悉蛙泳划水各阶段的路线、方向和速度，体会划手和呼吸的配合。

2.陆上蛙泳手臂练习方法

（1）在陆上两脚开立，身体前倾两臂前伸并拢，做蛙泳手的模仿练习。先后完成外划、内划、前伸分解练习，然后做一套完整的动作练习。

（2）方法同（1），熟练以上练习后，在外划开始时快速呼气，当内划开始时快速吸气，伸臂时开始缓慢呼气。

（三）水中手臂动作练习

1.浅水站立静止划手练习

运动员站在齐腰深的水中，上体前倾做蛙泳手臂练习，结合呼吸，眼睛看着划手的路线。加强呼吸与手臂划水的配合。

2.浅水行进间划手和呼吸练习

站在齐腰深的水中，开始做蛙泳划臂和呼吸配合练习，边做动作，双脚缓慢前进。

3.夹板划臂练习

运动员将打水板横向夹紧于大腿内侧，吸气后平躺水面，进行蛙泳手臂和呼吸的练习动作，双腿不动，夹紧并拢。这个练习可以培养身体的平衡感，加强蛙泳手臂的划水路线记忆。

4.常见问题

（1）划水的手掌和前臂摸水

这显然是沉肘划水的效果，也就是说手掌未对准划水方向，将明显地降低划水效果。正确的方法是谨记应该高肘划水，手掌和前臂以较大的投影面积对准划水方向。

（2）划水时手向后划水超过肩部

向后划水过肩会对臂腿配合技术造成影响，而且，当向前伸臂时阻力也较大。这主要是由于急于划水前进造成的，是初学者的常见错误，其实初学者不要追求前进速度，而应把注意力放在动作的结构以及划水路线上，此时的划水主要起到配合呼吸的作用。

四、臂腿配合练习

（一）臂腿配合方式的分类

蛙泳有三种配合节奏，分别是连续式、滑行式和重叠式。

（1）连续式配合是指双腿并拢后手臂立刻外划。

（2）滑行式是指蹬腿结束和手臂开始动作之间，利用短暂的间隔，运动员以流线型身体姿势滑行。好处是可以获得短暂的休息。

（3）重叠式配合是指在双脚并拢之前就开始手臂外划。

就目前来看，滑行式是最适合初学者学习及在教学中使用的动作。而重叠式主要受到世界高水平运动员的青睐。因为即便滑行时身体的流线型保持得非常好，速度还是会因水中的阻力而逐渐降低。并且，运动员在双脚并拢、外划至抓水阶段也一直在减速。有研究数据显示，在蹬腿产生的推进力结束到划水产生推进力之前，这段没有推进力的时间接近0.4秒。要想缩短无推进力的时间，重叠式是最佳选择。也就是说，就是当双脚开始夹水时，手臂同时开始外划。也就是说重叠式至少能将无推进力时间减少0.2秒，因此，重叠式整体游进速度则得到大幅提高。但是重叠式的最大争议在于需要耗费更多的体力。

由此可见，选择哪种方式取决于游泳的目的。如果是健身和锻炼，那么选择滑行式显然更明智，因为每一个动作周期都能节省一点体力，可以让你游更长的时间或者距离，使身体的锻炼更加充分。而对于专业的竞技运动员而言，重叠式则是大多数运动员的选择。因为除了马拉松游泳项目外，争取速度比保存体力更重要些。

（二）臂腿的完整配合

1.蛙泳臂腿配合动作要领

臂外划时腿不动，内划时收腿，手臂向前并在将要伸直时蹬腿，蹬腿结束后手臂和腿伸直并拢，呈流线型姿势滑行。

2.蛙泳臂腿配合练习

（1）陆上练习一。（图7–12）两脚并拢站立，双臂上举保持伸直并拢，单腿站立。听口令做外划、伸手、蹬腿的练习。

图7–12　陆上练习一

（2）陆上练习二。（图7–13）两脚左右开立，双臂上举伸直，听口令做内划下蹲（收腿）、向上伸手站起（蹬腿）的练习。

图7-13　陆上练习二

（3）在水中蹬边滑行后，闭气做臂腿分解动作练习。

（4）在水中蹬边滑行后，闭气做臂腿配合的动作练习。

3.蛙泳臂腿配合的常见问题

蛙泳臂腿配合最常见的问题是臂腿的动作同时进行。对于初学者而言，臂腿动作同时进行是最常见的错误。而蛙泳的臂腿配合是四种泳姿中最难的一个，确实需要一些时间慢慢地熟悉动作要领。不然的话，臂腿同时进行会使划臂产生的推进力被收腿产生的阻力抵消，而蹬腿产生的推进力被伸臂产生的阻力相抵消，这样就无法实现前进的目的。练习时谨记手臂动作始终比腿部动作快半拍。可以放慢速度练习，等身体适应后再逐渐加快速度。

五、呼吸、臂、腿的完整配合

（一）呼吸、臂、腿完整配合的要领

完整的呼吸、手臂、腿部的配合一般采用划臂1次、蹬腿1次、呼吸1次

的配合方式。以晚吸气为例，两臂外划时腿不动，开始内划时抬头吸气，同时收腿、闭气。手臂前伸时蹬夹腿，臂腿伸直后作短暂的滑行。

（二）呼吸、臂、腿完整配合的练习

（1）为保持身体的平衡，先作2次蹬腿、1次划臂、1次呼吸的配合练习。开始要做到划臂抬头时能吸到气。当熟练后，要能做到吸气充分。

（2）在（1）的基础上，进一步作1次蹬腿、1次划臂、1次呼吸的完整配合练习。

（3）在（2）的基础上，逐渐增长游泳距离，或者比开始练习时减少蹬腿次数（以50米为基准）。

（三）蛙泳完整配合的常见问题

1.做完整配合时有时候抬头吸不到气

原因之一可能是呼气不充分，肺里的气没有完全呼出，因此只能做浅表性呼吸。另外就是因为抬头晚，动作仓促而吸气时间不足。这种情况需要加强练习，等克服了紧张情绪后会逐渐好转。

2.吸气时蹬腿

导致这一问题的原因是初学者急于蹬腿，希望通过蹬腿而使身体上升从而更容易吸气。纠正这一错误动作的方法是多做手臂与呼吸配合中的各种练习，以解决呼吸问题。

3.蹬腿结束时手臂和腿不是流线型

蹬腿结束时，如果手臂和腿还没有伸直并拢则明显增大前进阻力。再加上如果推进力不够，那么造成的结果就是游几下身体开始下沉。产生这一错误动作的原因主要是不能保持身体平衡，在水中控制身体还存在一定困难。唯有多练习、多做蹬边滑行才能逐渐克服。

4.臂内划时有停顿动作

这通常是由于吸气太晚所致，应注意早抬头吸气，先保证吸气充分。另一方面是滑行时口鼻在水中充分呼气，当手臂外划时抬头口露出水面前快速充分吐气，然后张口吸气并尽量缩短吸气时间。

5.动作频率太快

初学者往往容易出现动作频率较快的现象，这主要是因为害怕身体下沉而有些手忙脚乱。初学者应该先慢后快，应该先熟悉动作路线，再提高动作速度。只有通过多练习、逐渐提高水性、克服慌张的心理才能慢慢改善，或者通过硬性规定滑行的时间来克制。例如，完整蹬腿后双臂和双腿迅速伸直并拢，在心中默数3秒后再进入下一个动作周期。

第八章　蝶泳技能及科学训练

蝶泳作为四大泳姿中最难也是最优雅的泳姿，在水上运动中一直都具有特殊的魅力。蝶泳的技术难度大，对身体素质要求也较高。一旦掌握了蝶泳技术，人体在水中游进时就宛如一只灵动的海豚，会给人以特别的享受。但是，无论对于专业运动员还是普通的游泳爱好者而言，学习蝶泳都不是一件简单的事情，需要非常系统、长期地练习。本章将从蝶泳常识及其发展、蝶泳技术动作展示、蝶泳技术习练方法的设计三个方面展开研究。希望能够对蝶泳技术做出全面的分析，对促进我国蝶泳项目的普及与提高起到一定的推动作用。

第一节　蝶泳常识及其发展

一、蝶泳的基本常识

（一）蝶泳的起源

蝶泳是四种泳姿中速度第二快的泳姿。蝶泳最初是由蛙泳演化而来，因其动作外形如展翅的蝴蝶而得名。早期的游泳运动员们意识到在水面上的移臂速度要明显快于水下移臂的速度，于是纷纷采用水上移臂技术。这就是蝶泳的前身，后来国际泳联重新将蝶泳作为独立的游泳比赛项目，才使蛙泳和蝶泳都分别获得持续、稳定的发展。由于蝶泳的技术动作优美而独特，因而现代蝶泳一直都被认为是观赏性极高的水上运动项目。在游蝶泳时，运动员身体俯卧水中，两臂同时向后划水后同时提出水面，并在空中向前移臂，此时两腿向后蹬水或同时上下打水，动作沿用了蛙泳两臂同时且对称移动的规则要求。

（二）蝶泳的特点

蝶泳对游泳者的身体素质和技术要求都相对较高，因此学习蝶泳对提高身体素质和培养坚强意志都具有积极作用，而且，由于蝶泳的独特性，学习蝶泳本身就具有一定的挑战性，因此它也可以增强学习者的竞争意识。

蝶泳的泳姿是竞技游泳项目中泳姿最优美的，也是最难掌握的。蝶泳的用力方式和身体姿态给人以凶悍、强劲的感觉，气势磅礴，观看蝶泳比赛能给人以足够的视觉享受。学习蝶泳需要有强大的核心力量以及足够大的臂力基础。从技术特点上看，蝶泳具有以下动作特征。

（1）身体以流畅的波浪形在水中前进，其腿部打水的动作犹如海豚击水，优美而动力十足。

（2）蝶泳的主要发力来自腰部，使身体能够有较大的起伏，而且打水强劲有力。

（3）蝶泳的头部姿势非常稳定，目光基本一直保持一个向下看的角度，吸气时有收下颌的动作。

（4）手臂在水中时要高肘抱水，外划时要充满爆发力。

（5）空中移臂时上身高度跃起，两肘提高，拇指向下。

（三）蝶泳的比赛规则

以下是国际泳联《游泳竞赛规则2017—2021》中关于蝶泳比赛的基本规则。

（1）从出发和每次转身后的第1次手臂动作开始，身体应保持俯卧，任何时候都不允许转成仰卧姿势。只要身体呈俯卧姿势蹬离池壁，允许运动员在触壁后用任何方式转身。

（2）整个游程中，除（5）条款的规定外，两臂应在水面上同时向前摆动，并在水下同时向后划水。

（3）所有腿部的上下打腿动作应同时进行。两腿或两脚可不在同一水平面上，但不允许有相对交替的动作，不允许蹬蛙泳腿。

（4）在每次转身和到达终点时，两手应分开在水面、水上或水下同时触壁。

（5）在出发和每次转身后，允许运动员在水下做1次或多次打腿动作和1次划水动作，这次划水动作应使身体升至水面。在出发和每次转身后，允许运动员在不超过15米的范围内完全没入水中。在15米前运动员的头必须露出水面。运动员应使身体保持在水面上，直至下次转身或到达终点。

二、蝶泳的发展

（一）蝶泳的早期萌芽

如前所述，蝶泳是蛙泳在技术发展过程中，运动员们为了寻求更快的游进速度，尝试不同的划臂方式和动作而逐渐演变而来的。最初，人们尝试尽量延长划臂路线，双臂划水一直划到大腿附近，但是这种方式提速有限。之后，又改进为双臂划水后快速提臂出水，采取水面上向前移臂，这使得游速大大提高。于是，这种技术很快被人们采用。

有记载显示，这种提臂出水、在空中移臂的蛙泳技术最早出现在菲律宾。1933年，在美国的一项游泳比赛中首次被人采用。1936年，国际泳联正式允许蛙泳比赛中可以采用两臂划水后从水面上向前移臂的技术动作。从此之后，空中移臂技术得到快速发展。这就是蝶泳最初产生和发展的早期阶段。

（二）蝶泳的正式诞生

1952年第十五届奥运会后，运动员们为了改善蛙泳的速度而不断改进手臂的技术动作，尽管速度一度得到提升，但是也影响了传统蛙泳的正常发展。因此，国际泳联决定正式设立蝶泳姿势为独立的比赛项目，使蝶泳从蛙泳中分离出来。从此，蝶泳作为一项新兴的泳姿出现在各个重要的游泳比赛中。由于国际泳联对各个泳姿技术动作的明确规定，以及运动员们不断寻求突破，使得各个泳姿都得到持续的发展。并且，伴随着各种各样新技术的发明，在各种比赛中不断传来新的世界纪录的产生。

（三）蝶泳的快速发展

1953年，匈牙利运动员乔·董贝克模仿海豚游泳的姿势，发明了海豚式打水技术。随后，他采用这种技术，连续五次创造蝶泳的世界纪录，取得巨大成功。由于海豚式打水技术的阻力比蛙式蝶泳小，其游速明显地快于蛙式蝶泳，于是迎来了现代蝶泳的快速发展阶段。并且，海豚式打水技术受到人们的广泛关注，很快在世界泳坛流传开来。1956年之后，这种海豚式打水技术几乎一统天下，在所有的世界性蝶泳比赛中被采用。在海豚式技术的发展过程中，先后经历了大波浪技术、小波浪技术，以及20世纪70年代从高肘技术到低、平、直的移臂技术，而且每一次的改进都带来速度的提升，以及世界纪录的不断刷新。

三、我国蝶泳的发展

我国蝶泳项目的正式发展是从1958年开始的。当时，以陈运鹏等为代表的中国游泳运动员的成绩已经达到世界水平。1966年，蒙荣乙在100米蝶泳项目中以59秒01的成绩排名世界第六。后来，在20世纪80年代末蝶泳项目再次取得显著发展。我国的女子蝶泳水平表现优异。在1988年第三届亚洲游泳锦标赛上，我国著名的游泳运动员钱红在100米蝶泳项目中以59秒93创造了亚洲最好成绩，并夺得金牌。同年，钱红在第二十四届奥运会的100米蝶泳女子项目上又摘得一块铜牌。1992年，第二十五届奥运会上，钱红以58秒62的成绩获得女子100米蝶泳项目的金牌，并创造了奥运会纪录。两年之后，在1994年的罗马世界游泳锦标赛上，中国女子运动员刘黎敏同时斩获女子100米和200米蝶泳两块金牌，并且在随后的1996年奥运会上获100米蝶泳银牌、1997年的第五届世界短池游泳锦标赛上获200米蝶泳金牌。在此之后，中国泳坛涌现出一大批优秀的运动员，在世界泳坛上不断取得骄人成绩。

第二节 蝶泳技术动作展示

一、身体姿势

蝶泳没有固定的身体姿势，但是有三个位置应该注意，否则会带来较大的阻力，具体为下面三点。

（1）在手臂划水产生最大推进力的时候，身体应尽量保持水平。在上划阶段腿应该上打，下打不宜过深。

（2）第一次下打时臀部应在水中向前上方移动，否则打腿的推进力就会不充分。

（3）第二次打腿力量不要太大，以免臀部露出水面，影响移臂动作。身体的上下起伏也不能过大，臀部不能上升过高，头不能下潜过深。

二、手臂动作

蝶泳的臂部动作主要包括入水、划水、出水和移臂等几个部分。

（一）入水

手臂入水是划水的准备阶段，动作本身几乎不产生推进力。正确的入水位置应该是在两肩的延长线上，或略宽于肩的延长线。太宽易使划水路线缩短，太窄不利于入水后迅速滑下和抱水。入水应以大拇指领先，斜插入水，然后前臂和上臂依次入水。入水时掌心朝向外下方，手掌与水平面约成45°角（图8–1）。

图8-1　入水动作

（二）划水

根据运动员手臂主要运动方向的转换，可以将蝶泳划水分为以下几个阶段。

1.沿螺旋曲线外划及抓水

手臂入水后，肘和肩关节前伸，两手立即内旋并外分，手掌对准外后方沿螺旋曲线划水。当两手外分至超过肩宽时，屈腕，使手掌由向外、向后变为向外、向下和向后，从而抓住水。同时屈肘，手臂向外下后方沿螺旋曲线加速划动，直到手位于水下最低点为止。

2.沿螺旋曲线内划

两手抓水后，继续屈肘，并保持高肘姿势，手臂继续向外旋转，手的运动方向从向下、向外、向后转为向内、向上和向后沿螺旋曲线划水。随着内划的继续，屈肘程度逐渐加大，手臂划到肩下时，肘关节屈至约90°~100°。继续向内划水到两手之间距离最近时，内划结束。

3.沿螺旋曲线上划

当两手之间距离达到最近时，手臂内旋，从原来的向内、向上、向后方转为向外、向上、向后方沿螺旋曲线划水。在上划过程中还要逐渐伸肘、伸腕，使前臂和手尽量对准后面。这个动作非常关键，直接影响到划水的效果。

（三）出水

手划水到大腿两侧时应从旋内转为旋外，使掌心向内，朝向大腿外侧，以便减小出水的阻力。在手划水尚未结束时，肘已经开始离开水面。手划水结束时，利用划水的惯性，肘和肩带动手臂提拉出水。出水时应小指领先。（图8–2）

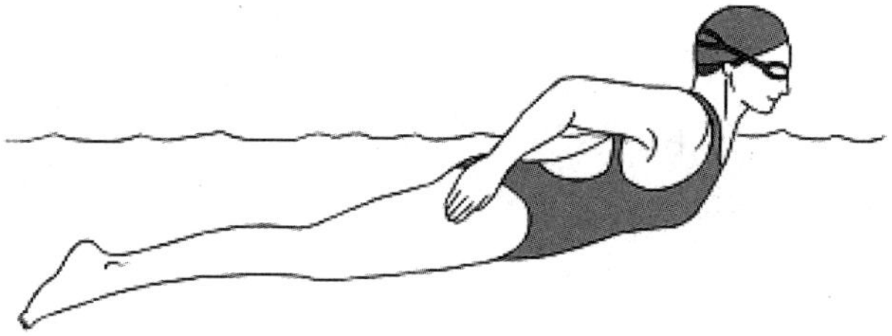

图8–2　出水

（四）移臂

手臂出水后，在肩的带动下迅速从空中前移到头前，准备入水和做下一个周期的动作。由于蝶泳是两臂同时向前移臂，故一般采用低平的直臂姿势从两侧前移，以使手臂放松自然，又不会破坏身体的平衡。移臂过程中手臂要放松，大拇指朝下，手前伸到接近入水时肘微屈，以便入水后及时抓水。

蝶泳的空中移臂动作如图8–3所示。

另外，在移臂时手臂尽量放松，这是非常珍贵的休息间隙，应该好好把握。移臂的前半段可以借助上划的惯性，后半段需要肌肉发力带动继续前移。蝶泳的移臂高度一定要足以使手臂离开水面，否则会带来较大阻力。移臂时的另一个需要注意的要点是肩的位置不能过高也不能过低，是一种向上和向前的趋势。如果肩部提得过高，下半身容易下沉而增加阻力。

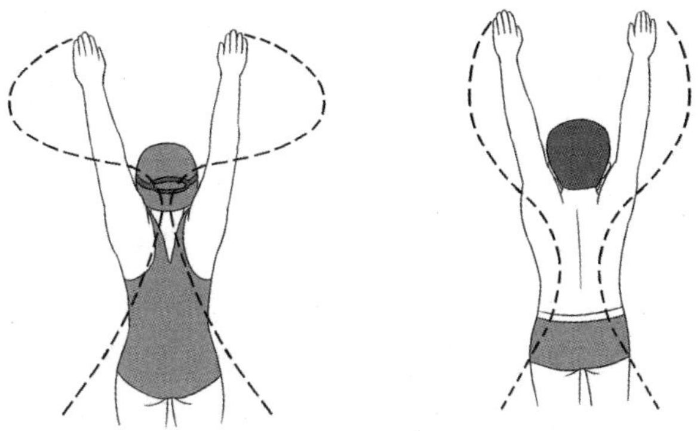

图8–3　空中移臂动作

三、躯干和腿部动作

虽然爬泳、仰泳和蝶泳打水技术在某种程度上相似，都需要运用鞭状打水技术，但是蝶泳打水是鞭打原理发挥得最淋漓尽致的一种。蝶泳的鞭状打水动作，是由躯干发力，经过髋、膝、踝关节的动量传递，并且与躯干动作协调配合完成的。一般来说，蝶泳腿由向下打水和向上打水两部分组成，其中向下打水是主要产生推进力的阶段，应用较快的速度完成。

（一）向上打水

腿在向上打水开始时，因为上一次的打水在水下呈完全伸直的状态，在小腿仍继续伸展的条件下伸髋，使大腿上移。大腿的上移动作类似鞭打动作，使腿继续向下运动的惯性得到克服。向上打水时，腿应该自然伸直，踝关节放松，当大腿上升到与躯干成一直线时，腰腹和臀部开始下沉，大腿也随着下压，但小腿和脚继续上移，使膝关节弯曲，弯曲的角度随着大腿继续下移和脚继续上移而逐渐增大，直到脚上升到最高点，即水面下4~5厘米处时，小腿开始在髋关节和大腿的带动下快速向下打水。此时膝关节弯曲的程度最大，成110°~130°角。

（二）向下打水

蝶泳腿打水时，大腿和小腿的方向并不是在任何时候都一致的。当脚上移到与身体平行、小腿和脚还在继续上移时，腰腹部已经开始用力收缩，屈髋带动大腿下压。当屈髋程度达到最大时，躯干与大腿形成150°~160°角，脚基本上升到了最高点。此时开始伸膝，小腿和脚加速下打。在小腿和脚向下打水还没有结束时，大腿已经开始向上打水，这样才能保证脚的鞭状打水动作。当小腿和脚继续向下打水到膝关节完全伸直、脚处于最低点时，小腿和脚在大腿的带动下开始向上打水，又进入下一个周期的打水动作。

向下打水时，踝关节跖屈，并略内旋。踝关节的灵活性对打水的效果起着关键的作用。由于膝关节的弯曲和踝关节的跖屈，向下打水开始时小腿打水的方向是向下和向后的，而踝关节的动作更像向后推水。

四、手臂与呼吸的配合

呼吸是学习蝶泳的难点之一。初学者要学会用口呼吸，替代原来习以为常地鼻式呼吸法。呼吸技术的难点在于把握换气的时机以及与划水动作的协调配合。蝶泳的呼吸技术的要领是找准头部移动的时机。当手臂外划时头部开始移动并向水面方面抬头，当手臂内划时头部刚好接近水面。上划时脸应该露出水面。吸气是在上划和移臂的前半段进行，在移臂的后半段面部回到水中。如果在外划时没有及时抬头，运动员的移臂动作就要推迟到头到达水面时才能开始。蝶泳运动员在比赛中通常不会每个动作都吸气。一般来说，100米的项目采用划水2次吸气1次，称为2划1吸。也有一些蝶泳运动员采用侧向转头吸气的方式，他们认为侧向转头吸气可以减少能量消耗，而向上抬头吸气容易使臀部下沉。总之，蝶泳的吸气时机非常重要，而且对运动员的肺活量要求也很高。

蝶泳吸气动作如图8–4所示。

图8–4　蝶泳吸气

蝶泳的呼吸并非每次划臂都要呼吸，但是对于初学者一般还是从臂划1次、呼吸1次的方式练习。当两臂抱水结束并开始拉水时，开始呼气。随着两臂的划水，头和肩逐渐升高，呼气由慢到快并逐渐抬头。当两手划水至腹部下方时，嘴露出水面，并张口吸气。推水结束吸气也随之结束，然后向前移臂并低头闭气。（图8–5）

图8–5　手臂与呼吸的配合

五、完整配合技术

蝶泳的完整配合技术要求精细、准确，而且其动作特征要求运动员有较强的肩背部、腰腹部力量和良好的柔韧性。

臂腿的配合方式是每划水一次，打水两次。手入水时开始第一次下打，抓水过程中结束下打。在继续抓水和内划时上打，上划时第二次下打。空中移臂时腿再次上打。臂腿的配合一定要准确协调，否则就会破坏动作内在的节奏，使推进力减弱。臂腿的配合有不同的方式，有的运动员第一次腿轻，第二次腿重；有的正好相反；还有的采用两次均匀打水。

完整配合的方式有采用2次打水、1次划水、1次吸气（2∶1∶1）的，也有4次打水、2次划水、1次吸气的。值得注意的是，不管在一个周期中是否吸气，移臂时肩都应该露出水面，以减小移臂的阻力。

蝶泳完整配合技术如图8–6所示。

六、蝶泳比赛出发技术

蝶泳比赛的出发技术与爬泳、蛙泳相同，都采用出发台出发形式，具体内容参考第五章中的爬泳出发技术，这里不再赘述。

七、蝶泳比赛转身技术

蝶泳比赛的转身技术与蛙泳几乎相同，具体内容参考第七章中蛙泳的转身技术动作，这里不再赘述。蝶泳的转身完整技术动作如图8–7所示。

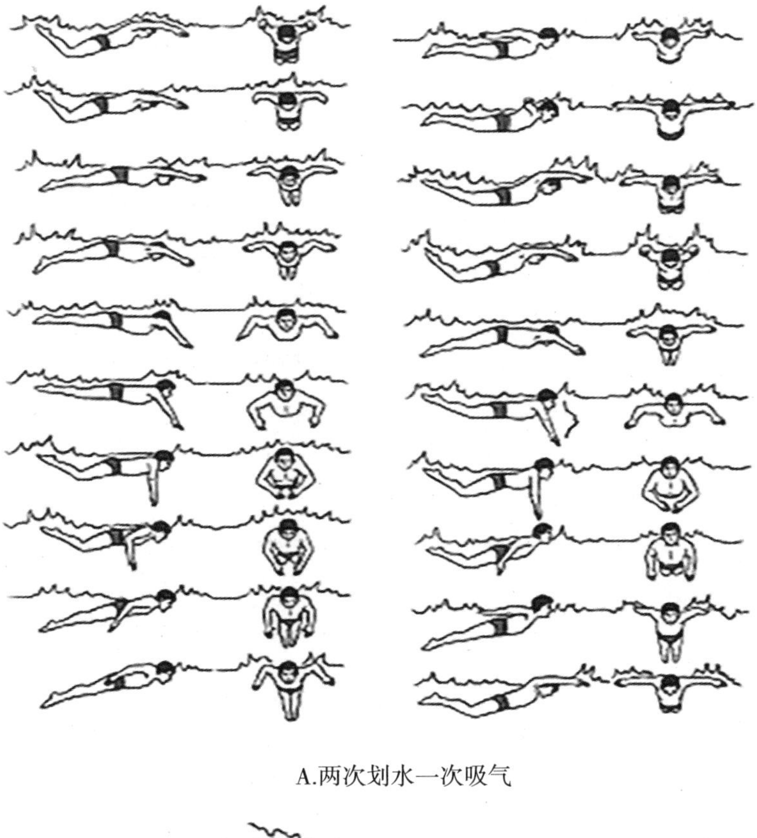

A.两次划水一次吸气

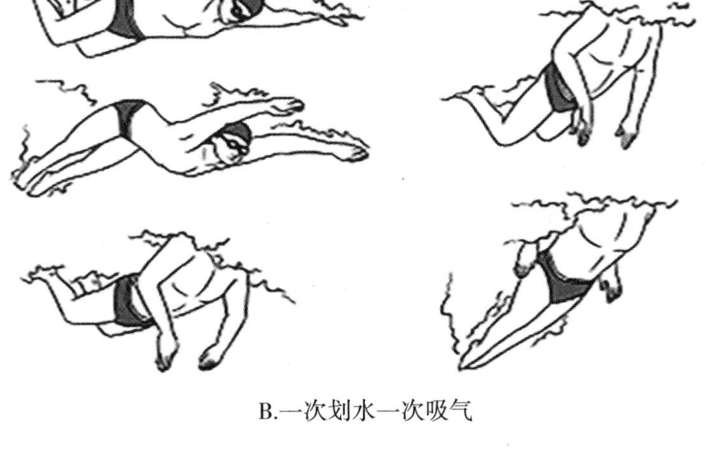

B.一次划水一次吸气

图8-6　蝶泳完整配合技术

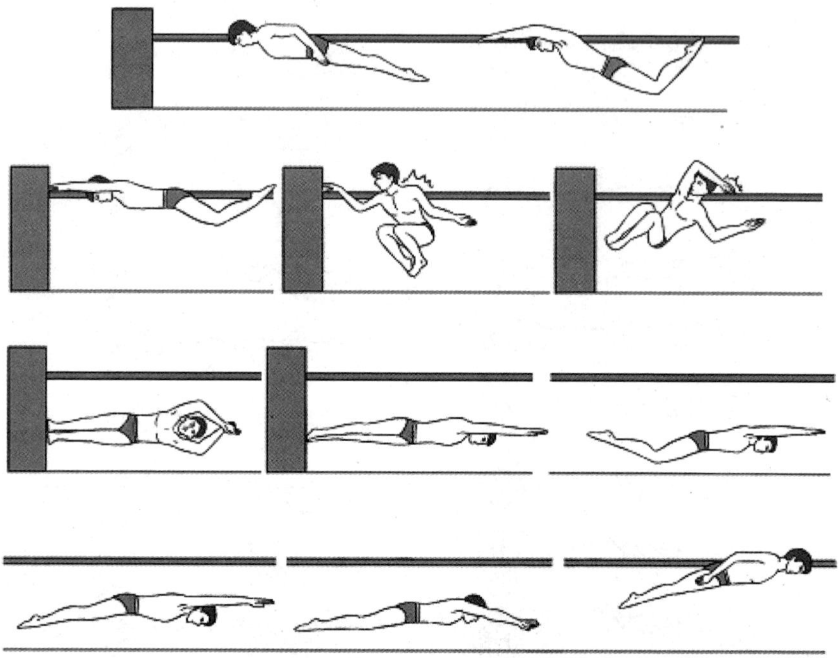

图8-7　蝶泳的转身完整技术动作

第三节　蝶泳技术习练方法设计

一、蝶泳技术习练的一般设计

（一）先学其他泳姿再学蝶泳

由于蝶泳的技术难度较大，它被公认为是四种泳姿中最难学的一种。因此，一般都会建议初学者在学习蝶泳之前先学习一种其他泳姿，比如蛙泳、仰泳或者自由泳等。在学习其他泳姿之后，不一定要求对游泳技术掌握得多么熟练，最重要的是对水上运动有了基本的认识和适应，省去了熟悉水性以及适应水中呼吸与陆上呼吸的区别等环节。但这并不是说不可以从蝶泳学起，或者从零开始学习蝶泳是不可实现的目标。从理论上讲，从任何一种泳姿学习都是行得通的。只是一般人们更喜欢遵从由易到难的原则，先学习简单的泳姿，然后再挑战难度大的蝶泳。但不管怎样，学好蝶泳都不会是一件非常轻松的事情。

（二）学习蝶泳的步骤

和学习其他泳姿一样，学习蝶泳也是先从腿部动作开始，然后再依次学习臂部动作、臂与呼吸配合动作、臂腿配合动作、完整配合动作。同样的，基本每个动作的学习过程，都是先从陆上模仿开始。通过加强视觉的记忆，以及使机体自身产生对动作结构、路线和方向的记忆来熟悉动作。有些动作也可以先在浅水中练习，然后再正式进入正常水位练习，但整体上是以水中练习为主。在水中练习时，一般先从有固定支撑的练习开始，如扶边打腿。然后脱离池边，借助浮板在水中练习，如滑行打腿等。最后，是逐步增长游动距离，结合呼吸、手臂和腿部的动作进行成套动作的练习。总之，学习游泳基本上都是先学习局部的动作，然后等熟悉后再进行两个或多个技术动作的配合，最终进行完整的泳姿练习。

（三）蝶泳的练习进度

学习蝶泳一定要稳扎稳打，每一个技术动作都要进行充分的练习，当达到较高的标准之后，再进入下一个动作或下一个环节。对每个动作要领要谙熟于心，并且逐渐形成身体的自然反应和记忆。由于每个人的学习能力、身体素质、协调能力等都各不相同，因此掌握蝶泳所需要的时间也不尽相同。有些人慢一些，有些人快一些，有些人在掌握呼吸时机方面总是把握不准，有些人则容易提肩过高，因此，每个人要克服的难点也不尽相同。总之，想要学好蝶泳需要扎实的基本功和大量的练习，而一旦掌握了它，就能体会到蝶泳所独有的那种酣畅淋漓的成就感。所以，一切艰苦的训练都是值得的。

二、蝶泳出发动作练习

练习蝶泳出发动作时需要注意以下几点：

（1）入水时，胸腹被水拍得疼痛。出发入水时感觉身体被水拍得疼痛，一般是由于抬头挺胸或起跳角度太大所致。因此，作出发练习时起跳要先倒后蹬，入水一定要低头，并且含胸收腹，身体保持适度的紧张。

（2）入水时身体难以呈流线型姿势。如果入水时臂腿没有伸直并拢或是抬头，或者身体没有适度紧张，相反有些松垮，都会破坏身体的流线型入水，从而导致阻力增加，影响滑行速度和滑行距离。

（3）入水太深。一般造成这种情况的原因，是入水角度太大，或者是入水后没有及时向上伸腕、抬头、挺胸，从而扩展了入水深度。对应的方法是一定要做到先倒后蹬，以及多体会向上扬腕、抬头、挺胸的动作。

三、蝶泳转身动作练习

（一）转身动作练习方法

（1）陆上练习。运动员首先面对墙壁站立，双手扶墙模仿蝶泳转身的动作，体会动作的路线和身体的配合。

（2）陆上练习。从离墙约1米的地方开始练习，模仿蝶泳臂部动作走向墙壁并完成练习（1）的动作。

（3）水中练习。在与水面同高的池边做转身练习，两手触及池沿并靠两手拉池沿的力量将身体拉向池壁，然后做转身动作。

（4）水中练习。从远处向池壁游进，作完整的蝶泳转身练习动作。

（二）转身动作的常见问题

1.游到池边转身时身体常常下沉而无法转身

一般对于初次学习蝶泳的人而言，转身下沉是比较常见的问题。因为新手对动作还不够熟悉导致游速过慢，那么就无法靠游进的惯性进行团身转身的动作，因此在这一阶段身体就逐渐下沉。纠正的方法就是提高游速，特别是在靠近池边的最后一个动作周期要充分加速。同时，还要强调转身前的屈肘、收腿和团身的动作到位、标准。

2.转身动作慢或根本转不过来

造成这一问题的主要原因有以下三个：

（1）游速太慢。

（2）推手太早。

（3）团身不够。

对应的纠正方法分别如下：

（1）提高游速，尤其是靠近池壁时要努力加速。

（2）手摸边后不要立即推开，而要先借惯性做屈肘、收腿的动作。当身体纵轴几乎与水面垂直时再用力推开。

3.转身后不能发生向正前方蹬出或蹬滑、单脚蹬壁的现象

出现以上几种情况的主要原因是在没有完成转身动作的时候就急于蹬壁。因此，在练习中转身动作一定要完整，且转身速度尽量快，待两臂在头前水中汇合且两脚已经同时蹬在池壁上之后再向正前方用力蹬出。

四、蝶泳手臂动作练习

（一）手臂动作的练习方法

（1）陆上练习。（图8–8）两脚前后开立，身体前倾，双臂在陆上模仿蝶泳手臂的动作练习。

（2）浅水中练习。在浅水中重复练习（1）的动作，体会双臂的动作路线。先做原地练习，然后过渡到走动练习。

（3）蹬底滑行做1次手臂的完整动作，连续反复进行。

图8–8　手臂动作陆上模仿练习

（二）手臂动作的常见问题

1.手臂划水后感觉出水和移臂有些困难

造成这种情况的原因有两个，一个是出水时两个掌心有轻微地朝上划水的动作，二是推水无力。要避免这种情况需要在练习中强调借向后划水的惯性将手提出水面并前摆，同时强调要加速划水、用力划水。

2.直臂划水

直臂划水也是初学者常见的情形。直臂划水的最大问题是大大降低划水的推进力，并且手臂出水也相对困难。直臂划水产生的原因是动作概念含糊不清，或者是由于水感差身体紧张造成。因此在练习时首先要明确动作概念，练习时身体先做好放松的准备，如果紧张和僵硬可以先做一些热身动作，让身体慢慢地适应之后再开始练习。同时，要尤其注意抬肘屈臂划水。

五、蝶泳躯干与腿部动作练习

（一）躯干与腿部动作练习方法

（1）陆上练习。（图8–9）运动员两脚并拢站立以背部靠墙，两臂上举伸直并拢，模仿做躯干与腿部动作的练习。首先向前挺腹后稍屈膝，然后臀部后顶碰墙，同时将膝关节伸直，如此反复练习，体会动作的目的和要达到的效果。

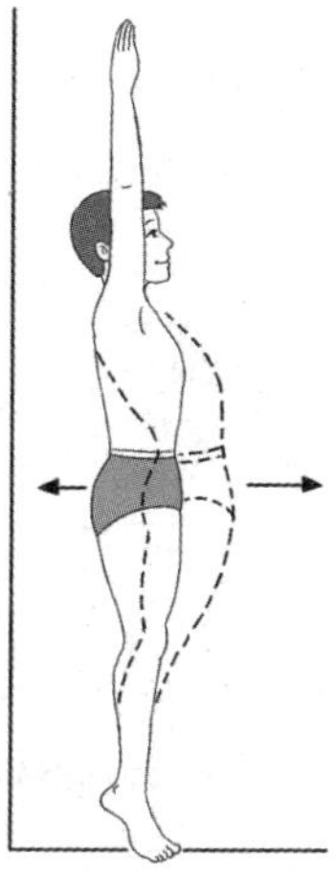

图8–9　蝶泳腿部陆上模仿练习动作

（2）陆上练习。动作和步骤同练习（1），但不靠墙。

（3）水中练习。水中手扶池边俯卧，首先做双腿打自由泳腿动作，然后逐渐过渡到两腿并拢，以腰部发力带动腿作上下打水动作。反复练习。（图8-10）

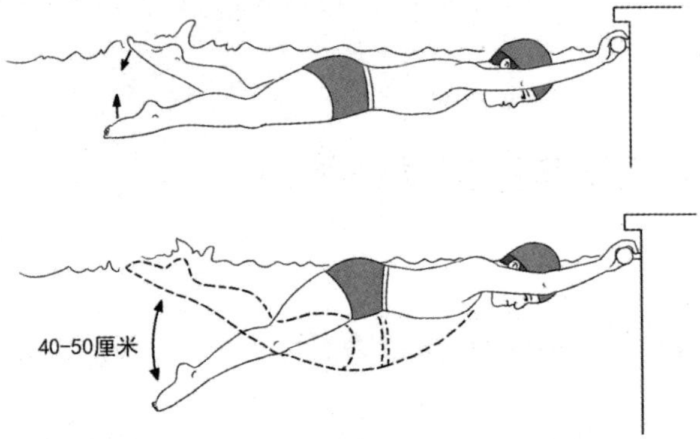

图8-10　蝶泳腿部技术扶池边练习动作

（4）水中练习。跳起后以腰发力，带动大腿、小腿做前后打水动作。注意体会腰部的发力和上下摆动。

（5）水中练习。蹬池壁潜入水中，两手臂置于体侧，只做蝶泳打腿练习，体会躯干与腿部的配合。（图8-11）

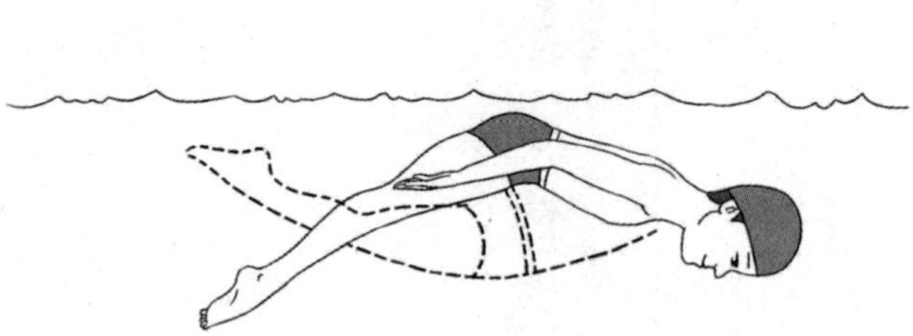

图8-11　水中打腿练习

（6）水中练习。扶板作蝶泳腿练习。（图8-12）

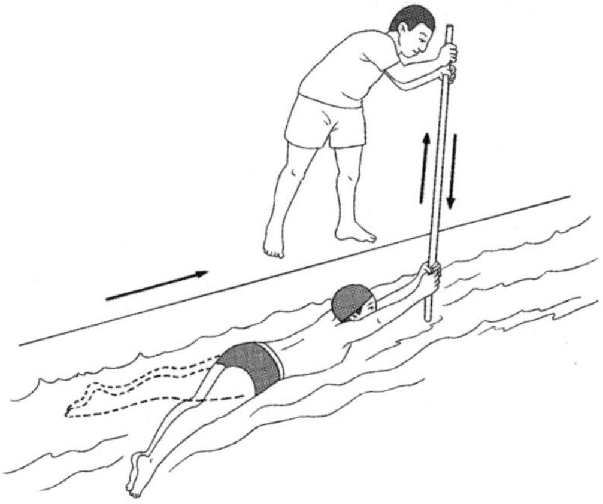

图8-12　扶板蝶泳腿练习动作

（二）躯干与腿部动作的常见问题

1.打腿时腰部和腿部没有波浪动作

初学者由于不习惯腰部用力，仍然习惯靠膝关节的屈伸带动小腿打水，所以经常出现无波浪动作的情况。克服这种现象的办法就是加强动作概念，先在陆上充分练习。

2.打腿时手、头及肩部的上下起伏过大

打腿如果手臂、头及肩的位置起伏过大，说明还是动作概念不清，或者身体太紧张，导致整个身体都在用力。重新回到上述练习（2）的步骤，体会动作概念，强调由腰部发力带动腿打水。

3.向下打腿时是直腿打水

导致这一现象的主要原因还是概念不清，或者收腹打水。应重复练习（2）以加深概念。同时，应注意向下打水时膝部稍弯曲，这样才能产生较大的推进力，因此，也可以体会大腿后的身体前进程度来判断动作是否到位和准确。

六、手臂与呼吸配合动作练习

（一）手臂与呼吸配合动作练习方法

（1）陆上练习。陆上两脚前后开立，上体前倾，做手臂与呼吸配合动作的模仿练习。

（2）陆上练习。在浅水中做练习（1）的动作，先原地做，然后边走动边做。

（3）水中练习。两脚蹬池底配合两臂向后划水使身体向前跃起，吸气后低头，两臂在空中做前移动作，入水后收腿站立。

（二）手臂与呼吸配合的常见问题

初学者刚开始做手臂与呼吸的配合时，经常无法吸气，因为抬头太晚，导致手忙脚乱仓促抬头而无法吸气。一次一定要记得早抬头，即手一开始划水就抬头，同时多做手臂动作的练习，增强手臂力量和动作效率。

七、加入滑行的蝶泳配合练习

（一）加入滑行的蝶泳动作练习方法

（1）可以选择戴脚蹼练习。这个练习是在2+2+2练习的基础上，把单臂划水动作去掉即可，只做双臂同时划水动作。身体俯卧在水面，按下面的顺序连续做练习动作：划水，吸气，下潜，打水。

（2）尽量能做到每划2次臂吸气1次。每次下潜时将拇指短暂相扣。放松、慢速地进行练习。当两臂移到头前时努力升高臀部。

（3）努力做到在手入水时腿向下打水，且入水和打水的节奏非常连贯。

（二）加入滑行的蝶泳动作的常见问题

对于初学者而言，第二次打水的动作较轻，但是刚开始练习时允许出现这样的现象，而把注意力放在整体动作的流畅性上更为重要。当动作熟练之后，会感觉到每个技术是自然而然地释放出来的，非常协调顺畅，此时再注意用力打水就变得简单许多，速度也很快就得到提升。

八、蝶泳完整配合动作的练习

（一）完整配合动作的练习方法

（1）陆上练习。陆上单腿支撑站立，另一腿向后伸直，身体前倾，两臂与单腿做臂腿配合动作模仿练习。

（2）陆上练习。在练习（1）的基础上加上呼吸技术。

（3）水中练习。做两次腿的打水和一次划臂的分解练习，即先打两次腿，然后做一次手臂配合的动作练习，基本掌握后，在划水时加上呼吸技术。

（4）水中练习。先练习闭气游，体会手臂和腿的配合时机。

（5）水中练习。作单臂划水蝶泳练习，一臂前伸，另一臂做蝶泳划水动作，体会臂入水时腿第1次打水，推水时腿第2次打水，并转头侧向吸气。两臂交换重复进行练习。

（6）在水中做完整的配合动作，可以先做短距离的练习，让每个动作都流程完整，然后逐渐加长游距。

（二）完整配合动作的常见问题

1.游动中身体有下沉倾向

当臂腿配合动作不协调的时候会出现身体下沉，这主要是因为手臂入水后急于划水，使打腿动作与划水动作不协调，解决的办法就是多做练习

（3），体会每一个环节的动作概念。

2.游进时整个身体不能呈波浪状前进

引起这一现象的原因是手臂入水后没有做压肩提臂动作，腰部没有及时发力，而靠屈膝带动小腿打水。解决的办法是明确动作概念，强调手臂入水时的压肩提臂动作，强调打水时要用腰腹部发力。

3.入水后抱水动作含糊

手臂入水后的抱水动作的质量将直接影响划水的效果，如果抱水动作含糊，那么划水时力量必然不够。导致这一现象的原因有两个，一是动作概念不清，二是怕身体下沉而急于向下划水。因此，练习蝶泳的基本动作概念非常重要，否则就会不断地重复体会动作概念，反而影响学习进度。同时，练习的时候注意身体要放松，手臂入水后压肩，手侧划时要转腕屈肘抱水。

第九章　常见水上运动及科学训练

除游泳之外，还有很多风格鲜明、魅力独特的水上运动项目。尤其随着现代竞技运动的强劲发展，以及社会整体经济水平的提高，水上运动越来越多地受到关注和喜爱，并成为竞技体育的重要组成部分。本章将对目前最受欢迎的几种水上运动项目的特征和发展进行介绍，它们分别是潜水运动、冲浪运动、帆板运动、赛艇运动和皮划艇运动。同时，根据每项运动当下的发展情况，给出相应的核心训练方法。希望这些能够对体育研究人员、体育教育人员、运动员以及水上运动爱好者提供较为专业的基础训练知识。

第一节　跳水运动及训练

一、跳水运动概述

（一）跳水简述

跳水是一项从高处用各种姿势跃入水中或是从跳水器械上起跳，在空中完成一定动作姿势，并以特定动作入水的运动。

跳水的历史非常久远。从人类掌握游泳技能后，就开始有了简单的跳水活动。1900年第2届奥运会上，瑞典人在特制的跳台上表演了各种跳水动作。1904年，第3届奥运会开始设立了男子高度跳水和男子跳台跳水两个比赛项目。1951年，跳水才成为规则完整的奥运会正式比赛项目。跳水从1951年第一届亚运会开始，成为正式的亚运会比赛项目。

跳水运动的世界组织机构是国际业余游泳联合会，成立于1908年，总部设在瑞士的洛桑。中国跳水机构组织是中国跳水协会，2020年1月11日在北京宣布成立。

（二）跳水项目

跳水项目主要有1米跳板、3米跳板和10米跳台等。关于这几个项目的竞赛规则如下：

1. 1米跳板

（1）在世界锦标赛中应进行预赛和决赛。决赛应采用淘汰制，具体办法由执委根据跳水技术委员会的建议决定。

（2）预赛前 12 名的运动员进入决赛。

2. 3米跳板和10米跳台

（1）在奥运会和世界锦标赛中，均进行预赛、半决赛和决赛。

（2）预赛中的前 18 名运动员进入半决赛，半决赛的前 12 名运动员进入决赛。

（3）预赛、半决赛和决赛均为独立的比赛，每场比赛均从零（0）分开始。

3. 3 米跳板和双人 10 米跳台

（1）应进行预赛和决赛。

（2）在世界锦标赛中，预赛前 12 名的队伍进入决赛。

（3）预赛和决赛为独立的比赛，每场比赛从零（0）分开始。

（4）对于奥运会，如需进行资格赛以确定参赛队伍的数量，可在奥运会前于不同地点单独进行比赛。

4.男女混合全能（包括 3 米跳板和 10 米跳台）

（1）采用一次性决赛的比赛方式。

（2）混合双人3米跳板、混合双人10米跳台。

二、跳水运动的科学训练

（一）跳水技术

1. 3米跳板

3米跳板跳水的规定动作是一次向前跳水，一次向后跳水，一次反身跳水，一次向内跳水和一次向前跳水转身半周。这些跳水动作可以是直体，屈体或抱膝。

在完成动作的过程中运动员可采用几种姿势来完成：直体，任意姿势，屈体或抱膝。

运动员入水可以脚或头先入水，头先入水时身体必须保持垂直足趾伸直并拢。双臂伸过头并与身体成直线，双手并拢。

2. 10米跳台

10米跳台的规定动作为一次向前跳水，一次向后跳水，一次反身跳水，一次向内跳水和一次向前跳水转身半周。这些跳水动作可以是直体、屈体或抱膝。

在完成动作的过程中运动员可采用几种姿势来完成：直体、任意姿势、屈体或抱膝。

运动员入水可以脚或头先入水，头先入水时身体必须保持垂直足趾伸直并拢。双臂伸过头并与身体成直线，双手并拢。

（二）技术训练

1.起跳技术训练

起跳技术训练，首先应该要求动作的规范，其次是姿态优美，要注意身体各部位的协调合作。教练可以帮助运动员进行器械的简单动作训练，协调腿部动作和手臂的动作，提高跳水动作的稳定性。

2.连接技术训练

连接技术训练，首先需要注意的是动作的规范和流畅，运动员可以从最简单的动作练起，借助器械或者教练的帮助进行模拟练习，体会连接技术的要点。其次，要注重转体动作的连接训练，通过模拟训练，寻找转体时的感觉，做好基础技术的练习，这样真正跳水时才可以发挥出自己的真正实力。最后，需要注意的是注意动作的协调性，使姿态优美，保证动作的连贯和稳定。①

① 张霞. 谈谈跳水的基本技术训练[C]//第二届世纪之星创新教育论坛论文集.2015:518.

3.空中感觉训练

一般来说，空中感觉的训练主要分为三个过程，分别是学习动作、初步掌握动作进而熟练掌握动作这三个过程。学习动作过程，主要是指运动员对于动作的认知以及空中感觉的初步形成阶段。在训练过程中，运动员应该避免动作的混淆以及动作要领的遗忘。初步掌握动作，是指对于动作要领有一个清晰明确的认知，动作概念基本形成，运动员可以独立进行基本技术训练。熟练掌握动作，是指运动员对于运动概念已经有了很深的认识，对于动作要领铭记于心。在这个过程，运动员可以进一步发展动作的难度。运动员要空中感觉训练，建立动作概念，准确掌握动作要领，以保证动作完成的质量。

4.打开技术训练

打开技术训练，要注意翻腾动作和转体动作的打开技术训练，正确掌握动作要领，利用器械或者教练员的帮助从简单学起，逐步增加难度，比如先学习半周动作打开，再慢慢掌握一周、两周等动作的打开。在练习过程中，要注意打开的时间，通过实践来掌握动作要领，注意身体的协调统一。

第二节　潜水运动及训练

一、潜水运动概述

（一）潜水运动的起源与发展

一般而言，早期的潜水运动主要是指水下进行的生产、勘探、科学考察、军事等方面的水下活动和工作。这些水下活动同时也包括娱乐、游览和观赏的功能。

而最初的潜水运动可以追溯到公元前4000年的美索不达米亚时期，在当时出土的文物中可以依稀见到许多关于潜水活动的绘画。而进行潜水活动一定少不了潜水器具的辅助。早期的潜水活动由于受到技术的限制而发展较为缓慢。到1924年的时候，玻璃制的潜水镜开始投入使用，出现了从水面上吸取空气的“面罩式潜水器”。这些器具的使用使潜水运动得到快速发展。也是在1924年，日本人使用面罩式潜水器潜入到海底70米，并成功地打捞起沉船八阪号内的金块，此新闻一经发出便震惊了全世界。1943年，法国潜水员伊·库斯托和雅克发明制造了压缩空气呼吸装具，从而大大地促进了潜水运动的发展，人们纷纷尝试起这一新鲜刺激的水中运动。随后，世界各地出现了不同类别的潜水竞赛。1959年1月，世界潜水运动协会在摩纳哥正式成立，从此各国的潜水运动开始朝着有系统、有组织的方向发展起来。

大约从20世纪60年代开始，世界各国纷纷设立了实用潜水竞赛项目，如水中捞物、潜水定向、背脱装具、潜泳等。到20世纪70年代，又发展出戴脚蹼的游泳、戴压缩空气呼吸装具的潜泳、屏气潜泳、水中定向、长距离戴脚蹼的游泳和水下狩猎以及水下球类等竞赛项目。截至当前，世界潜水项目主要包括蹼泳、水中定向、水下橄榄球、水下曲棍球等。如今，人们对潜水项目的热情不仅不减，而且还呈现出越来越着迷的趋势，有关潜水的文化、形式、技术、设备等在不断地发展变化中。同时，这些又在不同方面和不同程度上促进着潜水运动的发展。

（二）我国潜水运动的起源与发展

在我国历史上，有大量的文献史料表明我国早期就有潜水运动的踪迹。例如，春秋战国时期人们已经把潜水用于战争的侦查活动。在苏东坡的《日喻》中，记载有“南方多没人，日与水居也。七岁而能涉，十岁而能浮，十五岁而能没也。夫没者岂苟然哉，必将有得于水之道也”。从明朝时候，南海地区的人们已经开始使用一些设计合理的呼吸管进行潜水活动，主要用来从事“没水采珍珠”的劳作。采集到的珍珠经过重重筛选后，再由专门的匠人制作为首饰、服装饰品等进奉到高官和宫中。

我国的现代潜水运动始于1959年。这一年，我国首次将潜水运动列为体育项目之一，并开始组建团队进行重点发展。3年后的1962年，广东省湛江市建立了湛江潜水运动学校。此后，这里成为国家潜水运动发展的重要实验基地，全力研究潜水运动项目的发展并培养相应的潜水人才。1964年，我国成功举办了第一届潜水锦标赛，为后来的潜水项目发展奠定了重要的基础。从第六届潜水锦标赛开始，潜水又进一步发展成为全国运动会的比赛项目，十几个省市陆续开展潜水运动项目，以及潜水人才的挖掘和培养。潜水运动具有独特的健身和娱乐特征，具有良好的发展潜力，并且我国拥有丰富的水域资源，所有这些都为我国潜水运动的发展起到积极的推动作用，潜水运动也随即在中国大面积地发展起来。

1986年，我国正式成立了中国潜水运动协会，在全国普及和开展潜水运动。此后，我国各个省市陆续出现了潜水协会、潜水俱乐部、潜水公司、潜水学校等组织，随之涌现出的潜水教练员、潜水运动员和潜水爱好者等群体也在不断发展和壮大中。尤其近些年来，我国社会经济发展迅猛，人们的生活水平不断提高，于是对运动健身和休闲娱乐的需求也在与日俱增。而潜水作为一项老幼皆宜的健身、旅游、休闲活动，得到人们的热烈追捧。这些不仅为我国潜水运动的发展准备了良好的群众基础，同时对竞技潜水也间接起到了积极的促进作用。

二、潜水运动的科学训练

（一）潜水运动的基本技术

目前的潜水运动一般分为浮潜和水肺潜水。浮潜是指潜水者仅靠屏息的时间进行潜泳，到无法继续随时可以浮出水面。这种方式一般都是在水面下较浅的深度进行。而水肺潜水是指潜水者背负氧气筒而进行长时间潜水的方法。潜水运动一般包含以下几种技术动作。

1.下水动作

在进行潜水时无论采取哪种方式下水，都必须用一只手扶住潜水镜以防被下水时的冲力冲开，同时，用另一只手托住氧气瓶的瓶底。一般用到的下水动作主要可以分为以下几种。

（1）迈步法

迈步法适用于在岩石、水泥地及其他安全平稳的水底环境下下水。跳水时以迈步的方式前进。一旦落水即快速合并双脚以减轻水的冲力。迈步法是最为常用的下水技术。

（2）前滚法

前滚法是指身体弯曲类似于圆形，形如前滚翻动作下水。这一下水技术要求动作必须熟练，且水下环境必须平坦安全，不能存在任何隐患。

（3）背滚法

有时候需要从船上入水，特别是一些船身较小、有轻微晃动的小船，采用背滚法入水则最安全。具体方法是潜水员背对大海坐于船边，准备好后只需向后一仰便顺势下水，入水后再翻转身来。

2.下潜技术

（1）直立式下潜法

直立式下潜法是指以迈步法入水后，快速合拢双腿，借助身体的重量和冲力下沉，且保持身体为直立式姿势。待全部入水后即可用双臂划水来调整身体的方向，或者转换身体姿势。

（2）镰刀式下潜法

镰刀式下潜技术适宜于背滚式入水后的下潜。开始可以将身体俯卧水面上，待呼吸调匀后立即弯腰呈90°，使上半身先进入水中，两腿顺势伸直而借助身体的重量而下沉，两手可辅助划水促进下沉和前进。

3.水下游动技术

潜水者在水下游动主要是借助脚蹼和正确的踢水法实现。脚蹼是潜水的必备工具，可以帮助潜水者在水下轻松获得足够的推进力。踢水方法与自由泳的打腿技术基本相同，通过大腿带动小腿做连续的拍打从而让身体获得推进力。

4.上浮技术

上浮技术十分重要。如果是浮潜的话由于涉水不深，可以逐渐把铅块抛掉即可。但应注意保持缓慢的速度上升。为了防止头部受到意外撞击，应保持一只手臂向上伸直，同时身体做360°旋转，这样可以随时观察到上浮水面四周的环境情况。

5.水下呼吸技术

水下呼吸技术主要是掌握调节器呼吸的要领，尽量做到缓慢而深长的呼吸。同时，也要了解人体呼吸过程中对身体浮力的影响并加以利用。比如，一般在吸气时身体上浮、呼气时下沉。

（二）潜水运动技术训练

1.入水技术练习

如前所述，可以按照几种不同方式练习入水技术。需要注意的是，如果水较浅则面向前走入水中；如果水较深则背向水走进水中；如果是跳入水中的话要注意用手按住面罩，眼睛看向下方。

2.呼吸技术练习

在练习呼吸技术之前，首先应该掌握将呼吸装置上气嘴内的水清除的技巧。在清除之前，还要了解水进入气嘴的三种情况：

（1）入水时没有把气嘴放在适当的位置造成进水。

（2）潜水时因故不得不摘下气嘴或因意外被碰掉而进水。

（3）调节器出现故障而导致进水。

清除气嘴内积水的方法也分为不同的情况而有不同的处理方式。比如，在双管调节器上气嘴的两边沿管的方向各有一个活瓣，多数型号的设备是使空气从调节器沿右边的管子进入，沿左边呼出，因此排水时只要向左侧旋转，将左边的管子向下拉，右边的管子向上推，并用力吹气即可把水排出。如果潜水者正在水平游动，那么可连续向左转动，在仰卧时砰气，即可把水排出。

而水下的呼吸技术的核心要素就是尽量做到缓慢而深长的呼吸。注意事项是不要在非必要的情况下屏住呼吸，特别是在上升的时候，因为闭气会引起肺部的过度膨胀，而且越到水面压力差越大，非必要的闭气有可能会带来严重的伤害和其他安全问题。

3.紧急上升

紧急上升技术难度较大，特别是在高压情况下施行紧急上升，即使是非常有经验的潜水员也容易引起多种事故。因此，练习的时候一定要在教练的指导下并严格按照要求执行。对于初学者，模拟紧急上升练习一般都要求潜水者跪在大约5米深的水底，用深呼吸来做准备，最后用中等力量呼出一口气，用力向上游。然后可以逐渐增加练习时水的深度。需要强调的是，呼气时一定要用最大力量，以免肺容量增大到危险的程度，避免不必要的危险。

第三节　冲浪运动及训练

一、冲浪运动概述

冲浪运动是指人体利用冲浪板、腹板、跪板、充气的橡皮垫、划艇、皮艇等驾驭海浪的一种水上运动。冲浪运动是一项充满刺激与动感的水上运动，运动员除了冲浪板以外几乎不借助任何其他工具，仅凭身体的平衡能力和力量就可以在海浪上自由驰骋。冲浪运动要求运动者必须具备优秀的平衡能力和运动技巧，同时还应具有在风浪中长距离游泳的能力，因此游泳技能也要非常过硬。

冲浪运动最初由澳大利亚兴起，这和澳大利亚的地理位置和气候特征密不可分。澳大利亚四面环海，气候温暖，多日照而少阴雨，常年都适合开展水上运动。因而，澳大利亚人非常喜欢各类水上运动。对于年轻人而言，他们尤其喜欢冲浪，因为它不仅炫酷而且也符合他们喜欢冒险的天性。

夏威夷群岛常年都有适合冲浪运动的海浪。早在1778年，英国探险家J.库克船长就在夏威夷群岛亲眼见过当地居民在海上冲浪的景观。一般而言，冲浪时要求海浪高度在1米左右。而在美丽的夏威夷群岛上，无论是冬天还是春天，不断地有从北太平洋涌来的海浪，一般浪高可达4米，有时甚至高达8米，运动员可以在上面滑行800米左右。因此，夏威夷群岛被认为是世界冲浪运动的天堂。世界各地的冲浪爱好者都喜欢到夏威夷体验这一绝佳的冲浪环境。大约在1908年前后，冲浪运动开始在欧美国家流行，但直到1960年左右才传入亚洲。

随着塑料工业的诞生，更为轻便的塑料冲浪板开始问世，这极大地促进了冲浪运动的发展。1962年，第1届冲浪运动世界锦标赛在澳大利亚的曼利举行，此后该锦标赛每两年都会举行一次。由于塑料工业的发展以及制造工艺的不断推陈出新，使冲浪运动在硬件发展上得到极大助力，世界级冲浪赛事的影响力也在与日俱增，这一切都使得冲浪运动在近几十年得到较快发展。北美洲、夏威夷、秘鲁、南非以及澳大利亚东部海滨都曾举行大型的冲浪比赛。冲浪能带给人不可替代的惊险体验，在惊涛骇浪中驰骋前行会让内心得到无比的成就感。但是，冲浪运动也充满风险，即便技艺高超且熟悉水性，但是危险仍然不可避免，因此，伴随冲浪运动的发展，冲浪救生、冲浪医护也逐渐发展起来。

二、冲浪运动的科学训练

（一）冲浪运动的基本技术

进行冲浪运动必须经过系统的技术训练。根据现在的评分规则，以冲浪者在规定时间内完成的有质量的冲浪数量来评分。例如，在30分钟内完成3次冲浪，或者在45分钟内完成6次冲浪，同时还要考虑浪的难度、运动员起滑、转弯、滑行距离等进行综合评分。每一个海浪的高度、力度、翻卷的距离都不尽相同，因此每一次冲浪都是一次独一无二的挑战。运动员在平时的训练中需要熟练掌握各种驾驭海浪的技巧。比如，冲浪者会选择与海岸线形成某个角度的方向行进，从而获得更长的冲浪距离。一般而言，平均1米高的海浪就可以完成一次漂亮的冲浪。浪头越高，对运动员的技术要求也就越高，视觉效果也更加精彩。但是，若要驾驭几米高的大浪，就必须掌握娴熟的基本技术和丰富的经验。常见的冲浪技术有以下几类，它们是冲浪起乘技术、竞速冲浪技术、曲道冲浪技术、浪区冲浪技术以及花式冲浪技术。

1.冲浪起乘技术

起乘技术是运动员开始冲浪的起始技术。一般而言，运动员先是俯卧或跪在冲浪板上，然后再用手臂划水到适宜作起点的位置。当海浪推动冲浪板滑动时，运动员选择在浪峰的前面起身站立，两腿前后自然开立，一条腿负责掌握平衡，另一条腿负责控制，两膝微屈及时地调控冲浪板的角度，双臂张开负责控制身体的平衡，然后根据波浪的走势和速度快速滑行。

2.竞速冲浪技术

竞速冲浪技术是指在冲浪运动中的速度和过弯技术。竞速是指直线竞速，是在极强的风浪下保持高速行进的技术。目前的世界直线疾速记录为94千米／小时，而平常的速度在40～50千米／小时。过弯技术非常关键，它是在冲浪过程中能够自如控制方向和稳定的前提。

3.曲道冲浪技术

曲道冲浪技术特指绕浮标的冲浪比赛所采用的一种技术。除了速度之外，稳定性、过弯与角度都是曲道冲浪吸引冲浪者的地方。曲道冲浪技术相对而言更加细腻和柔和。曲道冲浪的水域相对宽广，而且浪况较小，通过曲道可以增加竞赛的难度和挑战性。曲道冲浪也适合大多数的冲浪爱好者，因为它的危险系数相对较低，只要具有基本的游泳技能，即便不慎落水也很少出现受伤的情形，而且对于初学者而言，也不需要克服强烈的恐惧或者心理障碍。

4.浪区冲浪技术

浪区冲浪难度较高，只有非常成熟和技艺高超的冲浪选手才能驾驭。它要求冲浪者在过浪、浪前转向、上浪、下浪、飞跃、空翻、浪上360°空翻等技术方面都有过硬的功底。同时，除了能轻松驾驭这些冲浪技术以外，还要对海流、潮汐、地形及浪况具有准确的分析和判断能力，否则会很难进入状态。

5.花式冲浪技术

花式冲浪顾名思义是指一些富有创意和形式丰富的冲浪技术。它一般是在碎浪区或平水区进行。冲浪者通过做较大的动作来体现冲浪的技巧性和娱乐性，如跳跃、空翻、花式转帆和空中转向等。花式冲浪尽管选择在海浪较小和平稳的水区进行，但是其技巧难度偏高，风险也偏大，是只有冲浪行家里手才能挑战的技术。冲浪者只有在掌握了一定的冲浪基础之后才可以学习花式冲浪技术，并且一定要在专业教练的指导下进行，以避免练习中意外受伤。

（二）冲浪运动的训练方法

冲浪是一项入门简单但晋级十分困难的运动。它需要冲浪者具备良好的综合身体素质，还需要经年累月不间断地练习，只有同时做到这两点，才能获得实质性的突破。

与滑板、滑雪等板类运动不同，冲浪运动者不可能在一个固定的坡度或者相似的环境下进行反复练习就能掌握技术。在大海上，没有两道海浪是完全一样的，因此，不可能通过反复练习而获得熟练的技术。相比较之下，学习冲浪需要投入更多的时间和精力进行练习。一般来说，冲浪运动的训练可分为体能训练、人体冲浪训练和冲浪板冲浪训练。

1.体能训练

进行冲浪运动时，人体几乎每时每刻都在运动之中，可以想象它对体能的消耗是非常大的。而且，为了保持身体的平衡、掌控方向和速度等，冲浪者需要随时调动全身的各个肌群参与运动。因此，这就需要冲浪者平日里进行全面的体能训练，包括力量、耐力、爆发力、平衡能力、灵敏等。其中，尤其重要的是加强对肱三头肌的训练，这对冲浪者掌握冲浪技术十分重要。

2.人体冲浪

初学冲浪者一般都是从人体冲浪的训练开始。当逐渐掌握了基本技能和水感之后再过渡到用冲浪板冲浪。

人体冲浪是指冲浪者先游离海岸等待大浪，当大浪冲向海岸时以侧泳的方式游向海岸。随着海浪的卷起，冲浪者会被带到浪峰上。此时冲浪者努力转身使自己面部朝下，同时背部拱起，双臂放在身体两侧。然后保持这一身体姿势等待被海浪冲向岸边。当海浪逐渐消失，冲浪者随即张开两手帮助减速。这样的练习能够帮助初学者体验海浪的节奏、力量、角度。通过多次练习之后，初学者就可以逐渐积累一些与海浪相处的基本技能，以及身体借助海浪滑行的平衡感和综合体感。这些都将为学习和掌握冲浪板技术奠定基础。

3.冲浪板冲浪

冲浪板冲浪是指冲浪者以腹部趴在冲浪板上，用双臂划水至海浪成型的地方，并选择在海浪的前面，等大浪开始冲向岸边时，迅速起身站立在冲浪板上，一脚在前控制平衡，一脚在后控制力度和方向，通过不断地调节身体的重心来驾驭冲浪板横过波面。在短短的20、30分钟内，冲浪者凭借绝佳的平衡能力，通过和冲浪板的配合横过数个波面、完成挑战。一般而言，大部分冲浪者会选择站在冲浪板的中央或靠后的位置来控制方向，但也有少数运动员能够移动自己的重心到冲浪板的前端，后者的技术难度相对更高。在训练的时候需要遵循由易到难的原则，随着自身技术水平的提高而逐渐挑战更难的技巧。一般情况下，冲浪板冲浪技术练习应遵循以下程序进行。

（1）系好皮带。通常练习者需要把后脚和冲浪板的尾部绑紧。

（2）趴在板上。以腹部为支撑趴在板的正中央，使双脚在板末端的一段距离之外，然后选择在海浪较少的海滩练习。刚开始练习的时候尽量避免接触海浪，而是在海边波浪相对平缓的区域熟悉水性，感觉身体控制冲浪板的用力的感觉。

（3）滑行。这时候仍然以腹部支撑趴在冲浪板上，同时用双臂练习滑行，滑行时感受肌肉的用力，以及对板的控制感，可以用手抓住靠近胸部的板的边缘来辅助控制方向。

（4）起身。起身是指冲浪者从俯卧到站立起来的弹起动作。这是冲浪运动中的关键技术动作，需要大量的练习。首先，在快速有力的移动中用手臂撑起身体，双脚此时调整为一脚在前、一脚在后的姿势。通常把左脚在前称为正脚，右脚在前则称为反脚。只要前期有较好的趴板和滑行训练，起身动作并不是很难做到。只有在任何海浪情况下都能稳稳地起身并前行，才算熟练地掌握起身技术。

（5）保持平衡。在这个过程中膝盖始终要保持弯曲，双脚配合控制冲浪板，双臂放松在空中伸展并负责控制身体的平衡，用身体的前倾来降低重心。

第四节　帆板运动及训练

一、帆板运动概述

（一）帆板基本常识

1.起帆要领

在水面启航前，要自行起帆。起帆时要确定风向，并使航板与风向成直角，让帆前缘顺着风向放置。同时用双脚踩夹帆杆根柱，借助身体重量轻轻慢慢拉动帆杆绳子，直至把帆杆竖直，然后出手捉住帆杆中间附着的横式手把柄。出发前要先确认帆杆根柱是否插进航板的方向接头上，尝试左右抖动手把柄测试是否运用自如。

2.基本驾乘法

驾驭帆板最核心的技术就是控制风帆与风的夹角来借助风力前行。在驾乘技巧方面，以及时、准确地调节帆面承受风力的大小为关键。随着风向的转变和风力的改变，运动员要保持机敏，灵活应对。基本的驾乘方法有下列几种。

（1）侧风驾乘

侧风驾乘是左右驾乘技术的基础，其学习帆板的第一步。侧风驾乘就是保持航行方向与风向成90°角。这时候可以充分地感受到帆板借助风力直航快进的愉悦体验。

（2）顺风驾乘

顺风驾乘是让风从正后方吹来，因为顺风使船帆压力几乎消失，人失去凭靠，不易保持平衡，速度降缓，并且比较容易发生危险，所以在练习顺风驾乘时更加应该做好安全措施。

（3）偏顺风驾乘

偏顺风驾乘就是利用风由斜后方吹来的航行技术。它介于侧风和顺风之间的航行。这种方式速度很快，并且易于控制平衡，因此是最佳的乘航条件。

（4）偏逆风驾乘

偏逆风驾乘是指风来自斜前方，此时帆与风的张角非常小，因此速度逐渐降低，可用于减速。

（5）逆风驾乘

帆板本来不能逆风而行，但是可以采用一种曲折的“之”字形路线迂回前进，即交替以向左和向右的偏逆风驾乘。

（二）驾驶帆板的策略

1.看天行事

帆板在大海上航行的必备条件就是良好的风力。因此运动员要具备一定的气象和水文知识。在航行前，要全面了解当地当天的天气变化，掌握足够的风力、风向、气温等信息，最好是通过查看天气图而整体上把握当天的风、浪状态。一般六七级的风力对帆板最为有利，板体稳定且速度较快。

2.装备齐全

对于初学者而言，全面的装备必不可少。这是保证安全驾乘的首要条件。因此，绝不能存在侥幸心理或者偷懒。进行帆板运动之前，初学者应穿上全套的救生设备。如果水中礁石相对较多，则应该穿上鞋子。只有在万无一失的前提下，才能心无旁骛地专心练习技术。

3.了解潮汐

练习帆板除了要了解天气以外，还要对潮汐有一定的掌握，比如算准涨潮和退潮时间。因为潮起时海流较急，而退潮时礁石会裸露出来。这些都是对开展帆板运动不利的情况，因此要尽量避免涨潮与落潮的时间运动。另外，应该避免在礁石突角多的海水中练习。因为突角多会令水流湍急增加航行的难度，所以并不适合开展帆板运动。

二、帆板运动的科学训练

帆板运动对增强臂力、腹背力和腿部力量，以及发展灵敏性和身体平衡能力都有明显的提高。因此，帆板项目是一项可以提高人体综合身体素质的运动项目，对于休闲健身也是很好的选择，它可以将人从繁忙的都市生活压力中暂时解脱出来，在天海一色间乘风破浪让人在精神和心理上都得到全然的放松。帆板还可以培养人们勇敢顽强、坚韧不拔的精神，因此也是一项特别适合青少年的运动项目。但是，学习帆板需要经过严格的科学训练，只有掌握必要的帆板知识和技能，才能真正享受到帆板运动的乐趣所在。

（一）帆板直线驶的操作技术

在帆板竞赛中，运动员取胜的第一要素就是直线行驶速度，因为它将直接决定帆板的航行速度。因此，对于帆板运动员或者帆板爱好者来说，学习直线驶是最基本也是最重要的环节。

1.迎风直线驶技术

（1）人体姿势和动作方法

学习迎风直线驶技术首先要掌握相应的人体姿势和动作要领。迎风航段直线驶一般以风向45°角左右为主航向。在此基础上，根据风力的大小和风向的变化随时进行调节，另外还要考虑到航线上流和涌浪等情况。因此，练习者需要适时地变换驶帆操作方法，以达到操稳帆和稳定板体的目的，并且争取得到最快的航速。

迎风驶帆的基本身体姿势和动作方法要领如下：

①一般为操作者面对帆站立在板体上，双脚开立与肩同宽，呈外“八”字形。

②双膝稍屈，身体直立适当后倾，双手握住帆杆，前手距桅杆20～30厘米，握距略宽于肩。

③直臂用力，目视前方水面。

④操帆时前手要控制好桅杆的倾斜角度，使板体保持直线行驶。

⑤后手调整帆角，保持良好的受风状态。

随着风速的增大，人体站位逐渐向板体的上风舷移动，双腿用力蹬板，身体重心移向舷外，双臂伸直，帆面呈反扣状态，保持好帆的受风中心。收后手会使帆的受风中心前移，板体出现顺风偏移；松手后会使帆后倒，会使帆的受风中心后移，板体出现迎风偏转。因此应准确把握航向，使帆板始终处于直线驶状态。除掌握正确的操帆技术外，还要根据具体航海的条件合理地、灵活地变换操作方式，操稳帆，稳定好板体，使人、帆、板体达到一个良好的平衡状态，提高直线行驶速度。

（2）两角稳定技术

一般来说，迎角和帆角之和等于风向角，因此在实际操作中可以用风向角和帆角这两个可操纵因素来控制帆的最佳迎风角度。对于升力型驶帆法的迎风航程来讲，重要的是保证一个最佳的迎风驶帆气流入射角度，这样才能使帆产生良好的升力，只要操纵得当航速就会明显加快。

①最佳迎角的选择

迎角的选择是关键。在帆型已定的情况下，帆与气流的角度不同，那么帆的下风面的负压力也随之变化。当帆与气流成某一合适的角度时，帆的下风负压最大，此时的帆动力效果最好，所分解出来的前进分力最大。一般把这时气流对帆的入射角称为最佳迎角。这个角度约在23°左右，但是只要偏差2°～3°升力效果就会明显变差，因此对运动员的技巧要求较高，需要通过大量的练习才能掌握。在操作的过程中，应始终努力获得最大帆动力，即对最佳迎角的选择与操作进行牢固把握，且需要保持相当长的一段时间。

②最佳风向角的选择

帆板在迎风航线上行驶需要通过曲折航线才能到达迎风标。当帆板行驶大风向角时，板速较快但同时曲折行驶的航程也较长；而行驶小风向角时，路程短板速也慢。因此，在选择风向角的时候需要综合考虑行驶路线和航速的矛盾。这要根据当时的具体情况而具体定夺，但最终目标都是在最短的时间内能到达迎风标。

另外，风向角的选定与风的大小和涌浪的特征密切相关。假定帆板在行驶在水面相对较平静的情况下所选择的风向角与有涌浪的时候完全不同，因为涌浪形成的波阻力对帆板的速度和横移都会产生极大的影响。行驶的风向角小，受到的阻力大，波横移力小。而随着风向角的增大，波阻力减小，波横移力则增大。因此，如果风浪较大那么就要相应地增大风向角以减小波阻力，提升帆板前进力。

（3）迎风驶倾板技术

帆板的迎风驶倾板技术是帆板在迎风行驶时，使板体向下风横向倾斜一定角度，从而达到提高板速的控板技术。

这里需要了解的是倾板的水动力效应。稳向板、尾鳍的水翼作用，会产生升力，减小浸水阻力。改变板体浸水形状，侧面阻力加大，减小板体横移。减小板体迎面阻力面积，越浪时能形成“切浪现象”。

（4）帆板迎风驶的压帆技术

迎风压帆技术是指当帆板在具有较好行驶速度时，帆的受风中心和人体重心形成最佳组合，使下帆也接近板体表面以增加帆空气动力从而获得提速。航速的提高、板体侧面阻力中心的后移为压帆技术的实施创造了良好条件。

板体开始滑行后其纵倾角随之增大，板首翘出水面导致板体的浸水体积减小，浸水中心后移又使侧阻中心后移。而且随着速度加快，稳向板的后收也会使板侧阻中心后移。板体侧阻中心后移的幅度大于帆的受风中心位置的变化，因此压帆技术既能提高帆的空气动力效应，又能弥补这一力矩的平衡，是这一条件下的最佳技术状态。

压帆后，帆的下帆也尽量贴近板面，封闭气泄，减小诱导阻力，使帆的下风面气流加速流动的路线加长，负压增大，从而提高帆的总升力。为争取更大的空气动力效应，压帆技术也有使帆面向上风反扣的技术与帆后压共同组成压帆的技术。帆的反扣既能够加大帆后压的幅度，又能够产生垂直向上的升力。反扣能使帆的受风中心偏向板首尾线的上方，可减少因帆后压所带来的板体迎偏现象。帆的后压与反扣是压帆技术的两个重要组成部分。

综上所述，两角稳定、倾板、压帆和摇帆技术是帆板迎风直线驶技术的重要组成部分。

2.尾风直线驶基本技术

尾风直线驶属于阻力型驶帆。一般采用尽力贴近下风标方向的侧顺风航程，风向角一般在150°左右。尾风行驶时帆角为90°左右，桅杆向上风舷倾斜较大，使帆受风中心在板首线的垂直线上。另外，在尾风行驶时保持帆较松弛，以便形成最大帆弧，万向节滑座收到后部，稳向板全部收起。

（1）尾风驶的平衡方法

尾风驶的平衡方法与迎风驶不同。尾风行驶时，人面对板首站立，左右脚之间的距离较窄，因此有可能导致站立不稳而摔倒，此时掌握平衡方法就显得很重要。一般常采用的方法有以下两种。

①站板平衡

尾风站板，当身体重心向左移动时，则改用左脚单独支撑，同时腰背向右侧弓出。同样的，当身体重心向右侧偏移时，则用右脚单独支撑，身体重心向左侧弓出。这样就能及时制止重心偏离支点并保持平衡。

②操帆平衡法

当身体重心向右移时，立即用左手臂用力按压帆杆，通过反作用力可将身体重心复位。同样的，当身体重心偏左时，右手臂用力按压帆杆，产生反作用力使身体复位。需要注意的是，每次用手用力按压帆杆的时候，压力方向要正对万向节。

上述两种平衡方法是非常有效的方法，一般在实践中会结合使用。任何平衡方法只能在人体平衡即将被破坏或刚刚被破坏的时候才有效，稍作迟疑便失去机会。因此，在实践中要注意及时、迅速、准确地采用平衡方法才能达到理想的效果，用力不够或者用力迟疑都将使效果大打折扣，甚至毫无效果。

（2）尾风滑浪技术

通常尾风航段都驶侧顺风风向角。侧顺风的滑浪技术与上述横风滑浪技术的第三种情况相似。

（二）帆板运动的体能训练方法

1.力量素质训练

帆板运动需要动员全身的肌群参与，特别是对力量素质的要求较大。可以说力量素质是帆板运动员提高运动技术的核心因素，也是决定运动员发展空间的重要参考素质。因此，在进行帆板运动训练之初，首先需要进行力量素质的训练。力量是指肌肉在运动时克服阻力的能力，大致可以分为绝对力量、相对力量、速度力量和力量耐力。

帆板运动在进行力量素质训练时，有一套较为健全、完整的训练体系，其内容涉及全身的重要肌群。这些训练内容包括：握力器、卷系有重物的绳、拉橡皮筋、哑铃侧举、哑铃手腕屈伸、哑铃上举、哑铃体侧提、哑铃前后摆臂、身体前倾哑铃平举、杠铃上举、哑铃扩胸、杠铃提拉、杠铃卧推、杠铃侧体、杠铃转体、负重俯卧撑、俯卧负重背起、负重仰卧起坐、负重蹲起、卧垫两头起、负重跳跃、单杠引体、单杠静挂、单杠卷身上、单杠举腿、双杠屈伸臂、跳台阶、蛙跳、负重提踵等。

2.速度素质训练

帆板运动员也需要进行系统的速度素质训练。训练方法如下。

（1）反应速度训练

听教练的信号完成下面的练习。

①起跑练习。听到信号后作蹲式、半蹲式、站立式、背向式起跑的练习。

②听信号作20米的冲刺跑练习。

③听信号作向前、向后、向左、向右快速变换方向跑练习。

④听信号作20米的往返跑练习。

（2）移动速度训练

①分别练习10米、20米、30米快速跑。

②分别练习10米、20米、30米快速往返跑。

③听信号进行快速前进跑、快速变换跑的练习。

④完成30米快速接力跑练习。

⑤利用下坡做30～50米的快速跑练习。

速度素质训练需要连续进行才能见到效果，而且，为了提高训练效果，应该选择在中枢神经系统处于较为兴奋的状态下进行速度素质的训练。一般都会在训练的前段时间安排速度训练。

3.耐力素质训练

耐力素质是指人体进行长时间运动的能力。耐力又可分为肌肉耐力和心血管耐力。肌肉耐力是指肌肉在进行长时间的运动时，肌肉毛细血管网的扩展能力以及神经系统对肌肉的支配能力或者效率。心血管耐力是指循环系统的供氧、供能以及排除代谢产物的能力。耐力素质训练内容一般是负重跑、静力练习、越野、跳绳、长跑、游泳、踢足球、打篮球等。在训练方法上一般分为持续训练法、重复训练法、间歇训练法和循环训练法，具体的方法如下。

（1）持续训练法

持续训练法是指通过在相对较长的时间内持续地进行训练来达到目的的训练方法。它的核心数据指标为保持60%左右的运动强度，保持130～160之间的心率，不间歇地进行训练。具体的持续时间要根据受训者的基础条件和训练目标而定。

（2）重复训练法

重复训练法是指在不改变动作结构、运动负荷和运动频率等条件下反复进行练习的训练方法。强度要保持在80%～90%之间，心率保持在110次/分钟左右。每组的间歇时间根据训练内容的不同而不同，目的是在机体刚刚恢复便再次投入到训练中，以此来增强速度耐力和专项耐力。

（3）间歇训练法

间歇训练法是指在机体尚未完全恢复时即进行下一组的练习。比如，在一组练习后，做短暂的休息，但是在机体还没完全得到休息时就开始下一次的训练。间歇训练法的强度要保持在60%～80%之间，心率在160～180次/分钟，间歇结束时的心率是120～140次/分钟。间歇训练非常有利于心血管系统的耐力水平的提高。

（4）循环训练法

循环训练法是根据训练的具体目标而设计出不同的训练内容，并建立若干个练习站，训练时要求运动员按照规定的顺序和路线完成各项练习任务。一般来讲有以下三种方案。

A.持续训练。各站点之间不作停歇连续进行数遍。这种方式特别适合增强一般耐力和力量耐力。

B.重复训练。在保证每个站点的负荷强度的前提下重复进行训练。比如，每个站点的负荷强度都保持在80%～90%以上，间歇时间为机体刚刚基本恢复即投入下一次的练习。重复训练是增强速度耐力的最佳手段，同时对于发展力量素质、速度素质也有较好的效果。

C.间歇训练。严格控制休息时间，使机体在尚未完全恢复时即进行下一站的练习。间歇训练对于提升速度耐力、力量耐力和提高力量效果明显。

4.灵敏素质训练

灵敏素质是指机体在感官系统收到信号后迅速做出反应的能力。比如在听到教练的口令或者看到通过视觉信号后，大脑可以迅速做出协调和应对。可能是改变原来的运动速度、也可能是改变原来的运动方向、频率等。总之，要快速地做出判断和调整，以获得对自己最有利的运动效果。灵敏素质需要反应能力、力量、速度和协调性等多种素质能力的协调。

灵敏素质的训练内容有听信号变向跑、上下肢配合动作、两人对面迅速抢拍对方背部、垫上滚翻等。训练方法主要是通过视觉或者听觉的信号，要求运动员迅速而准确地完成规定动作的练习。

第五节　其他水上运动及训练

除以上介绍的几项运动之外，还有许多形式多样、内容丰富的水上运动项目，它们都是现代竞技运动或者健身、休闲、旅行、娱乐以及康复治疗的重要组成部分，比如赛艇、皮划艇、漂流、水球、水上健身操等。

由于篇幅有限，本节将以赛艇和皮划艇为例，对这两项运动的发展和当前的训练方式进行简单的介绍。

一、赛艇运动

（一）赛艇运动概述

赛艇运动是由一名或者几名桨手运用肌肉力量，借助简单的杠杆作用推动赛艇前进的一种运动形式。赛艇的特点是运动员背向前进的方向。艇上可以有一名舵手，但也可以无舵手。

赛艇作为民间一项传统运动由来已久，比如印度的独木舟，古埃及的奴隶荡桨和中国的龙舟竞赛等。在与自然共处的漫长岁月中，为了能获得更多更好的生存资源，早期人类的发明创造可谓丰富且充满颠覆精神。例如，人们发明了一系列用于狩猎打鱼、渡江弄潮的实用工具，不断地扩大在艰苦环境下的生存边界。为了克服水的障碍，人们学会游水，又发明了船只。有研究人员发现，人类最早使用桨作为动力的舟艇可以追溯到六千多年以前。

赛艇既具有丰富的文化内涵，同时也是一项极具锻炼价值的水上运动。赛艇一般都在江河、湖泊等自然水域中进行，是一项可以愉悦身心的运动项目。经常进行赛艇运动对于提高人体的健康水平具有明显的效果。它不仅可以促进人体新陈代谢，提高内脏器官机能，而且也是发展全身肌群和各种身体素质非常有效的途径，另外，赛艇运动对于改善神经过程的节奏感和平衡能力也有积极作用。赛艇运动尤其对提高人体心血管系统和呼吸系统功能作用显著。赛艇运动员的肺活量普遍高于其他运动项目的运动员，平均可达7 000多毫升。因此，有人把赛艇运动称为肺部体操。赛艇运动还可以起到磨炼意志的作用，通过训练可以培养人坚韧不拔、顽强拼搏、团结互助的优良品德。因此，赛艇不仅可以锻炼身心，还具有重要的教育意义。

（二）赛艇基本技术

1.提桨前准备

提桨前的准备是指提桨入水前会有一部分的准备动作，此时推桨至前端，两臂向前自然伸直，上体前倾，转桨叶至垂直水平的位置，滑座距“前止点”约10厘米处。并保持小腿与龙骨大约成垂直角度，上体前倾约20°～30°，使胸部贴近大腿，膝关节成45°～60°角。集中精力准备入水。

2.提桨入水

提桨入水时，团身并把身体重心移向脚蹬板的前掌上，双手推桨，做向前上方推进的弧形运动，由此迅速地将桨叶插入水中，当滑轮几乎触及“前止点”时迅速蹬腿，此时桨叶开始划水。需要注意的是，正确地提桨入水的标志是水花不大或向上溅起，如果水花飞向船头或船尾说明技术动作有误。

3.拉桨

拉桨分为以下两步。

（1）第一步是当桨叶插入水中时，两腿及时地向斜后上方蹬伸，感觉好像整个身体悬挂在桨手柄和脚蹬板上一样，双手保持稳定牵拉，把腿部和身体重力传递到桨叶，并开始强有力地划水。

（2）第二步是随着拉桨的开始，上体从原来自然前倾的姿势逐渐地朝船首运动，且注意并非单纯用手臂的力量划水，而是充分发挥上体肌群整体的协调配合，这样可以使划水更稳定有力，且上体的划速要超过蹬腿的速度。

4.推桨

在按桨出水的同时将桨柄推向膝部上方。推桨过程中，要严格按照推浆“三部曲”进行，即由手握桨柄推移→带动肩和上体跟上并完成上体的前倾→启动滑座前移。

在整个推桨的过程中，桨叶水平移动贴近水面约10厘米，入水前需要提前完成转桨叶至垂直。一般情况下，应一边推桨一边连贯地转桨柄。推桨动作尽量平稳、连贯，避免让桨叶上下起伏。推桨的最后阶段也就是提桨入水前的准备动作，这时除滑座继续在剩下的10～15厘米距离前移之外，全部动作都已结束，桨手集中精力入水。

（三）赛艇运动训练方法

1.分解定位训练

分解定位训练的主要目的是原地分解学习，以及掌握划桨的各阶段动作。其训练方法如下。

训练要求在艇保持平衡及原地不动的状态下进行。双臂握桨向水平高度前伸，躯干及下肢向艇尾慢慢收拢，并以肩关节为轴心，两臂做上提动作，当桨叶扎进水时，动作停止。在这一过程中，桨叶背向上、面向水，当桨叶放入水中，桨柄在胸腹前10厘米左右的位置，躯干后仰达10°～20°，双臂后拉至前臂到水平状态时，动作停止。躯干和下肢始终保持一定的紧张度。手臂动作要干净利落、出水轻快。桨叶始终保持水平前移并成一条直线。重复训练，注意动作的准确性和一致性。

2.长距离持续训练

长距离持续训练法是指训练时间和距离都较长，而且要保持一定的训练强度，其特点是负荷过程不中断训练，这一类训练可以持续稳定地刺激机体，使心血管系统和呼吸系统在“稳定状态”的训练条件下得到改善，有助于改善中枢神经过程的均衡性，对于掌握、改进和巩固技术非常必要，对于增强一般耐力和有氧耐力也效果明显。

赛艇的水上训练有两种应用方式，分别是持续稳定长划和持续变速长划。

（1）持续稳定长划

持续稳定长划是指持续划30～90分钟，桨频在18～26桨/分之间。低速稳定长划的桨频在18～22桨/分之间，一般用于提高氧利用能力和补偿恢复体力的训练，也作为初期的技术训练手段；中速稳定长划的桨频在24～28桨/分之间，是在低速稳定长划之后用于改善和提高技术，以及用于促进无氧阈能力和基本耐力。如果用距离计算稳定长划的话一般是指划行距离为8千米、10千米或者更长。

（2）持续变速长划

持续变速长划通常训练持续时间在15～60分钟之间，桨频由24桨／分到32桨／分转变。持续变速长划对于发展专项基础耐力、专项速度耐力和有氧、无氧混合代谢能力。变速长划可以让技术更巩固和深刻，可以增强机体调节机制的能动性，甚至可以使机体机能系统发生很明显改变。

3.重复训练法

重复训练法是指不改变动作结构、负荷数据和间歇时间，在恒定的条件下反复进行同一训练的方法。赛艇水上训练的重复训练法包括各种距离或形式的重复划。比如起航划、短距离速度划、中等距离重复划、长距离重复划以及超长距离重复划等。短距离重复划一般要求在50～250米的距离之间，持续15～45秒。中等距离重复划的距离一般为500～1 000米，持续划90秒～3分钟，负荷强度在90%～100%之间。而长距离重复划的训练一般要求距离为1 000～1 500米，持续划的时间在3～4分半之间。超比赛距离划的训练距离为2 000～4 000米，持续划6～12分钟。

二、皮划艇运动

（一）皮划艇运动概述

划艇其实是从一种独木舟逐渐演变而来。独木舟在各个民族的早期文化中都有丰富的记载，是当时人们生活中用于渡水、运输和打鱼的重要工具。后来逐渐发展出娱乐、体育、旅游等文化属性。1924年，国际皮划艇联合会在丹麦的哥本哈根成立，是世界上第一个皮划艇的国际组织。1948年，国际划联在伦敦奥运会上提供了几种比赛皮艇和划艇的型号，此后所有的大型皮划艇都采用统一规定的船艇进行比赛。

（二）皮艇的基本技术

1.选桨和握桨

皮艇运动员选桨时，两手正握桨杆、对称地放在头顶上。上臂与两肩平行，肘关节屈曲成90°，这时两手距离桨颈大约5厘米，然后再加上两端桨叶的长度45～55厘米，即为该运动员较适宜的桨长。

握桨时，可以用右手操纵转桨，左手空握，或者相反也可以。关键在于握桨的距离。

2.皮艇的坐姿

运动员坐于舱内，两膝屈成120°～130°，躯干前倾5°～15°，头部保持正直，颈部放松，两眼正视前方。

3.皮艇划桨技术

（1）入水和抓水

以左桨划水为例，桨叶入水时，上体应围绕纵轴最大限度地向右转动，肩轴和躯干一起转动约70°，左膝弯曲使臀部稍向前移动。桨叶入水时贴近船体，左脚撑住脚蹬板，桨叶与水平面成40°～50°，入水点应超过自己脚尖，以腰部带动发力，同时转体蹬腿开始直臂拉桨。

（2）拉桨

抓水和拉桨之间没有间隔。拉桨时同样需要腰部发力，躯干加速用力向左牵拉转动。左脚撑住脚蹬板，右臂屈臂支撑，右手高于下颊，与眼齐平。在拉桨过程中，桨颈齐水平面，桨叶面则尽可能与船舷保持80°～90°。

（3）恢复

恢复分成出水、放松和稳定三个部分。整个划桨动作是一次连贯、协调的周期性运动，即使是恢复阶段，也应是轻快而流畅的，没有任何停顿。因为无论是训练还是比赛，都不允许艇的速度在两次拉桨之间有明显的减速现象。

（三）划艇的基本技术

1.选桨和握桨

单人划艇与双人划艇的用桨长度不同。一般单人划艇桨的长度等同运动员的身高为宜，双人划艇桨的长度与运动员的眉梢齐平。两手握桨时，上手正握桨把，下手握在距桨颈15～20厘米处。

2.划艇的跪姿

划艇运动员采用跪姿划桨。通常把支撑腿的脚、跪腿的膝和脚这三点，稳妥地放在一个钝角三角形的三个顶点上。支撑腿的脚趾朝划桨一侧稍向内转，而膝部正对着前方。而跪腿的大腿基本垂直于水平面，小腿向对侧偏移，跪垫高7～10厘米，脚掌着地，脚趾蜷曲。

3.划艇划桨的技术

划艇分左桨和右桨，划桨动作是单侧划行。因此，比皮艇更难控制平衡。它的一个划桨周期也可以分为入水、拉桨、操向、出水、恢复和稳定阶段。入水是指从桨叶尖端触水面到桨叶全部浸入水中的阶段。拉桨是指桨叶入水后，推桨手迅速前推并撑住，使桨叶抓住水。拉桨手的肩后移，利用抬体和转体的力量直臂向后拉桨。从入水到拉桨，运动员应将身体重量压在桨上。操向是指在单人划艇上，在每一桨结束时，桨手用"J"形划法来控制舟艇的方向。就好像桨手把水推离舟艇，从而使舟艇回到直线航向上。出水是紧接着操向动作结束，两臂继续向前上提桨，桨叶迅速从水中提出。恢复是指桨叶出水后，运动员上身挺直，开始转动上体，并把桨继续向前上方推出。而稳定则是在恢复阶段的最后，运动员全身肌肉再度紧张，屏住呼吸准备下一次桨叶入水。

（四）皮划艇运动的训练方法

1.陆上训练

（1）掌握握桨和转桨动作训练。

（2）划桨分解动作训练：熟悉划桨各阶段动作和动作路线。

（3）划桨完整动作训练：掌握动作的连贯和协调。

（4）坐在长板凳上或跪在地上做划桨训练：改进和提高完整动作的连贯性和协调性。

（5）在划桨池中做划桨训练：熟练划桨动作路线，掌握划桨动作节奏和合理用力。

2.水上训练

（1）在重心较低的无坐板艇上或宽艇上做完整动作训练，重点是熟悉划桨动作以及做到连贯协调。

（2）在单人艇上做完整的动作训练，要求船艇平稳，划桨动作熟练而且稳定。

（3）低频技术训练，注意要尽量做到平稳匀速地前进。

（4）作不同距离的技术划训练。

第十章　泳池救生与游泳社会体育指导员的培养

作为一名专业的救生人员，一定要学会并熟练掌握游泳救生的技术和方法，这样才能在施救的过程中争取宝贵的救助时间，将危害程度降到最低。本章重点阐述游泳救生员的专项赴救技术、现场急救与心脏复苏技术，同时对如何构建科学的游泳与水上救生系统进行了系统分析。

第一节　专项赴救技术

游泳救生员的专项赴救技术主要包括间接赴救和直接赴救两种，熟练掌握这两种技术对于整个施救过程具有重要意义。

一、间接赴救技术

游泳救生的间接赴救是指救生员在游泳池内使用救生器材（如救生竿、救生圈、救生浮漂和其他器物），对正在挣扎的溺水者经过准确判断，在保证自身安全的前提下，优先选择施救的一种赴救技术。

（一）救生竿

在使用救生竿进行施救时，要注意不能用救生竿捅、打溺水人员，以免伤及溺水者。除此之外，救生竿要始终放在救生岗位方便取拿的位置。

（二）救生圈

（1）在使用救生圈（球）施救时要注意，抛掷时一定要准确到位。

（2）在抛掷带有系绳的救生圈（球）时，手一定要握紧或用脚踩住绳子的另一端，当溺水者抓住救生圈（球）后，要立即将溺水者拖至池边救起。

（3）救生圈（球）要放在离救生岗位最近的地方。

（4）对带有系绳的救生圈（球）要经常进行整理，不打死结，保证急救时能安全快捷使用。

（三）救生浮标

救生浮标不仅是在近池岸端间接赴救时被广泛使用的救生器材，同样也是救生员深水直接赴救时广泛使用的救生器材。下面主要阐述救生浮标的使用。

1.入水

救生员下水施救时要根据溺水者与岸边的距离、泳池水深和现场环境选择入水方式。常用入水方式有以下几种。

（1）跨步式

救生员穿戴救生浮标的圈装背带时必须采用左肩右斜或右肩左斜的方式。将救生浮标浮体横置于胸前并经过腋下，手扶救生浮标中间下方，成“抱胸”姿势，拖绳置于浮标和胸前，身体前倾跨步式入水，入水时口鼻不得没入水中，眼睛盯住施救目标准备施救。

（2）蛙腿式

救生员穿戴救生浮标的圈装背带时必须采用左肩右斜或右肩左斜的方式。将救生浮标浮体横置于胸前并经过腋下，手扶救生浮标中间下方，成“抱胸”姿势，浮标背带置于浮标和胸前，身体前倾蛙式入水，入水时口鼻不得没入水中，眼睛盯住施救目标准备施救。

（3）鱼跃式

救生员穿戴救生浮标的圈装背带时必须采用左肩右斜或右肩左斜的方式。手持救生浮标浮体，入水前或入水时将救生浮标浮体抛于体侧或体前侧，入水后迅速把头露出水面，眼睛寻找施救目标做好施救的准备。

2.接近

救生员入水后将浮标经过胸前置于腋下，采用抬头自由泳的方式以最快的速度游向溺水者，距离溺水者2～3米位置时急停观察，然后游到最佳施救位置。救生员如采用鱼跃式入水，入水后迅速使用抬头爬泳接近溺水者，距离溺水者2～3米处急停，将救生浮标横置于胸前，然后游到最佳施救位置。

（1）接近清醒溺水者：手持救生浮标浮体系绳子一端，将浮标推向溺水者，同时用语言安抚，使其抓住浮标。

（2）接近水面昏迷溺水者：如果溺水者昏迷，救生员靠近溺水者背后，用救生浮标将溺水者托起，使溺水者口鼻朝上。

（3）接近沉底溺水者：如果溺水者沉底，救生员潜到水下，在溺水者背后一手从其腋下穿过，经过胸前至另外一边腋下，抱紧溺水者；另外一手向上抓拉救生浮标拖绳，将拖绳向下拉，利用浮标浮力向上升，把拉下的绳放置于抱紧的溺水者手中。救生员同时可以蹬池底，直至升上水面。

3.拖带

（1）对于清醒的有一定意识的溺水者，救生员可边进行语言安抚，边使用救生浮标将溺水者拖带到岸边。

（2）对于昏迷或者意识不清的溺水者，救生员借助浮标的浮力将溺水者拖带到岸边。拖带时救生员将救生浮标置于自己胸前并穿过腋下，双臂由溺水者背后经其腋固定溺水者，自己手肘处于溺水者腋下位置，小臂向身体方向发力，使溺水者成仰浮姿势固定，这时将救生浮标移至溺水者背部腋下位置，借助救生浮标的浮力将溺水者拖带到岸边。拖带时溺水者的头部要偏向救生员头部一边，以避免溺水者头部和救生员发生碰撞。

4.双人上岸

救生员在池边固定好溺水者后，岸上救生员要用交叉手方式分别接过溺水者手臂，并将溺水者转体180°，然后将溺水者提拉上岸。接下来由水中救生员发出动作口令指导岸上救生员进行操作：首先将溺水者拉至泳池边安全地方，然后救生员一手护头一手抱腿将溺水者原地旋转90°，先放腿后护头将溺水者放至仰卧位。

二、直接赴救技术

（一）入水技术

入水是指救生员在发现溺水事故时，迅速跳入水中的一项专门技术。救生员在入水之前要进行仔细的观察，明确溺水者与自己的方位，尽可能地选择与溺水者较近的地方下水。

1.跨步式入水

在跨步入水前，目视溺水者，一脚前跨，另一脚脚趾紧扣池边，并用力蹬地，在空中两腿一前一后呈弓步型，上身含胸前倾，两臂侧举，肘部自然弯曲，掌心向前下方。入水时，两手向前下方抱压水，同时两脚作剪水动作，形成向上的合力，使救生员的头部始终保持在水面上，眼睛始终不离赴救目标。

2.直立式入水

如果池水较深，并且游泳救生员站在较高的观察台上时，可采用直立式入水方式。入水时，全身与水面保持垂直，脚先入水，一手捏鼻，一手护下腹或护胸。如身穿救生衣，则两手肘部紧压救生衣。入水后，双手及时向下压水，两脚作蹬夹动作，力求尽快上浮捕捉施救目标。

3.蛙腿式入水

蛙腿式入水与跨步式入水的适用范围相同。目视溺水者，单腿或双腿蹬离池岸，跃起时两腿做蛙泳收腿动作，含胸收腹，两臂侧举，肘部自然弯曲，掌心向前下方。入水时，两腿向下做蛙泳蹬夹水动作。同时，两手臂向下抱压水，形成向上的合力，使救生员的头部始终保持在水面上，眼睛始终紧盯赴救目标。

4.鱼跃浅跳式入水

当救生员距离溺水者较远时，可采用鱼跃浅跳式入水。可根据实际情况，选择救生台、池岸边或在跑动中起跳。起跳时靠腿蹬离池岸，躯干同时用力伸直，两臂由下而上摆动入水。腾空时，双臂及两腿要伸直。入水要浅，头部尽快出水，锁定赴救目标。

（二）接近技术

1.背面接近技术

背面接近是救生员接近溺水者时最常用的一种技术，是指救生员从溺水者的背面接近并对溺水者进行施救的一种接近技术。背面接近是最安全的接近方法。

救生员游至距离溺水者背面1~2米处急停，接近溺水者时，两手从背后托腋，然后一手托腋控制溺水者，另一手从溺水者的肩部向下夹胸或双手托腋进行拖带。

2.侧面接近技术

侧面接近技术是当溺水者尚未下沉，两手在水面上挥舞挣扎时采用的接近技术。救生员游至距离溺水者3 米处，转向溺水者侧面游进，看准并果断用同侧手抓住溺水者近侧手腕部，将溺水者拉向救生员的胸前。待有效控制住溺水者后，救生员采用夹胸或双手托腋的方法进行拖带。

3.正面接近技术

正面接近技术是在无法采用背面和侧面接近的情况下采用的接近技术。一般来说，正面接近技术是最危险的接近技术。救生员入水后，游至离溺水者3米左右急停，下潜至溺水者髋部以下，双手扶溺水者髋部，将溺水者转体180°。有效控制住溺水者后，可采用夹胸或双手托腋的方法进行拖带。

4.沉底救生技术

救生员在接近时可直接下潜至溺水者身旁，双手托腋，脚蹬池底，将溺水者拖出水面。待有效控制住溺水者后，可采用夹胸或双手托腋的方法进行拖带。

（三）拖带技术

拖带技术是指救生员在水中采用侧泳、反蛙泳等各种不同的游泳技术，将溺水者拖带到池边的一种技术。

1.托腋拖带技术

托腋拖带技术是较常用的一种拖带技术，比较省力，易于控制溺水者。救生员双手托在溺水者的双腋下，用反蛙泳技术进行拖带。

2.夹胸拖带技术

夹胸拖带技术较适用于身材高大的救生员拖带矮小的溺水者。以右臂拖带为例：救生员右臂由溺水者的右肩上越过，右上臂和肘紧贴溺水者胸部，右腋紧贴溺水者右肩，右手托于溺水者的左腋下，并以此为拖带的用力点。在运送过程中，救生员可用右髋顶住溺水者的腰背部，使溺水者保持水平位置，便于拖带。救生员可以根据自己的技术特长，采用蛙泳腿或侧泳腿技术游进。

3.托枕拖带技术

托枕拖带技术不适用于疑似颈部受伤的溺水者。救生员用左（右）手托住溺水者的后脑（枕部），用力握住枕部两侧，采用侧泳或反蛙泳游进。

4.托颌拖带技术

救生员双手托住溺水者的下颌骨两侧，使溺水者的口鼻始终保持在水面上，用反蛙泳技术游进。

5.双人拖带技术

两名救生员用靠近溺水者一侧的手臂拖在溺水者的腋下，用侧泳技术游进。

（四）解脱技术

解脱是指救生员采取合理的技术动作及时解除溺水者的抓抱，并有效控制溺水者的一项专门技术。一般来说，解脱技术主要包括以下几种。

1.手（臂）被抓握

救生员在施救过程中手（臂）被溺水者抓握时，可分单手（臂）被单手抓握、单手（臂）被双手抓握、双手同时被抓握、双手交叉被抓握等几种情况。针对不同的情况，分别采取转腕法、推击法等方法进行解脱。

（1）单手（臂）被单手抓握解脱法

①转腕解脱法，适用于单手（臂）被异侧手抓握的情况。以救生员右手被抓为例：当救生员右手被溺水者的右手抓住时，救生员可先将被抓的右手上提，后做转臂下压动作进行解脱，并用右手及时抓住溺水者的右手向右拉出，使溺水者背部贴近救生员前胸，有效控制后实施拖带。

②推击解脱法，适用于单手（臂）被同侧手抓握的情况。以救生员左手被抓为例：当救生员左手被溺水者的右手抓住时，救生员可用右手虎口推击溺水者的右手腕部进行解脱。推击时要迅速，有力，迫使其手松开。解脱后，立即紧握溺水者的右手腕部，并及时把溺水者的右手向救生员右侧拉出，使溺水者背部贴近救生员前胸，有效控制后实施拖带。

（2）单手（臂）被双手抓握解脱法

①同侧手在上解脱法。以救生员右臂被抓为例：救生员的右臂被溺水者双手抓握时（溺水者左手在上，右手在下），救生员左手虎口向下，用力推击溺水者左手腕部，使溺水者松开一手，救生员紧握溺水者左手腕，上身前倾，以左臂肘部回击溺水者右手腕部，使其双手全部解脱。趁势将溺水者的左手向救生员自己的左侧拉出，使溺水者转体背部贴近救生员前胸，有效控制后实施拖带。

②异侧手在上解脱法。以救生员右手臂被抓为例：救生员的右臂被游水者双手抓握时（溺水者右手在上，左手在下），救生员先用左手臂肘部撞击溺水者右手腕部，再用左手虎口推击溺水者左胸部，顺势将溺水者左手腕控制，并趁势将溺水者的左手向救生员自己的左侧拉出，使溺水者转体背部贴近救生员前胸，有效控制后实施拖带。

（3）双手同时被抓握解脱法

当救生员双手同时被溺水者抓握时，可采用转腕法进行解脱。救生员应迅速将溺水者双臂上提，上提后教生员双手外旋做转腕下压动作，抓握溺水者手腕后。放开左侧手臂，同时抓持溺水者右侧手臂，向救生员右侧方向拉转漏水者，使溺水者背部贴近救生员前胸，有效控制后实施拖带。

（4）双手交叉被抓握解脱法

以救生员右手在上被抓为例：救生员右手抓住溺水者左手腕，解脱自己左手，然后采用转腕的方法解脱右手，并顺势将溺水者向右侧拉出，使溺水者背部贴近救生员前胸，有效控制后实施拖带。

2.头发被抓

救生员在施救过程中头发被溺水者抓握时，可采用压腕掰指解脱法和压掌推肘解脱法进行解脱。

（1）压腕掰指解脱法

以溺水者右手抓握救生员头发为例：救生员左手压住抓发手，低头前顶，右手插入手指，掰推溺水者抓发手的手指，迫使溺水者抓发手松开。解脱后，救生员右手及时将溺水者转体至背部贴近教生员前胸，有效控制后实施拖带。

（2）压掌推肘解脱法

以溺水者右手抓救生员头发为例：救生员右手压住溺水者抓发手的手腕，低头前顶，左手推击溺水者肘部（做反关节动作），使其抓发手松开。解脱后，右手及时将溺水者转移至背部贴近救生员前胸，有效控制后实施拖带。

3.颈部被抱持

救生员被溺水者抱住颈部时常用的解脱方法是压腕上推单肘解脱法（适用于背面被抱持）和上推双肘解脱法（适用于正面被抱持）。

（1）压腕上推单肘解脱法

当溺水者从背面抱持救生员颈部时应采用此方法。当救生员颈部被从后方抱持时，救生员应紧收下颌，防止呼吸道被卡住，同时分清溺水者哪只手在上。以溺水者左手在上为例，救生员用右手紧压溺水者的左手腕，左手上推溺水者左肘部做反关节运动，同时头部顺势右转，用左手抓紧溺水者的左手肘部，使溺水者背对救生员，有效控制后实施拖带。

（2）上推双肘解脱法

当溺水者正面抱持救生员颈部时应采用此方法。当数生员被溺水者正面抱住颈部时，救生员要及时紧收下颌，以防止呼吸道被夹住。救生员下沉，双手上推溺水者的双肘关节，同时身体迅速下蹲。将溺水者推转，右手顺势抓握住溺水者的右手，使溺水者背部贴近救生员前胸，有效控制后实施拖带。

4.腰部被抱持

当救生员正面双臂肘部关节以下和躯干同时被溺水者抱持时，一般采用夹鼻推颌解脱法解脱。当救生员背面双臂肘部关节以下和躯干同时被溺水者抱持时，一般采用弓身抽手扳指法解脱。

（1）夹鼻推颌解脱法

救生员低头分清溺水者面部的朝向，弓身收腹含胸，臀部后顶，两臂内旋，抽出右侧手，用食、中指紧夹溺水者的鼻，掌心盖住溺水者的嘴，并用掌根托住溺水者的下颌，用力向前方推出，迫使溺水者头部后仰。另一手同时抱溺水者腰部，并用力向自己方向压，迫使溺水者松开双手。之后及时将溺水者转体至背部贴近救生员前胸，有效控制后实施拖带。

（2）弓身抽手扳指解脱法

救生员低头分清溺水者哪只手在上（以溺水者右手在上为例），然后弓身收腹含胸，臀部后顶，两臂内旋，抽出右手压住溺水者上侧手，再抽出左手压住溺水者另一只手的手背。先扳开溺水者右侧手掌的手指，使之松开后用力向外展开，然后再扳开溺水者左手手指，松开后用力向外展开，使两臂呈上举。救生员下蹲，放开溺水者一只手，移至其背后，使溺水者背部贴近救生员前胸，有效控制后实施拖带。

5.双腿被抱持

当救生员双腿被溺水者抱持时，可采用夹鼻推颌解脱法进行解脱。救生员低头分清溺水者脸部的朝向，弓身收腿含胸，臀部后顶，食指和中指紧夹溺水者的鼻，掌心盖住溺水者的嘴，并用掌根托住溺水者的下颌，用力向前方推出，迫使溺水者头部后仰。另一手紧抱溺水者头颈部，并用力向自己方向压，迫使溺水者松开双手。之后及时将溺水者转体至背部贴近救生员前胸，有效控制后实施拖带。

（五）上岸技术

上岸是指救生员将溺水者从水中送上池岸的一种救助技术。由于泳池的建筑结构和溺水者的受伤情况不同，上岸的技术也各有区别。根据救生原则，团队救生优于个人救生，因此双人上岸技术优于单人上岸技术。

1.双人上岸技术

（1）救生员将溺水者拖带至池边后，以夹胸的右手将溺水者的左手臂移交给在池岸上的救生员，岸上救生员用左手反握溺水者的左手腕部。

（2）水中的救生员握住溺水者的右手前臂上举，岸上救生员用右手抓握住，并使溺水者背对池岸。

（3）救生员将溺水者向上提，稍往下放利用水的浮力再用力上提，此时水中救生员可协助上托，后由水中救生员发出动作口令指导岸上救生员进行如下操作：首先将溺水者拉至水池边安全处，然后救生员一手护头，手抱腿将溺水者原地旋转90°，随后先放腿后护头将测水者放至仰卧位。

2.单人上岸技术

（1）救生员将溺水者拖带至池边，先用左手抓池边定位，再将溺水者移至池边。

（2）救生员用右手将溺水者左手压在池边。然后左手移压在溺水者的左手背上，腾出右手。

（3）救生员用右手抓住溺水者的右手，移至与溺水者的左手重叠，并用右手将溺水者的双手紧压在池边，左手抓攀池边，在溺水者的左侧上岸。

（4）救生员上岸后，右手不能离开溺水者重叠的双手并右转呈面对溺水者的角度，然后救生员用左手紧抓溺水者左腕，右手抓握溺水者右腕。

（5）救生员紧抓溺水者手腕稍上提，使溺水者转体180°呈背对池边。

（6）救生员双脚开立，双手先将溺水者向上预提一下（利用水的浮力），然后用力将溺水者上提，使其臀部高于池面后，移至池岸。

（7）救生员右手紧抓溺水者右手上提，防止其倒下，脱出左手移至溺水者颈背部或腋下保护溺水者。

（8）救生员用右手将溺水者的双腿在原地旋转180°，让溺水者呈仰卧姿势。

（六）运送技术

运送是指救生员将溺水者送至现场急救室或邻近医院的一项专门技术。运送技术非常重要，如果救生人员技术不当，就很有可能导致其他意外事故的发生，因此一定要重视起来。

1.肩背技术

（1）救生员半蹲在溺水者身体左侧，右手臂托溺水者颈背部，将其上身扶起。

（2）救生员右脚插入溺水者两腿之间，面对溺水者。左手从溺水者右腋下穿至溺水者背后，右手从溺水者左腋下穿过至溺水者背后，与左手手指交叉锁紧，双臂夹住溺水者。

（3）救生员两臂用力将溺水者托起，左脚后退一步成右弓步，将溺水者抱“坐”于右大腿上。

（4）救生员右臂在溺水者的背部用力，使其贴靠在自己胸前，腾出左手紧握溺水者的右手腕；然后头部由其右腋下钻过，以颈部将溺水者挂靠保护，腾出右手。

（5）救生员降低重心以右手插入溺水者两腿间，向上搂抱，左手顺势左拉，使溺水者俯卧在救生员的肩背上。

（6）救生员用右手将溺水者右腿紧夹在右胸前，右手紧抓其右上臂，左手扶撑在自己的左膝，用力站直，然后，左手向上举，保护溺水者的头部，防止在运送过程中与障碍物、墙边等发生碰撞。

2.放下技术

方法一：

（1）救生员左手仍紧抓溺水者的右臂，将其挂靠在颈背部保护好；抽出右手，插入溺水者的左腋下，至背后紧抱保护。

（2）然后，救生员头部从溺水者的右腋下抽出，左手从其右腋下插至后背与右手手指交叉锁紧，双臂夹抱溺水者。

（3）救生员左脚上前一步，双臂托住溺水者，缓慢放下，使溺水者“坐”于地面。

（4）救生员抽出左手，放在溺水者颈后托扶头部，然后将溺水者缓缓放平躺在地面或急救板上。

方法二：

（1）（2）同第一种方法。

（3）救生员双手手指交叉锁紧，双臂夹抱溺水者，向左转体90°，重心移到左腿。

（4）将溺水者缓缓放平，右手仍护住其后背，左手抽出保护溺水者颈部。

（5）使溺水者平躺在地面或急救板上。

第二节　现场急救与心脏复苏技术

一、急救的原则与程序

（一）急救的原则

游泳与水上运动存在着一定的风险，因此救生工作非常重要。在救生工作中，急救技术非常重要，作为专业的救生人员一定要具备良好的急救技术。一般情况下，当发生意外事件时，一定要做到及时和准确。所谓及时，就是施救时要在时间上争分夺秒，使得施救工作能够在最短的时间内展开；准确就是要采取正确的施救方法和手段，如此才能保证施救的效率。

一般情况下，游泳急救要遵循以下基本原则。

（1）岸上救生优于水中救生。一般来说，在岸上救生时，救生员处于一个居高临下的位置，有利于观察施救目标及相关人员，从而获得宝贵的时间，保证施救的效率。

（2）器材救生优于徒手救生。器材救生能够在保护自己的前提下，更安全、有效、快速地救助溺水者。因此，器材救生在很多时候是开展救生活动的最优选择。

（3）团队救生优于个人救生。一般情况下，团体的力量要大于个人的力量，因此，在面对水上危险事故时，最好要集体行动，充分利用团队的力量，做好密切的配合去救治相关人员，保证被救人员的生命安全。

（4）先救有意识后救无意识。救生员在面对同时发生的多起溺水事故时，可以采取先救治有意识的溺水者再救助无意识的溺水者的策略，这样能保证救助成功的最大可能。

（二）急救的程序

1.观察

在众多的急救技术中，观察是重要的内容。观察就是指救生人员对自己负责范围内的情况进行查看，并及时发现事故。观察是救生工作中的重要环节，它也是预防突发状况发生的重要措施，是贯彻“预防为主”的具体体现。

观察的方法有以下几种。

（1）扫视法：在施救的过程中，救生员要对自己责任区的左、右、远、近进行直线、不间断的观察。

（2）环视法：救生员在施救时，要对自己的责任区以某一点为起点，进行仔细的观察，确保周围环境的安全。

（3）跟踪法：救生员要及时发现那些游泳技术不佳者，并对其进行重点跟踪观察，做好必要的预防。

2.判断

所谓判断，是指游泳救生员通过观察的情况，判断溺水者的具体情况，然后做出相应的反应。判断的正确与否，会对施救措施是否得当产生重要的影响。

（1）判断的方法

①溺水者是否有意识。当在水中发现溺水者时，应首先采取看、听的方法判断溺水者有无意识。如溺水者在水中挣扎并发出求救的喊声，则溺水者尚有意识；如溺水者在水中不能自主地支配肢体动作，并缓慢下沉或已沉入池底，则溺水者已丧失了意识。

②溺水者是否受伤

有意识的溺水者：通过倾听溺水者自述，了解受伤的情况。

丧失意识的溺水者：通过检查溺水者的肢体，了解受伤的情况。要重点查看溺水者的颈椎、腰椎是否受伤，是否发生外伤出血或肢体骨折。

（2）判断的要求

①游泳救生员要能够根据现场的不同情况，做出迅速准确的判断。

②能够根据判断的结果，采取及时、规范的救生措施。

（3）溺水后的生理变化和临床表现

①溺水后的生理变化。初学游泳者或者其他水上运动项目者，有时会发生溺水的情况。溺水者被淹溺后因过度紧张而屏气，造成喉、气管痉挛，发生窒息、缺氧；屏气到一定程度又开始主动呼吸，大量水涌入口、鼻中，使肺丧失通气功能，造成体内缺氧加剧，严重者会休克甚至死亡。因此，一定要及时救治溺水者。

②溺水后的临床表现。依据溺水者的不同情况，可将溺水分为轻度、中度和重度溺水。人体大脑是高度分化和耗氧最多的组织，对缺氧最为敏感。脑组织的重量虽然只占自身体重的2%，其血流量却占心输出量的15%，而耗氧量则占全身耗氧量的20%。因此，溺水后人很快便陷入昏迷之中。

3.赴救

赴救是游泳救生工作的关键环节之一，主要是指通过各种手段将溺水者施救上岸的活动。在赴救时，如果有条件，则借助相应的器械进行救援，如果没有条件则实施徒手救援。

4.现场急救

现场急救是游泳与水上运动救生的重要环节，为保证急救工作的顺利安全进行，救生人员一定要掌握扎实的急救技术，具体的现场急救技术下面会具体阐述。

二、心脏复苏技术

（一）心脏复苏的概念

心脏复苏是针对心跳、呼吸骤停的患者所采取的紧急抢救措施。即用胸外心脏按压或其他方法形成暂时的人工循环，恢复心脏自主搏动和血液循环，用人工呼吸代替自主呼吸并恢复自主呼吸，达到苏醒和挽救生命的目的。在游泳救生中，心脏复苏是一项非常重要的救生技术，作为一名救生员一定要熟练掌握。

（二）心脏复苏技术方法

1.判断溺水者的意识和呼吸

（1）判断溺水者意识并求救

拍打溺水者双侧肩膀同时大声呼唤，观察其有无反应，判断溺水者意识是否丧失。注意拍打肩部时不可用力过猛，以防加重其可能的骨折等症状。

（2）判断溺水者是否有呼吸或濒死呼吸

如果溺水者丧失意识，应观察溺水者胸腹部是否有起伏，溺水者5~10秒内无胸腹部起伏则视为无呼吸。

（3）摆放溺水者身体星急救体位

将溺水者放置为仰卧位，且头部不能垫高，双手置于躯干两侧。

2.打开溺水者的气道

（1）清理口腔异物

清理溺水者误吸入呼吸道内的异物（如泥沙等）或呕吐物。在打开气道以前，首先应该清理呼吸道内的异物，包括口腔内的分泌物、血液或者呕吐物等。最好使用吸引器予以吸除，如现场无此设备，则采用手指清除法，采用手指清除法时可将溺水者头部后仰，利用毛巾、指套或纱布保护好手指，再抠出口腔内的异物。

（2）开放气道

呼吸道又称气道，开放气道是有效人工呼吸的必要保障。溺水者处于无意识状态时，舌肌和会厌后坠以及呼吸道中的异物可能会阻塞气道，因此为了保证生命安全，必须要尽快打开气道。

①仰头抬颌法：救生员一手置于溺水者前额，手掌用力向后压，使溺水者头部后仰，其呼吸道即可有不同程度的伸展，梗阻也可能会得到减轻。然后用另一只手的食指和中指向上抬起溺水者的下颌。这样可以使其已经后坠

而抵达咽后壁的舌根与会厌软骨远离咽后壁，从而解除上呼吸道梗阻。

②推举下颌法：救生员以双肘支撑，双手置于溺水者头部两侧，拇指置于溺水者口角或下唇部，其余手指紧握其下颌角部位。然后双手抬举，使溺水者下颌向上移位。

3.人工呼吸

（1）口对面罩人工呼吸方法

使用时将面罩置于溺水患者面部，施救者用双手拇指与食指围绕面罩边缘并向面部方向施压以形成完整的密闭，其余手指推举下颌角并使其头后仰（疑有颈椎损伤的溺水患者禁忌仰头伸颈）以开放气道，施救者吸气后口含面罩嘴向溺水患者吹气。

（2）球囊—面罩人工呼吸

球囊—面罩由一个手动充气球囊及通气面罩组成，两者由一个不可逆流的单向阀门连接，有的还附加有氧气接头以提高吹入气体的含氧浓度。使用方法是一只手的拇指与食指环绕面罩扣住溺水者口鼻，其余三根手指抬起溺水者下颚角，另一只手捏充气球囊向溺水者吹气。

（3）口对口人工呼吸

在畅通呼吸道、判断溺者无呼吸后，即应作口对口人工呼吸。首先应该以手法保持溺者的呼吸道通畅开放，以拇指和食指捏住溺者鼻翼而封闭其鼻腔以免吹入气以此溢出。然后施救者吸一口气用自己的口唇抱住并紧贴溺者口唇，将吸入气缓慢均匀地吹入溺者口内直达肺部。

（4）口对鼻人工呼吸

口对鼻人工呼吸主要用于不能经溺水者的口部进行通气的情况，如溺水者的口不能张开，口部严重受损或救生员的口部不能完全紧密地包住溺水者的口唇等。操作时，一手按于溺水者前额，使其头部后仰，另一手抬起测水者的下颌，并使其口唇闭紧。救生员吸气后，用嘴封罩住溺水者的鼻部吹气。吹气后救生员口部离开溺水者鼻子，让呼气自动排出。

4.胸外按压

如确定溺水者无意识、无呼吸，应立即开始胸外按压。

（1）按压部位

方法一：将一只手的手掌根置于溺水者胸骨下半部（两乳头连线中点与身体中线交汇处），将另一只手的手掌根置于第一只手上，手指相扣。选定正确的按压部位迅速按压。

方法二：将远离溺水者头部的一只手四指并拢，虎口紧贴于溺水者不靠近救生员一侧的腋窝下，此时掌根部与溺水者身体中线垂直交处为按压部位。

（2）按压方式

双手掌根重叠，十指相扣翘起，双臂伸直夹紧，上肢与溺水者水平面垂直，以髋关节为轴，用上半身力量垂直向下按压。

（三）心脏复苏操作步骤

1.青少年及成年人心脏复苏

适用于8岁以上的青少年及成人。

（1）确保现场环境安全。救生员将溺水者施救上岸后首先环顾四周，将溺水者放置于安全环境。

（2）确定溺水者是否有反应，轻拍双肩，大声呼唤。如无反应再继续下一步操作。

（3）呼救求助。请他人拨打急救电话120，启动应急反应系统并拿来自动体外除颤器（AED）等急救器材。

（4）将溺水者放置为仰卧位，检查呼吸，用5～10秒观察溺水者胸廓有无起伏。

（5）如无呼吸或仅有濒死呼吸，应立即开放气道，交替实施2次人工呼吸、30次胸外按压。

（6）如有自动体外除颤器，开机后按照语音提示操作，注意确保分析心律与放电时无人接触溺水者。

（7）如有其他救援人员在场，胸外按压人员应每2分钟轮换一次，以确保按压质量，直到专业人员到达现场。

2.幼儿及儿童心脏复苏

适用于1～8岁的幼儿及儿童。

（1）确保现场环境安全。救生员将溺水幼儿、儿童施救上岸后首先环顾四周，将其放置于安全环境。

（2）确定溺水幼儿、儿童是否有反应，拍打双肩，大声呼唤。如无反应再继续下一步操作。

（3）呼救求助。请他人拨打急救电话120，启动应急反应系统并拿来急救器材。

（4）将溺水者放置为仰卧位，检查呼吸，用5～10秒观察溺水者胸廓有无起伏。

（5）如无呼吸或仅有濒死呼吸，应立即开放气道，交替实施2次人工呼吸、30次胸外按压。

（6）如有AED，开机后按照语音提示操作，注意确保分析心律与放电时无人接触溺水者。尽量使用儿童电极片或者有儿童开关的AED，如没有儿童电极片时也可使用成人电极片，但要防止电极片间互相接触。

（7）如有其他救援人员在场，胸外按压人员应每2分钟轮换一次，以确保按压质量，直到专业人员到达现场。

3.婴儿心脏复苏

（1）确保现场环境安全。救生员将婴儿施救上岸后首先环顾四周，将其放置于安全环境。

（2）确定婴儿是否有反应，拍打足底，大声呼唤。如无反应再继续下一步操作。

（3）将婴儿放置为仰卧位，检查呼吸，用5～10秒观察其胸廓有无起伏。

（4）如无呼吸或仅有濒死呼吸，应立即开放气道，交替实施两次人工呼吸，30次胸外按压。

（5）请他人拨打急救电话120并拿来急救器材，或抱着婴儿前去拨打急救电话，途中不要间断心肺复苏。

（四）AED除颤

（1）开启AED（AED除颤仪）。按下电源开关或打开AED盖子（有些AED打开盖子自动开机），依据语音提示操作。

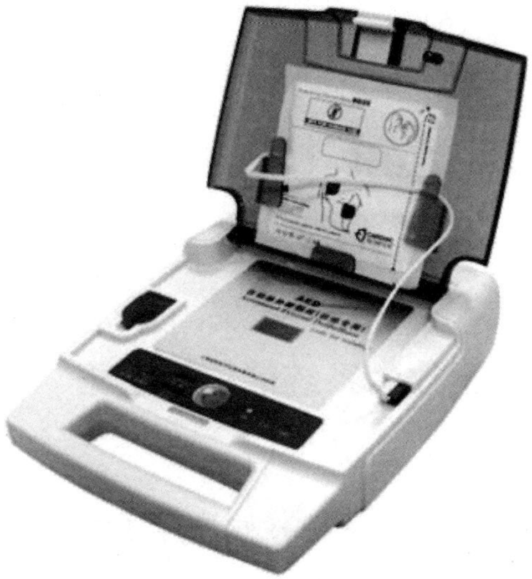

图10–1　AED除颤仪

（2）贴电极片。在溺水者胸部紧密地贴上电极片，两块电极片分别贴在右胸上部和左胸左乳头外侧，也有使用一体化电极片的AED的。

（3）将电极片插头插入AED主机插孔。

（4）AED电源连通后会自动分析心律，在此过程中请不要接触溺水者，因为即使是轻微的触动都有可能干扰AED的分析。

（5）分析完毕后，AED将会发出是否进行除颤的建议：当有除颤指征时会出现语音提示“需要除颤—开始充电”，此时不要触碰溺水者，同时告诉附近的其他人不要接触溺水者身体；当语音提示“除颤，按下黄色按钮”时，由操作者按下“除颤”键；除颤完成后，救生员继续心肺复苏，约2分钟后AED再次分析心律，再按照语音提示进行操作。如此按照“心肺复苏—分析心率—除颤”这几个步骤重复操作，直至急救人员到来。

（6）若AED分析心律后提示“不需要除颤，请继续心肺复苏”时，救生员应立即进行心肺复苏，直到AED下一次分析心律，再按照语音提示进行操作。

通过以上操作能很好地解决运动救生人员存在的各项技术难题从而保证溺水者的运动安全。

第三节　游泳与水上运动救生系统的构建

一、游泳与水上救生系统的构成要素

总体而言，游泳与水上救生系统主要包括五大要素，分别为游泳者、溺水者、救生员、救生器材和救生环境。这五个方面的要素非常重要，缺一不可。其中游泳者、溺水者、救生员构成人的要素，救生器材和救生环境构成物的要素。这几个要素是密切联系在一起的，通过各方面之间的协调关系提高整个救生系统的总体效率。

在游泳及水上运动中，救生活动处于系统的最外层。作为一名专业的救生员，要明确自己的责任，注意观察，预防各种事故的发生。救生员直接作用溺水者采用直接赴救技术，间接作用溺水者运用救生器材采用间接赴救技术，将溺水者从水中施救上岸，救生员在岸上对溺水者施救主要采用现场急救技术。

二、救生系统的构建

水上救生系统的顺利运转应重点关注以下几个环节。

（一）观察判断

观察判断是整个水上运动救生过程的起点，这一项工作的完成程度将直接决定着后续工作的质量和效果。观察是指救生员在自己的岗位上，不间断地扫视、环视自己所负责的责任区域，及时发现溺水事故的隐患和溺水者，防止造成溺水事故发生的一种专门救生技术。它是救生工作中“以防为主”的具体表现，是救生工作中非常重要的一环。判断是指救生员在值岗时，对观察的情况所作出的正确反应。

（二）赴救过程

一般来说，游泳救生的整个赴救过程主要包括水中赴救和陆上赴救两个部分。这两个部分都非常重要，作为专业的救生员一定要熟练掌握这两方面的技术。救生员的赴救程序为：入水—接近—寻找—解脱—拖带—上岸。陆上赴救是救生员在岸边利用水域现场的救生器材对神智较清醒的溺水者进行施救的技术，这一技术能够有效地保证救生员自身的安全。

（三）急救过程

游泳救生的急救过程主要包括现场急救和脊柱受伤的救护。现场急救是对溺水者实施有效营救的保证，救生员除了要了解有关人体解剖、生理方面的知识外，还要学习必要的医学知识，动作必须迅速，方法必须正确。现场急救一般的步骤是：判断意识一急救体位—打开气道—人工呼吸—人工循环—紧急止血一保护脊柱。脊柱在水环境中是很容易受伤的，国外有资料统计，30%左右的溺水者都会有不同程度的脊柱损伤。当救生员判断溺水者脊柱受伤后，应利用颈套、急救板等器材对受伤者进行固定和搬运。对脊柱损伤者，最好是接近溺水者后在水中进行有效的处理。

（四）报告事件

报告事件是在事后对整个过程进行全面的描述，并且要得到现场目击者的证实，将之作为事故处理的法律依据，这一过程也是非常重要的。在构建游泳救生系统的过程中要十分重视这一方面。国内的游泳救生往往忽略了这一过程，在救生教材和培训方面都没有涉及此项内容，这给事故的处理增加了难度。报告事件这一环节作为救生系统重要组成部分，相关工作人员在平时的训练中要给予重视。

综上所述，水上救生系统的运行是技术操作的一个十分重要的过程，各种技术贯穿于整个运行过程之中，各个过程之间有着十分紧密的联系，只有相互配合才能实现既定的目标。

第四节　游泳社会体育指导员的培养

一、社会体育指导员的概念

在大众性的体育活动中传授体育运动技能，对人们的体育健身实践进行科学指导并对社会体育的相关工作进行组织管理的人员就是通常所说的社会体育指导员。我国《体育法》对社会体育指导员进行了相关的规定，即作为社会体育工作人员，社会体育指导员必须具有国家认可的资格。如果国家对其资格不认可，是不能成为社会体育指导员的。同时，社会体育指导员也具有一定的法律地位。社会体育指导员的主要工作就是科学指导大众进行体育活动，对群众的体育活动进行积极引导，促进人民群众良好锻炼习惯与文明生活方式的形成。

一般来说，社会体育指导员主要有两种不同的形式，一种形式是职业性的，另一种形式是志愿性的。无论哪种形式，其主要目的都是指导社会大众科学地参与体育健身。

二、社会体育指导员的工作职责

社会体育指导员的主要工作是指导人们的体育健身活动，宣传体育锻炼知识，提高人们的运动能力。其具体工作职责主要体现在以下几个方面。

（1）向广大人民群众讲授体育锻炼的理论知识与实践方法，指导他们进行体育健身活动。

（2）宣传并组织社会体育活动，促进社会体育健身活动的协调开展。动员并组织没有组织的体育人口参与体育锻炼与健身活动，主要动员与组织途径就是开展教学活动，举办讲座。

（3）科学研究群众体育的重要内容。

（4）传授体育技术技能，将体育技术技能的训练方法通过讲授与示范传授给体育人口，科学指导他们体育技能练习，引导他们进行科学的体育锻炼与健身。

（5）进行商业体育设施指导和管理。

（6）对体育锻炼与健身计划进行合理制订。

（7）促进自身专项体育技术指导能力的提高，促进自己体育运动能力的增强，通过指导人们的体育锻炼活动使其对体育运动技术进行准确掌握。

（8）做好被指导者的健康与安全管理工作。

（9）做好被指导者身体素质的体质健康测评工作。

（10）做好体育保健的相关监督与指导工作，引导人们健康、科学地进行体育锻炼。

三、游泳社会体育指导员培养的过程与原则

游泳社会体育指导员的培养非常关键，这直接关系到人民群众能否科学地参加游泳运动健身。近些年来我国涌现出了大量的游泳健身场所和俱乐部，游泳已成为人们健身的重要选择，因此游泳社会体育指导员的需求巨大。

（一）游泳社会体育指导员培养的过程

1.深入分析人才需求

人才需求分析是体育组织制订培养的计划与实施决策的前提和基础，是体育组织在进行社会体育指导员培养活动之前必须进行的一个重要环节，因此对游泳社会体育指导员的科学培养至关重要。

通常情况下，体育人才需求分析是由组织主管培养的人员依据工作特性、标准、要求等对人力资源的知识水平、能力水平、个人特质等进行科学分析，从而明确是否需要培养、如何进行培养等。

2.科学制订培养目标和计划

科学制订培养目标和计划有助于为社会体育指导员的培养提供一个正确的方向和实施标准，是游泳社会体育指导员培养过程的第二个环节。没有明确的目标和计划就不可能保证社会体育指导员培养的顺利实施，也很难准确评估社会体育指导员培养项目的优劣。

在制订游泳社会体育指导员培养目标和计划时，应把社会体育指导员个人需求和社会需求作为重要参考依据，同时应做到培养目标明确具体、培养计划具有一定的可操作性，否则计划就难以实施。

3.准确评估培养效果

对培养效果进行客观且准确的评估，有利于总结经验和教训，为下一次社会体育指导员的培养提供参考依据，从而不断地改进体育人才培养的

质量。具体来说，评估社会体育指导员培养效果的内容主要包括以下几个方面。

（1）学员反映评估，评估学员对培养项目的接受和喜爱程度。

（2）学员学习评估，评价学员从培养中学到了什么。

（3）学员行为评估，考察学员通过评估所发生的行为变化。

（4）学员成果评估，记录培养过程给体育组织带来的绩效提升。

（二）游泳社会体育指导员培养的原则

1.职业道德原则

对社会体育指导员职业道德素质的培养应贯穿于体育人才培养过程的始终。在培养游泳社会体育指导员的职业道德时，需要做到以下几点。

（1）热爱体育事业。能够以饱满的热情积极地投入到社会体育活动中去，享受社会体育带来的乐趣。这样就能承受长期的辛勤付出和劳动，同时还有利于聪明才智的发挥，进而使自身的能力得到提高。

（2）重视责任感、交流沟通能力的培养。游泳社会体育指导员要敢于承担应有的社会责任，及时地同合作伙伴及同事做好沟通和交流。只有这样，才能建立起具有集体主义精神的团队。

（3）加强自律。要虚心听取教师、优秀企业家和体育专业学者等“过来人”的指导意见，严格要求自己，不能在取得暂时的成功后就降低对自己的要求。只有这样，才能不断提高自身的社会价值，并且为社会体育参与者提供更好的服务。

2.社会需要原则

游泳社会体育指导员的培养要遵循社会需要的原则。可以说，社会体育指导员就是为了满足社会体育发展需要的一种体育人才。

在对游泳社会体育指导员进行培养的过程中，培养者应具有长远的眼光，要顺应社会的发展趋势，不断重视拓宽社会体育指导员的知识面，丰富社会体育指导员的知识结构，开阔社会体育指导员的视野，提升他们的游泳技能，使其更好地指导人们参与游泳健身。

3.独特性原则

在社会体育指导员的培养过程中，培养者要准确把握不同人才的个性特征，并对他们进行有针对性的培训，同时要摒弃一些不好的个性特征。在发展社会体育指导员体能、技能、智能等方面，要做到区别对待、因材施教，只有这样才能达到理想的人才培养效果。

要重视游泳社会体育指导员个性的培养。任何体育事业的发展都需要不同类型的社会体育指导员，因此，这就要求游泳社会体育指导员充分发挥自身的个性和长处，把握好自身的优势，努力提升自身的游泳技能和职业素养，为推进我国的游泳事业而努力。

4.因材施教原则

因材施教与突出个性特征两个原则是相辅相成的，都是社会体育指导员培养过程中需要遵循的基本原则。

具体来说，社会体育指导员所遵循的因材施教原则主要取决于不同体育人才个体之间的差异性。在市场化经济发展背景中，体育市场化、产业化和职业化得到了迅速发展，实施因材施教原则能够充分调动起社会体育指导员的积极性，更好地培养优秀的适应社会发展需要的实用型体育人才。

在培养社会体育指导员的过程中，人才培养计划应充分体现出因材施教原则，以使整个人才的培育过程与社会体育指导员自身的特点相符，做到有的放矢。

培养者必须对游泳社会体育指导员进行充分的观察和了解，掌握其详细情况，只有这样，才能在社会体育指导员的培养过程中实施区别对待，做到对症下药，扬长避短，有针对性地弥补社会体育指导员的薄弱环节，促进其各方面素质的全面发展和提高。

5.继续学习原则

在当前社会背景下，游泳社会体育指导员只有坚持继续学习的原则，才能始终保持创新意识和创造力，才能不断地提高自身的游泳技能和水平。继续学习原则是指社会体育指导员在成长过程中不断地刻苦学习，吸取各种新的知识。善于继续学习的人，更容易成才。大量的实践表明，一切想成才的人都必须有继续学习的过程，即便是接受过高等体育专业学校教育的人，要想成才也需要继续学习。只有如此，游泳社会体育指导员才能不断提升自身的综合素质，更好地指导人们参加游泳健身。

四、游泳社会体育指导员培养的对策

全国各个地区的体育行业职业技能鉴定站要积极推进游泳社会体育指导员初级以上职业资格等级培训，鼓励游泳社会体育指导员不断考取更高等级的职业资格，提升自身的职业技能。这样才能更好地指导人们参加游泳运动，提升全民的运动水平和运动安全。

游泳社会体育指导员的培训要十分重视道德素质与职业素养的培养，一定要明确其在工作中的具体职责。此外，在职业培训中还要补充游泳竞赛组织、裁判方法、课程设计、人群分类教学、运动生理、解剖、生物力学和相关法律法规的内容，适当延长职业资格培训时间。

完善游泳社会体育指导员职业准入制度和职业资格证定期审核制度，加强对游泳社会体育指导员队伍管理，严格按照《国家职业资格标准》来完成职业准入，把合格的、职业技能高的、综合能力强的游泳社会体育指导员不断地输送到公共体育服务中来，保障游泳健身事业的良性、可持续发展。

游泳社会体育指导员的服务对象为社会大众，为社会大众提供各种游泳服务。依据年龄特征划分，可以将游泳社会体育指导员分为婴幼儿指导员、青少年游泳指导员、老年人游泳指导员等。依据游泳运动功能的不同，可以将游泳社会体育指导员分为业余训练游泳指导员、休闲娱乐游泳指导员、医疗康复游泳指导员等。无论如何划分，游泳社会体育指导员都要做好自己的本职工作，提高自身技能水平，努力为社会大众游泳健身活动服务。

参考文献

[1]于荣.游泳[M].北京：中国少年儿童出版社，2019.

[2]王太林.游泳与冰雪运动[M].天津：天津科学技术出版社，2020.

[3]傅纪良，王裕桂.实用游泳教程[M].北京：海洋出版社，2020.

[4]膳书堂文化.游泳入门与指导[M].北京：中国画报出版社，2009.

[5]程燕，许琦，等.游泳运动训练科学化理论及方法的研究[M].北京：北京体育大学出版社，2006.

[6]吕雪.游泳运动学练导论[M].北京：北京体育大学出版社，2018.

[7]陆一帆，方子龙，张亚东.游泳运动科学训练与监控[M].北京：北京体育大学出版社，2007.

[8]裴竟波，胡文烨.游泳[M].北京：北京体育大学出版社，2004.

[9]施纯志.水上运动与健身[M].哈尔滨：哈尔滨地图出版社，2009.

[10]（美）马格利索；温宇红，等，译.游得最快游泳技术训练及计划设计宝典[M].北京：北京体育大学出版社，2016.

[11]闫琪.游泳专项体能训练[M].北京：北京体育大学出版社，2010.

[12]龙春生.体能训练法[M].沈阳：辽宁大学出版社，2009.

[13]许琦.现代游泳训练方法[M].北京：北京体育大学出版社，2007.

[14]温宇红.游泳教学和训练双语教材[M].北京：北京体育大学出版社，2009.

[15]吴河海，吕鹏.爬泳技术与练习[M].北京：人民体育出版社，2001.

[16]温宇红，李文静.游泳爬泳技术图解[M].北京：北京体育大学出版社，2004.

[17]吴河海，谭政典.仰泳技术与练习[M].北京：人民体育出版社，2001.

[18]温宇红，李文静.游泳仰泳技术图解[M].北京：北京体育大学出版

社，2004.

[19]温贺宝，陈建华，蓝怡.水上运动竞技与休闲[M].哈尔滨：哈尔滨地图出版社，2009.

[20]唐亮.水上运动技巧[M].北京：中国社会出版社，2008.

[21]李仲明.游泳与实用水上运动[M].广州：中山大学出版社，2004.

[22]吴河海，谭政典.蛙泳技术与练习[M].北京:人民体育出版社，2001.

[23]武利华.蛙泳[M].天津：天津人民美术出版社，2018.

[24]吴河海，狄建.蝶泳技术与练习[M].北京：人民体育出版社，2001.

[25]吉林体育学院阳光体育运动丛书编写组编.蝶泳[M].长春：吉林出版集团有限责任公司，2008.

[26]潘昱.浅谈游泳运动的特点与游泳教学的原则[J].新课程（下），2011（1）：95.

[27]王振.浅论现代游泳技术训练的原则及特点[J].网络财富，2010（22）：211.

[28]梁德亮.游泳教学方法优化组合方案之研究——以蛙泳为例[D].武汉体育学院，2015.